भारत में पर्यटन

भारत में पर्यटन

राजेश कुमार व्यास

विद्या विहार, नई दिल्ली

प्रकाशक : विद्या विहार,
19, संत विहार (पहली मंजिल) गली नं. 2, अंसारी रोड, नई दिल्ली–110002
 / संस्करण : 2024 / मूल्य : चार सौ रुपए
मुद्रक : आर–टेक ऑफसेट प्रिंटर्स, दिल्ली ISBN 978-81-934332-8-7

BHARAT MEIN PRAYATAN
by Shri Rajesh Kumar Vyas ₹ 400.00
Published by **VIDYA VIHAR**
19, Sant Vihar (First Floor), Street No.2, Ansari Road, New Delhi-110002

विषय-सूची

पर्यटन : आशय एवं अभिप्राय

भारतीय ग्रंथों में कहा गया है—'चरैवेति, चरैवेति'—अर्थात् चलते रहो, चलते रहो। गौतम बुद्ध ने भी कहा—'चरथ भिक्खवे, चरथ'—अर्थात् भिक्षुओ चलते रहो। चलने को ही हमारे यहाँ जीवन माना गया है। कहते हैं, जल यदि बहता नहीं है, एक ही स्थान पर रुक जाता है तो सड़ने लगता है। जीवन के बारे में भी हमारे आदि ग्रंथों में कहा गया है कि यदि व्यक्ति चले नहीं तो उसके होने की किसी प्रकार की सार्थकता नहीं है। चलने का अर्थ यात्रा से है। ऐसी यात्रा से, जो आपको किसी मंजिल पर ले जाती है। विचारशून्य व्यक्ति की क्या समाज में कोई हैसियत होती है? नहीं न। इसका अर्थ हुआ, विचार भी चलता है, उसकी गति होती है। गति होगी तो मंजिल भी होगी और मंजिल तय करने के लिए यात्रा करना जरूरी है। शायद इसीलिए हमारे यहाँ 'चरैवेति, चरैवेति' कहा गया। इसी 'चरैवेति' ने मनुष्य को यात्रा करने के लिए प्रेरित किया। इसीलिए शायद यात्रा को जीवन का अविच्छिन्न अंग माना गया है। जैविक विकास के आधार पर यात्रा के विकास की गणना की जाए तो इस बात से भला कोई कैसे इनकार कर सकता है कि जीव की उत्पत्ति की प्रारंभिक अवस्था से लेकर पूर्ण विकसित मानव की स्थिति तक पहुँचने के क्रम में भी यात्रा जीवन के साथ चलती रहती है।

विकास की गति के साथ यात्रा का स्वरूप, अर्थ और उद्देश्य बदलता रहा है। सामान्य अर्थ में यात्रा से आशय एक स्थान से दूसरे स्थान तक जाने की प्रक्रिया के रूप में लिया जाता है। तीर्थ, ज्ञान, व्यापार, शिक्षा, मनोरंजन आदि उद्देश्यों से एक स्थान से दूसरे स्थान तक जाने की परंपरा आदिकाल से चलती आई है। इसी परंपरा ने देशाटन की सोच को विकसित किया। जैसे-जैसे मानवीय सोच का विस्तार होता गया, यात्रा-वृत्ति को विकसित एवं परिवर्तित करते हुए 'पर्यटन' का नया रूप दिया जाने लगा।

भारतीय संदर्भ में बात करें तो इस बात से भला कोई कैसे इनकार कर सकता है कि देशाटन सदैव से ही हमारी परंपरा का हिस्सा रहा है। देशाटन ने शनैः-शनैः पर्यटन का जो रूप ग्रहण किया, उसने यात्रा की हमारी पुरानी परंपरा को पूरी तरह से बदलकर रख दिया। आज पर्यटन का अर्थ सैर-सपाटे तक ही सीमित नहीं है। यह महत्त्वपूर्ण आर्थिक गतिविधि, संस्कृति से जुड़ी ऐसी क्रिया है जिससे स्वस्थ मनोरंजन तथा पारस्परिक एकता व सद्भाव को बढ़ावा मिलता है। पर्यटन से न केवल मनुष्य की जानकारियों का दायरा विस्तृत होता है बल्कि अब यह उसके सर्वांगीण विकास का माध्यम बन चुका है।

आधुनिक समय में पर्यटन एक विस्तृत विचार बन रहा है। देशाटन से प्रारंभ हुए पर्यटन के मायने अब बदल चुके हैं। अब यह ज्ञान, नई चीजों के बारे में पता लगाने, मनोरंजन, व्यापार आदि का रूप ले चुका है। मनुष्य की सदा से ही जिज्ञासा रही है कि वह उस स्थान विशेष के बारे में पूर्ण ज्ञान प्राप्त करे, जिसके बारे में उसने सुना या पढ़ा है। उसकी इसी जिज्ञासा ने उसे अपने स्थान से बाहर निकलने के लिए प्रेरित किया। कहते हैं, सन् 1292 में पहले-पहल 'टूअर' शब्द का प्रयोग हुआ, जो लैटिन शब्द 'टोरनस' से बना है, जिसका अर्थ प्रारंभ में 'वृत्तात्मक' उपकरण या स्थिति से लगाया जाता था। इसी शब्द से धीरे-धीरे 'टूरिस्ट' एवं 'टूरिज्म' शब्द की उत्पत्ति हुई।

संस्कृत साहित्य में पर्यटन के लिए तीन शब्दों का प्रयोग किया गया है। ये तीन शब्द हैं—पर्यटन, देशाटन और तीर्थाटन। इन तीन शब्दों के अर्थ में ही पर्यटन की अवधारणा अंतर्निहित है। प्रथम शब्द है—पर्यटन अर्थात् आराम एवं ज्ञान-प्राप्ति के लिए यात्रा करना। दूसरा शब्द है—देशाटन अर्थात् विदेशों में, मुख्यतः आर्थिक लाभ के लिए यात्रा करना और तीसरा प्रमुख शब्द है—तीर्थाटन अर्थात् धार्मिक लाभ के लिए यात्रा करना।

भारत आस्था का देश है। धार्मिक आस्था यहाँ पर्यटन की संवाहक रही है। वर्षों पहले जब आवागमन के साधनों का विकास नहीं हुआ था, लोग धार्मिक आस्थावश दुर्गम तीर्थ-स्थलों पर जाया करते थे। इस बहाने निवास-स्थल से दूर के स्थानों की यात्रा तो हो ही जाती थी, साथ ही रास्ते में पड़नेवाले इलाकों की सभ्यता व संस्कृति से साक्षात्कार भी हो जाता था। तीर्थ-स्थलों का अलग-अलग दिशाओं में होना इस बात को भी पुष्ट करता है कि इनकी स्थापना के पीछे मनुष्य को अपने निवास-स्थान के अतिरिक्त दूसरे स्थानों से अवगत कराने के साथ घर से बाहर की दुनिया को देखने का अवसर दिलाना रहा है। दरअसल पर्यटन एक

व्यापक शब्द है, जिसमें विभिन्न शारीरिक, मानसिक आवश्यकताओं की पूर्ति निहित है। साथ ही व्यक्ति का विकास भी जुड़ा हुआ है।

पर्यटन के अंतर्गत आज नए-नए क्षेत्रों का विकास हुआ है और घूमने-फिरने की अवधारणा ने अब एक व्यापक स्वरूप धारण कर लिया है। आज देश, राज्य और स्थानीय विकास की अवधारणा में इसे सम्मिलित कर लिया गया है। समग्र रूप से कहा जाए तो पर्यटन एक ऐसी सामाजिक, आर्थिक, सांस्कृतिक तथा धार्मिक गतिविधि है, जो आज के समय की आवश्यकता है। यह बिना चिमनी और धुएँ का ऐसा उद्योग है जो लोगों को स्थान विशेष की तरफ आकर्षित करने, उन्हें वहाँ तक पहुँचाने, आवासित करने, खाने-पीने की सामग्री प्रदान करने, उनका मनोरंजन करने तथा वापसी में उन्हें उनके घर पहुँचाने से संबंधित है।

अब इसके क्षेत्र का अत्यधिक विस्तार हुआ है। आज से दो-तीन दशक पहले तक पर्यटन कुछ समृद्ध, धनी एवं साहसिक व्यक्तियों तक ही सीमित था; परंतु परिवहन एवं संचार के साधनों के तीव्रतम विकास से अब यह हर आम और खास के लिए समान पहुँच का क्षेत्र हो गया है। पर्यटन की सोच का विस्तार इस कदर हुआ है कि मध्यम एवं कुछ हद तक निम्न आय के लोग भी अब अपने निवास-स्थान से बाहर भ्रमण एवं अवकाश व्यतीत करने जाने लगे हैं। वित्तीय संस्थाओं और बड़ी-बड़ी यात्रा एजेंसियों द्वारा पर्यटन पैकेज भी तैयार किए जाने लगे हैं। इनसे सभी प्रकार का पर्यटन सुगम ही नहीं हुआ है बल्कि आम आदमी की इस तक पहुँच भी हो गई है। पर्यटन अब अनेक रूप ले चुका है। सांस्कृतिक, चिकित्सा, धार्मिक, पारिस्थितिकी, साहसिक, क्रीड़ा, ग्रामीण आदि अनेक रूपों में पर्यटन ने आज वैश्विक स्तर पर अपनी विशिष्ट पहचान बना ली है।

पर्यटन : अर्थ एवं परिभाषा

पर्यटन का एक महत्त्वपूर्ण पहलू है कि इससे बड़ी मात्रा में विदेशी मुद्रा की प्राप्ति होती है। परंतु समग्र सत्य मात्र यही नहीं है। पर्यटन दरअसल सामुदायिक विकास को बढ़ावा तो देता ही है, साथ ही यह व्यक्ति के समग्र विकास का भी आधार है।

आज पर्यटन सामाजिक प्रतिष्ठा का विषय बन गया है और शारीरिक तथा मानसिक स्वास्थ्य के लिए जरूरी समझा जाने लगा है। भौतिक कार्यों की व्यस्तता और आपाधापी में कुछ पल आराम के निकालने के अंतर्गत पर्यटन मनुष्य की आवश्यकता भी बनने लगा है।

जैसे-जैसे पर्यटन की सोच का विकास हुआ है, इससे जुड़े विभिन्न पहलुओं यथा आवास, भोजन, परिवहन आदि व्यवसायों का भी विकास त्वरित गति से होने लगा है। आम तौर पर पर्यटन एवं यात्रा को एक ही मान लिया जाता है, जबकि इन दोनों में मूलभूत अंतर है। यात्रा का उद्देश्य व्यवसाय या अन्य कुछ भी हो सकता है; परंतु पर्यटन का अर्थ है मनोरंजन, ज्ञानवर्धन, नया देखने की जिज्ञासा को शांत करने के लिए भ्रमण। पर्यटन बिना स्कूल गए व्यक्ति को ज्ञान प्रदान करने के साथ ही अपने परिवेश से अलग लोगों की संस्कृति, परंपराओं, मान्यताओं, खान-पान आदि के बारे में बहुत कुछ नई जानकारियाँ भी देता है।

मोटे तौर पर पर्यटन की परिभाषा पर विचार करें तो लगातार एक वर्ष या उससे कम समय तक सैर-सपाटा, व्यापार तथा अन्य कार्यों के लिए अपने रहने के सामान्य स्थान से बाहर घूमने तथा ठहरनेवाले व्यक्तियों से जुड़ी गतिविधियों को 'पर्यटन' कहा जा सकता है।

यह तो स्पष्ट ही है कि पर्यटन की अवधारणा कोई नई नहीं है बल्कि सैकड़ों वर्ष पुरानी है। परंतु आज अब देश-विदेश की यात्रा से संबंधित विभिन्न संघटकों के कार्य-कलापों का राष्ट्रीय एवं अंतरराष्ट्रीय स्तर पर विनियमन होता है तो पर्यटन के विभिन्न पहलुओं के बारे में सूचनाओं के एकीकरण, सारणीयन और प्रचार के लिए इस शब्द को परिभाषित करना अत्यंत आवश्यक हो जाता है।

'पर्यटन' शब्द के बारे में हम चर्चा करें तो पाएँगे कि अंग्रेजी शब्द 'Tourism' का संबंध 'Tour' से है। 'Tour' शब्द लैटिन भाषा से लिया गया है। इसे यात्रा के लिए प्रयोग करने के पीछे महत्त्वपूर्ण कारण छिपा हुआ है। 'Tornos' का अभिधात्मक अर्थ एक प्रकार के औजार से है, जो पहिए की भाँति गोलाकार होता है। इसी 'Tornos' शब्द से यात्रा-चक्र या 'Package Tour' या कहें कि एकमुश्त यात्रा का विचार सृजित हुआ, जो कि आधुनिक पर्यटन का मुख्य आधार है। शब्दानुसंधान से पता चलता है कि करीब सन् 1643 में इस शब्द का प्रयोग विभिन्न स्थानों की यात्रा, मनोरंजन, भ्रमण आदि के लिए किया गया था। यहाँ यह बात भी अत्यंत रोचक है कि 'Tour' हिब्रू भाषा का शब्द है, जो कि 'Torah' से लिया गया है। इसका अर्थ है—अध्ययन या खोज। 'Torah' यहूदियों के विधान से संबंधित है। यहूदी विधान यहूदियों के रहन-सहन की परिभाषा वर्णित करता है। इस कड़ी में 'Tour' का अर्थ है कि यात्री किसी विशेष स्थान पर जाकर खोज करता है। ठीक इसी प्रकार एक पर्यटक की जिज्ञासा होती है कि वह उस स्थान के बारे में पूर्ण ज्ञान प्राप्त कर सके, जिसके बारे में उसने सुना है।

'Tourism' या 'पर्यटन' शब्द के अंतर्गत समस्त व्यापारिक क्रियाएँ सम्मिलित हैं, जो यात्रियों की आवश्यकताओं की पूर्ति करती हैं। किसी भी यात्रा को पर्यटन तब कहा जाएगा जब—

- यात्रा अस्थायी हो।
- यात्रा ऐच्छिक हो।
- यात्रा का अर्थ किसी प्रकार का पारिश्रमिक प्राप्त करना नहीं हो।

'पर्यटन' शब्द के विवेचन से यह बात स्पष्ट हो जाती है कि पर्यटन केवल यात्रा तक सीमित शब्द नहीं बल्कि एक विस्तृत शब्द है। अठारहवीं सदी में पर्यटकों की बढ़ती हुई संख्या ने पर्यटन के वर्तमान स्वरूप को जन्म दिया। उन्नीसवीं सदी तक विद्वानों ने इसे एक व्यवसाय के रूप में बढ़ाने की बात सोची। विदेशी पूँजी अर्जित करने का यह एक उत्तम व्यवसाय दृष्टिगोचर हो रहा था। बीसवीं सदी तक पहुँचते-पहुँचते यह व्यवसाय यूरोप में अत्यधिक लोकप्रिय व प्रभावपूर्ण सिद्ध होने लगा। फलत: बहुत से देशों ने इसे अपना प्रमुख व्यवसाय बनाना प्रारंभ कर दिया।

पर्यटन और यात्रा में पर्याप्त अंतर है। पर्यटन को साधारण यात्रा नहीं कहा जा सकता। मनुष्य की आराम, विनोद, क्रीड़ा व सांस्कृतिक आवश्यकताओं की पूर्ति करते हुए पर्यटन ने जिस सामाजिक आंदोलन का रूप ग्रहण किया है, उसको सही अर्थों में परिभाषित किया जाना बेहद जरूरी हो जाता है।

विद्वानों ने पर्यटन को भिन्न-भिन्न अर्थों में व्याख्यायित किया है। सबसे पहले यह देखना होगा कि पर्यटन और यात्रा में मौलिक अंतर क्या है। इस संबंध में जेरास्ना मांद्रथ कहते हैं—'यात्रा, तीर्थयात्रा, सैर-सपाटे और पर्यटन में फर्क है। पर्यटन घूमने-फिरने की एक आधुनिक शैली है और इसके विकास के लिए सबसे पहले आधुनिक मानसिकता का होना जरूरी है। तीर्थयात्रा अपने मूल में पारंपरिक है और सही अर्थों में पर्यटन से उसका बहुत ज्यादा सरोकार नहीं है। एक तीर्थयात्री अपने किसी अभीष्ट को ध्यान में रखकर, शुद्ध आचरण, निष्ठा, भक्तिभाव से लक्ष्य तक पहुँच, उसके दर्शनों से तृप्त होकर घर लौटता है। एक बार भगवान् के दर्शन हो जाएँ तो वह मार्ग की कठिनाइयों को भी भूल बैठता है। लेकिन एक पर्यटक को अगर यह पता चल जाए कि अमुक जगह पहुँचने में कोई दिक्कत होगी तो वह वहाँ जाएगा ही नहीं। पर्यटक एक तीर्थस्थान तक भी जा सकता है; लेकिन किसी भक्तिभाव से नहीं, केवल देखने के लिए। पर्यटक शहरी तनाव दूर करने, सुख की तलाश में, आपाधापी और दौड़-धूप भरी जिंदगी में राहत की साँस

लेने, गरमी के थपेड़ों से छुटकारा पाने पहाड़ की ओर भागेगा, कुछ दिन वहाँ रहेगा, वहाँ के जन-जीवन में कुछ नएपन की तलाश करेगा या फिर प्रकृति के सान्निध्य में शांति और समरसता पाकर संतोष की साँस लेगा।'

मार्क ट्वेन पर्यटन को बदलाव का बेहतरीन साधन बताते हुए इसे मानवीय नियति से भी जोड़ते हैं। उनके अनुसार—'स्वर्ग भी थोड़े समय बाद उबाऊ बन जाता है। स्तरीय जिंदगी बिताने के लिए बदलाव बेहद जरूरी है और पर्यटन इसका साधन है।'

प्री माउंट के अनुसार, 'पर्यटन का अर्थ समस्त मानवीय क्रियाओं के क्षेत्र तथा समस्त प्राकृतिक पहलुओं में जिज्ञासा रखना या खोज करना है।' माउंट की इस परिभाषा से स्पष्ट है कि पर्यटन मनुष्य के भीतर की जिज्ञासा को शांत करने की एक प्रक्रिया है।

डॉ. जेभिडिड्न के मतानुसार, 'पर्यटन एक सामाजिक आंदोलन है, जिससे आराम, विनोद, क्रीड़ा एवं सांस्कृतिक आवश्यकताओं की पूर्ति होती है।'

पर्यटन को सामाजिक आंदोलन बताने के साथ ही इस परिभाषा में पर्यटन को व्यक्ति के विश्राम से जोड़ते हुए उसकी ज्ञान संबंधी आवश्यकता की पूर्ति का माध्यम भी बताया गया है। स्पष्ट है कि पर्यटन समाज की ऐसी क्रिया है, जिससे सभी स्तरों पर व्यक्ति को लाभ होता है।

शोधकर्ता एरिक लॉस के अनुसार, 'पर्यटन लोगों में सूझ-बूझ और सांस्कृतिक विनिमय के सेतु का निर्माता है।'

लीग ऑफ नेशंस ने पर्यटन को परिभाषित करते हुए कहा है—'पर्यटन एक सामाजिक क्रिया है, जिसमें व्यक्ति चौबीस घंटे से ज्यादा समय के लिए अन्यत्र यात्रा करता है।'

इस परिभाषा को अत्यधिक सीमित ही कहा जाएगा, क्योंकि इसमें पर्यटन को यात्रा तक ही सीमित किया गया है।

टूरिज्म सोसाइटी ऑफ ब्रिटेन के अनुसार, 'पर्यटन अपने निवास-स्थान से दूरस्थ स्थानों की अस्थायी व अल्पकालिक यात्रा है, जहाँ लोग तरह-तरह के क्रियाकलापों द्वारा मनोरंजन करते हैं।'

विश्व पर्यटन संगठन (WTO) ने पर्यटन को 'व्यक्तियों की सावकाश, कारोबार या अन्य प्रयोजनों से एक वर्ष से कम अवधि के लिए उनके सामान्य परिवेश से अलग किसी स्थान की यात्रा या ठहराव से संबंधित कार्यकलाप' के रूप में परिभाषित किया है। इसमें अंतरराष्ट्रीय एवं घरेलू पर्यटन दोनों सम्मिलित हैं।

विश्व यात्रा एवं पर्यटन परिषद् (WTTC) के अनुसार, 'पर्यटन यात्रियों के उपयोग के लिए उत्पादनों एवं सेवाओं को प्रस्तुत करता है।'

इन परिभाषाओं के परिप्रेक्ष्य में स्पष्ट कहा जा सकता है कि पर्यटन देश-विदेश की भौगोलिक, सांस्कृतिक, सामाजिक जानकारी के आदान-प्रदान की ऐसी क्रिया है जिससे भिन्न-भिन्न लोगों से मेल-मिलाप ही नहीं होता बल्कि व्यक्ति प्रत्यक्ष एवं अप्रत्यक्ष रूप से ऐसा ज्ञान भी प्राप्त होता है, जो अन्य किसी स्रोत से नहीं मिल सकता। सड़क एवं रेल यातायात के प्रादुर्भाव के साथ सोलहवीं सदी में पर्यटन विकास को काफी गति मिली। द्वितीय विश्व युद्ध के बाद सड़क, हवाई यातायात तथा संचार साधनों के विकास से पर्यटन अत्यधिक समृद्ध हुआ। पर्यटन किसी भी राष्ट्र के लिए न केवल महत्त्वपूर्ण आर्थिक क्रिया है बल्कि विश्व के विभिन्न राष्ट्रों में सांस्कृतिक परिवर्तन लाने का विशिष्ट माध्यम भी है।

पर्यटन और पर्यटक

साधारण शब्दों में कहा जा सकता है कि जो पर्यटन करता है वही पर्यटक है। इस रूप में पर्यटन और पर्यटक का परस्पर पूरक संबंध है। सामान्य तौर पर स्वीकार्य परिभाषा के अनुसार पर्यटक वे अस्थायी आगंतुक हैं, जो कम-से-कम एक रात्रि के लिए यात्रा करनेवाले देश में ठहरते हैं तथा जिनकी यात्रा का उद्देश्य विलासिता (मनोरंजन), अवकाश, स्वास्थ्य-लाभ, अध्ययन, क्रीड़ा, व्यापार व पारिवारिक मेलजोल आदि से संबंधित होता है।

'यूनिवर्स शब्दकोश' के अनुसार—'पर्यटक' शब्द का प्रयोग सन् 1876 से भी पहले से किया जाता रहा है। इसके अनुसार, 'पर्यटक वह व्यक्ति है जो जानकारी हासिल करने तथा मनोरंजन करने के लिए यात्रा करता है, ताकि अन्य व्यक्तियों को अपनी यात्रा का विवरण दे सके।'

अर्थशास्त्री एवं पर्यटक लेखक नोरमल के अनुसार, 'प्रत्येक वह व्यक्ति जो विदेशों में स्थायी रूप में निवासित होने या रोजगार की दृष्टि के अलावा अन्य कारणों से प्रवेश करता है तथा जो अपने अस्थायी ठहराव के दौरान इस देश में अपने अर्जित धन को व्यय करना चाहता है, पर्यटक कहलाता है।'

इस प्रकार कहा जा सकता है कि पर्यटन का अर्थ केवल आराम, मनोरंजन तथा आनंद तक ही सीमित नहीं है बल्कि इसके अंतर्गत व्यापार संबंधी यात्राएँ एवं अन्य समस्त किस्म की यात्राएँ सम्मिलित हैं, जिनका वेतन-युक्त रोजगार से कोई संबंध नहीं है।

'यात्रा विलासिता नहीं, बल्कि व्यापार की आवश्यकता है और सभी लोगों का मूल अधिकार है।' पर्यटन के संदर्भ में विश्व यात्रा एवं पर्यटन परिषद् का यह कथन दरअसल पर्यटन और पर्यटक के निरंतर व्यापक होते स्वरूप की ओर इंगित करता है।

पर्यटन गतिविधियाँ

पर्यटन के बढ़ते हुए महत्त्व को इस बात से ही समझा जा सकता है कि अब यह व्यक्ति के अधिकार का विषय बन गया है। वर्ष 1980 में फिलीपींस की राजधानी मनीला में विश्व पर्यटन संगठन द्वारा आयोजित सम्मेलन की उद्घोषणा में कहा गया कि पर्यटन का उद्देश्य व्यक्ति के जीवन-स्तर को बढ़ाना है। यह व्यक्ति को बेहतर जीवन-शैली प्रदान करता है। सम्मेलन में पर्यटन को व्यक्ति का अधिकार बताते हुए प्रत्येक राष्ट्र के लिए इसे परम आवश्यक गतिविधि तक बताया गया। दरअसल पर्यटन का विकास राष्ट्रों के सामाजिक व आर्थिक विकास के साथ सीधे तौर पर जुड़ा हुआ है। पर्यटन को मानव को संतोष प्रदान करनेवाली गतिविधि के रूप में स्वीकार करते हुए कहा गया है कि पर्यटन से होनेवाला आर्थिक लाभ कितना ही उपयोगी एवं महत्त्वपूर्ण क्यों न हो, राष्ट्रों को इसे प्रोत्साहन देते समय केवल इस लाभ को ही अपने निर्णय की कसौटी नहीं बनाना चाहिए, बल्कि अवकाश व्यतीत करने का मानवीय अधिकार, नागरिकों को अपने पर्यावरण के संबंध में जानकारी-प्राप्ति के अवसर, राष्ट्रीय एकता और अभिन्नता के बारे में समझ विकसित करने के महत्त्वपूर्ण कारक के रूप में कार्यान्वित करना चाहिए।

कुल मिलाकर पर्यटन का क्षेत्र अत्यंत व्यापक है। इसे किसी सीमा में नहीं बाँधा जा सकता। इस क्षेत्र के अंतर्गत आम तौर पर जिन तत्त्वों की चर्चा की जाती है, वे इस प्रकार से हैं—

पर्यटक—पर्यटन के प्रमुख तत्त्व पर्यटक ही हैं। इस गतिविधि की सुखद अनुभूति का उपभोग पर्यटक ही करते हैं। इस रूप में पर्यटक इस व्यवसाय के उपभोक्ता हैं। पर्यटकों में वे सभी लोग सम्मिलित होते हैं, जो अल्प समय के लिए अपने निवास-स्थान से बाहर घूमने-फिरने के लिए जाते हैं। उनके घूमने-फिरने का उद्देश्य आराम, स्वास्थ्य-लाभ, शिक्षा, मनोरंजन, कुछ समय के लिए घर से निकासी आदि कुछ भी हो सकता है। उम्र, व्यक्तित्व एवं शैक्षिक स्तर के अनुसार पर्यटकों के व्यवहार में विविधता पाई जाती है। इसी विविधता को ध्यान में रखते हुए पर्यटन के उत्पादों का निर्माण होता है। विविध रुचियों के पर्यटकों की सेवाओं

एवं माँग के अनुरूप पर्यटन स्थलों के विकास को लाभदायक बनाने तथा नकारात्मक तत्त्वों को नियंत्रित करने में मदद ली जाती है।

पर्यटक उत्पादक स्थल—पर्यटकों द्वारा पसंद किए जानेवाले स्थान धीरे-धीरे पर्यटक उत्पादक स्थल बन जाते हैं। इसका अर्थ यह है कि जहाँ पर्यटकों की माँग का बाजार बनता है वहाँ उन सेवाओं और माँग का उत्पादन होने लगता है।

पर्यटक माँग—पर्यटन व्यवस्था का निर्धारण माँग पर आधारित है। इस माँग आधारित व्यवस्था में स्थानीय निवासियों की अपेक्षा के साथ बाहर से आनेवाले पर्यटकों की संतुष्टि को विशेष रूप से ध्यान में रखा जाता है। पर्यटन माँग निर्धारण के तहत पर्यटन स्थलों के आकर्षण के साथ-साथ वहाँ पहुँचने की हवाई, सड़क यातायात की बेहतर व्यवस्था, मुद्रा विनिमय, वीजा, सुरक्षित माहौल, घूमने की आजादी, खरीदारी के लिए बेहतर व्यवस्थाओं आदि का होना नितांत आवश्यक है। माँग निर्धारण को अंतरराष्ट्रीय परिप्रेक्ष्य में देखे जाने से काफी हद तक पर्यटन को बढ़ावा दिया जा सकता है। पर्यटन ही एकमात्र ऐसा उद्योग है, जिससे न केवल बड़ी मात्रा में विदेशी मुद्रा की प्राप्ति होती है बल्कि स्थानीय रोजगार को भी बढ़ावा मिलता है। ज्यादा-से-ज्यादा पर्यटक किसी देश में कैसे आएँ, इसके लिए पर्यटन माँग का निर्धारण करनेवाले तत्त्वों पर ध्यान देना आवश्यक है।

पर्यटन उत्पाद और सेवाएँ—पर्यटन के अंतर्गत 'उत्पाद' और 'सेवा' जैसे शब्द बार-बार आते हैं। पर्यटन उत्पाद का अर्थ है—पर्यटकों द्वारा पर्यटन स्थलों पर उपयोग में ली जानेवाली वस्तुएँ। ये वस्तुएँ प्रत्यक्ष भी हो सकती हैं और अप्रत्यक्ष भी। जैसे—पर्यटक प्रत्यक्षतः भौतिक वस्तुओं के अलावा अप्रत्यक्ष रूप से एक नए माहौल, परिवेश, पर्यावरण, विरासत, वहाँ की संस्कृति से संबद्ध वस्तुओं आदि को भी क्रय करता है। इससे स्पष्ट है कि भौतिक वस्तुओं के साथ-साथ पर्यटन उत्पाद में मनोवैज्ञानिक संरचना भी सम्मिलित होती है। स्थान विशेष के हस्तशिल्प, विशिष्ट वस्तु की खरीद के साथ ही उस पर्यटन स्थल पर बार-बार जाने की चाह भी कालांतर में उस स्थान विशेष के पर्यटन उत्पाद में सम्मिलित हो जाती है। इसी प्रकार पर्यटन स्थल पर पर्यटकों को मिलनेवाली विभिन्न प्रकार की सुविधाओं जैसे—होटल, टैक्सी, गाइड आदि को पर्यटन की सेवाओं में सम्मिलित किया जाता है। यहाँ यह गौरतलब है कि पर्यटन में माँग सदैव स्थिर नहीं रहती, क्योंकि पर्यटकों की रुचि और प्रवृत्ति में निरंतर परिवर्तन होता रहता है। पर्यटन सेवाओं के निर्माण में समय लगता है। होटल और परिवहन जैसी सेवाएँ एक बार स्थापना के बाद लंबे समय तक कायम रहती हैं। उत्पादक को एक बार इन सेवाओं के लिए

निवेश करना पड़ता है, बाद में इनसे लाभ होने लगता है।

चरैवेति, चरैवेति...

पर्यटन का अर्थ निरंतर विस्तृत से विस्तृत होता जा रहा है। आज यह विश्व अर्थव्यवस्था का एक प्रमुख घटक बन गया है। पारंपरिक पर्यटन के स्थान पर पर्यटन अब रोमांच, साहस और जीवन की विविध गतिविधियों से गहरे तक जुड़ गया है। मसलन यदि विवाह भी होता है तो उसका भी एक पर्यटन रूप बन गया है। विवाह समारोह में शामिल होने के बहाने भी व्यक्ति पर्यटन करने लगा है। यहाँ तक कि स्वास्थ्य-लाभ के साथ भी पर्यटन जुड़ गया है। भौतिकता के इस दौर में जितना भी समय व्यक्ति के पास होता है, उसी में वह बहुत कुछ कर लेना चाहता है। ऐसे में ऐतिहासिक स्थलों का भ्रमण, संगीत, कला, धार्मिक-सांस्कृतिक आदि उद्देश्यों से की जानेवाली यात्राएँ तक पर्यटन से जुड़ गई हैं। पर्यटन को अब आर्थिक दृष्टि से एक लाभकारी उद्योग मान लिया गया है। स्पष्ट है कि अब हर जगह, हर समय पर्यटक की जेब पर ही नजर रहने लगी है। कोई व्यक्ति कौन सी गतिविधि करता है, उसी के साथ पर्यटन को जोड़ दिया जाने लगा है। कोई आस्था के वशीभूत कहीं जाता है तो वह धार्मिक पर्यटन हो जाता है, विवाह समारोह में सम्मिलत होने जाता है तो भी उसे पर्यटन पैकेज पकड़ा दिया जाता है, कोई साहस या रोमांच की अनुभूति करना चाहता है तो तैयार है साहसिक पर्यटन, गाँव की सैर करना चाहता है तो प्रस्तुत है ग्रामीण पर्यटन, समुद्र की सैर की उसकी चाह है तो तैयार है क्रूज पर्यटन, प्राचीन चट्टानों और भूमि को जैसी है वैसी देखने की उसकी चाह है तो भू-पर्यटन का नया रूप भी प्रस्तुत है। वैज्ञानिक प्रगति के साथ यह भी संभव है कि अंतरिक्ष में होटल खुलें और वहाँ भी पर्यटकों की आवाजाही शुरू हो। अस्तु, 'चरैवेति, चरैवेति' का प्राचीन भारतीय आदर्श आज पर्यटन के क्षेत्र का मूल-मंत्र बन गया है। अब तो अंतरिक्ष की सैर के लिए भी अंतरिक्ष पर्यटन का विकास किया जा रहा है।

□

पर्यटन : उद्गम एवं विकास

अतीत को जानना, उसके बारे में जिज्ञासा रखना मनुष्य की स्वभावगत प्रवृत्ति रही है। हम यों भी कह सकते हैं कि अतीत को जाने बिना भविष्य की राह का समुचित निर्धारण नहीं किया जा सकता। इस दृष्टि से कहा जा सकता है कि घर से बाहर निकलने के विचार ने ही यात्रा को जन्म दिया और इसी से आधुनिक पर्यटन का विकास हुआ है। भ्रमण या पर्यटन का इतिहास जितना पुराना रहा है उतना ही रोमांचक और रोचक भी। घूमने-फिरने की क्रिया सभ्यता के विकास से जुड़ी रही है। सभ्यता के विकास को भ्रमण या यात्रा से पृथक् नहीं किया जा सकता। फर्क इतना है कि सभ्यता का इतिहास शासक वर्ग से अधिक जुड़ा रहा है। यात्रा का इतिहास आम जनता का इतिहास है। इस इतिहास की कहानी हम सब की कहानी है। यात्रा या भ्रमण के इतिहास को खँगालने की आवश्यकता पर्यटन के बढ़ते महत्त्व को देखते हुए सर्वथा प्रासंगिक है। इसलिए भी कि अतीत की नींव पर ही पर्यटन का भविष्य खड़ा है। अतीत के स्मारक, धरोहर ही तो पर्यटन के प्रमुख आकर्षण होते हैं। ऐसे में अतीत को विस्मृत करके भविष्य का निर्धारण कैसे किया जा सकता है। भ्रमण, यात्रा या पर्यटन के उद्भव एवं विकास का इसलिए और भी अधिक महत्त्व है।

पर्यटन का उद्गम

यात्रा की गाथा में साहस, जिज्ञासा, आनंद की खोज, अध्यात्म, व्यवसाय आदि के अनेक रोचक वृत्तांत समाए हुए हैं। कोलंबस ने साहसिक यात्रा के जरिए अमेरिका की खोज कर ली तो वास्कोडिगामा ने भारत को खोज निकाला। ह्वेनसांग, फाह्यान, मेगस्थनीज आदि ने दुर्गम राहें तय करते हुए भारत आकर बौद्ध दर्शन समेत अन्यान्य प्रकार का ज्ञान प्राप्त किया। सम्राट् अशोक की पुत्री संघमित्रा ने

बौद्ध धर्म का संदेश श्रीलंका पहुँचाया तो 'ग्रेंड टूर' या बृहत् यात्रा के बहाने किसी जमाने में यूरोपीय समाज के लोग पश्चिमी यूरोप का पूरा चक्कर लगा लेते थे। पुरानी लोककथाओं, लोकगीतों, साहसिक गाथाओं में दुनिया भर के पात्रों के जरिए यात्रा एवं भ्रमण का उल्लेख बार-बार हुआ है। प्राचीन अभिलेखों, भित्ति-चित्रों आदि में भी उस समय की कठिन यात्राओं के प्रमाण निरंतर मिलते रहे हैं।

सिंदबाद की कहानियाँ, अरेबियन नाइट्स, पंचतंत्र आदि कथा-रचनाओं के साथ ही मिस्र, फारस, रोमन, यूनान आदि साम्राज्यों का इतिहास यात्राओं के वर्णन से भरा पड़ा है। भारत के मौर्य शासन से संबंधित ऐतिहासिक विवरणों से स्पष्ट प्रतीत होता है कि पर्यटन की सोच का विकास तब तक हो चुका था। पश्चिम में मिस्र और रोमन साम्राज्य के इतिहास में पर्यटन की सोच के रहते ही यात्रा संबंधी बुनियादी सुविधाओं के विस्तार के प्रसंग बार-बार आए हैं। एशिया के लगभग सभी देशों में यात्रियों की आवभगत और उनके आगमन को शुभ माने जाने संबंधी उदाहरण पाए गए हैं। भारत में तो आदिकाल से ही 'अतिथिदेवो भव' की संकल्पना मौजूद रही है। इस संकल्पना के पीछे यही भावना रही है कि अतिथि के आगमन से सुख-समृद्धि में वृद्धि होती है।

मुद्रा के आविष्कार तथा व्यापार-वाणिज्य के विकास के साथ ही यात्रा या भ्रमण के मध्य पर्यटन का महत्त्व पृथक् रूप से उभरकर सामने आने लगा। प्राचीन सभ्यताओं की खुदाई, पुरावस्तुओं, ऐतिहासिक इमारतों, शिलालेखों आदि के आधार पर यह कहा जा सकता है कि पर्यटन की सोच का जन्म शताब्दियों पहले हो चुका था। आवागमन एवं संचार के साधनों ने धीरे-धीरे पर्यटन के स्वरूप का और अधिक परिष्करण किया। इसी से पर्यटन का वर्तमान आधुनिक स्वरूप विश्व के समक्ष उभरकर सामने आया।

पर्यटन के कारण

पर्यटन की उत्पत्ति के मूल में मनुष्य की जिज्ञासा, आनंद की खोज, व्यापार, शिक्षा आदि तत्त्व रहे हैं। प्रारंभिक पांडुलिपियाँ, यात्राओं के दस्तावेज, पुरातत्त्व सामग्री, भित्ति-चित्र, राजनीतिक इतिहास, संग्रहालय, सभ्यताओं के ब्योरे आदि भी पर्यटन के व्यवस्थित प्रादुर्भाव के कारण बने। जैसे-जैसे अतीत को ढूँढ़ने के रास्ते खुलते गए, पर्यटन के प्रति व्यवस्थित सोच भी आकार लेने लगी। माना जाता रहा है कि पर्यटन का ज्यादातर विकास यूरोप में ही हुआ; परंतु एशिया के इतिहास में भी पर्यटन का इतिहास अनेक स्तरों पर समाया हुआ है। मनुष्य की उत्सुकता,

विनिमय और शिक्षा प्राप्त करने की सोच ने ही दरअसल 'पर्यटन', 'यात्रा' एवं 'भ्रमण' जैसे शब्दों की सार्थकता प्रतिपादित की।

मोटे तौर पर पर्यटन की सोच के जन्म के मुख्य कारण इस प्रकार से हैं—

1. जिज्ञासा या उत्सुकता : किसी अपरिचित स्थान, स्मारकों, प्रकृति के भिन्न-भिन्न रूपों के प्रति उत्सुकता ने ही मनुष्य को अपने निवास-स्थान से बाहर जाने के लिए प्रेरित किया। इस कारण से ही जानी-पहचानी जगह से अनजानी जगह पर जाने की मानसिकता ने जन्म लिया। कालांतर में यही मानसिकता पर्यटन का कारण बनी।

2. मनोरंजन या छुट्टी का उपयोग : एक ही स्थिति में रहने की ऊब से बचने के लिए कहीं अन्यत्र जाने का विचार भी पर्यटन का एक बड़ा कारण है। प्राचीन यात्रा-वृत्तांतों में सामूहिक या व्यक्तिगत रूप से घूमने के अनेक विवरण मिलते हैं। पश्चिम में काम करने के बाद एक दिन पूजा-पाठ के लिए निर्धारित होता था। इस दिन को पवित्र दिन अर्थात् 'Holiday' कहा गया है। कालांतर में 'Holiday' अवकाश का दिन हो गया और इस दिन मनोरंजन व मौज-मस्ती की परंपरा बन गई। यह परंपरा विश्व के तमाम देशों में तब से चली आ रही है। इसी परंपरा के अंतर्गत काम करने के बाद कुछ समय मनोरंजन करने हेतु घर से कहीं बाहर जाकर आमोद-प्रमोद करने के विचार ने भी पर्यटन की सोच का प्रादुर्भाव किया। लोग नए-नए स्थानों के प्रति आकर्षित हुए, जिसकी परिणति में पर्यटन व्यवस्थित रूप में आकार लेने लगा।

3. तीर्थाटन से देशाटन : धर्म का प्रचार, तीर्थयात्रा से पुण्य-प्राप्ति, ईश्वर से इच्छा-पूर्ति, अध्यात्म में स्वयं की खोज एवं आस्था के वशीभूत अपने रहने के स्थान से दूसरे स्थानों की सैर आरंभ से ही एक मानवीय इच्छा रही है। वर्षों पहले जब आवागमन के साधनों का विकास नहीं हुआ था तब भी मनुष्य धार्मिक आस्थावश दुर्गम तीर्थ-स्थलों पर जाने के लिए अभिलाषा रखता आया है। विभिन्न धर्मों के मतानुयायी इसी कारण देश से बाहर यात्राएँ करते रहे हैं। अपने जीवन को तीर्थ के पुण्य से सार्थक और धन्य करने के लिए की जानेवाली ऐसी यात्राओं से ही बाद में निवास-स्थान से बाहर घूमने-फिरने की सोच ने जन्म लिया। कहा जा सकता है कि तीर्थाटन ने देशाटन का और कालांतर में पर्यटन का रूप लिया। इस आधार पर यह कहने में कोई अतिशयोक्ति नहीं कि तीर्थाटन ही पर्यटन की सोच का प्राथमिक कारण बना।

4. शिक्षा का प्रसार : शिक्षा का प्रसार भी पर्यटन के प्रादुर्भाव का एक

प्रमुख कारण रहा है। भारत में नालंदा एवं तक्षशिला विश्वविद्यालयों के साथ ही विश्व भर के प्रमुख शिक्षा केंद्रों पर अध्ययन करने जाने की ललक ने सुदूर स्थानों की यात्रा को बल दिया। वेदों एवं शास्त्रों के साथ ही बौद्ध मठों, इसलाम के तालीमी केंद्रों में शिक्षा-प्राप्ति की कामना से लोग अपने निवास-स्थान से दूसरे स्थानों पर लगातार जाने लगे। शिक्षा के लिए की जानेवाली ऐसी यात्राओं के दौरान रास्ते में पड़नेवाले स्थानों की सैर भी हो जाती थी। इसका लाभ यह रहा कि धीरे-धीरे ऐसी यात्राओं का उद्देश्य शिक्षा के साथ पर्यटन भी हो गया।

5. व्यापार एवं विनिमय : यात्रा एवं भ्रमण का एक अन्य प्रमुख कारण व्यापार एवं विनिमय रहा है। अर्थशास्त्र में व्यापारियों के संरक्षण एवं उनके लिए सुविधाओं के अंतर्गत मार्गों, सरायों आदि के बारे में रोचक विवरण मिलते हैं। प्राचीन काल में देश-विदेश के राजाओं की प्रमुख राजधानियाँ व्यापार और उद्योग का केंद्र भी होती थीं। थल और जल दोनों ही मार्गों से व्यापार के उद्देश्य से एक स्थान से दूसरे स्थान पर वस्तुओं का विनिमय किया जाता था। विनिमय के साथ व्यापार के जरिए अर्थ-लाभ के उद्देश्य से की जानेवाली यात्राओं ने कालांतर में पर्यटन की सोच को भी जन्म दिया।

पर्यटन का इतिहास

नए स्थानों के प्रति मनुष्य की जिज्ञासा, आनंद की खोज, तीर्थाटन, व्यापार-विनिमय आदि अन्यान्य कारणों से पर्यटन की सोच का विस्तार हुआ और ऐसी यात्राओं ने व्यवस्थित रूप लेना प्रारंभ कर दिया। इतिहास की बात करें तो इस बात से इनकार नहीं किया जा सकता कि यूरोप में ही पर्यटन की व्यवस्थित सोच ने सबसे पहले जन्म लिया। पश्चिम में मिस्र और रोमन साम्राज्यों के साथ ही फारसी एवं यूनानी साम्राज्यों में पहले-पहल यात्रा संबंधी अधिसंरचनाएँ विकसित की गईं। भारत में तीर्थाटन से देशाटन की सोच का विस्तार हुआ। हिंदू धर्म के चार-चार धामों का चार अलग-अलग दिशाओं में होना, बुद्ध के संदेशों का गाँव-गाँव में प्रचार, आदि शंकराचार्य की देश के विभिन्न भागों की यात्राएँ आदि पर्यटन का ही शानदार इतिहास हैं।

मोहनजोदड़ो व हड़प्पा की खुदाई में बहुत सी ऐसी वस्तुएँ प्राप्त हुई हैं, जिनसे यह अनुमान लगाया जा सकता है कि उस सभ्यता में भी लोग व्यापार तथा वाणिज्य के उद्देश्यों से दूर देशों की यात्रा पर निकला करते थे। सिंधु घाटी सभ्यता के अवशेषों में कुछ ऐसी वस्तुएँ प्राप्त हुई हैं, जिनसे उस समय की यात्राओं का

पता लगता है। सिंधु घाटी सभ्यता की बहुत सी वस्तुएँ विदेशों में भी पाई गई हैं। सुमेरिया में हाल के वर्षों में कुछ ऐसी मुद्राएँ मिली हैं, जिनसे यह पता चला है कि वहाँ से सिंधु घाटी का वास्तविक संबंध था और वहाँ के निवासियों से उनके व्यापारिक संबंध भी थे। दुनिया भर में मिलनेवाले यात्रा एवं भ्रमण के वृत्तांत पर्यटन के इतिहास के पृष्ठ भी हैं।

ईसा से 4 हजार वर्ष पूर्व बेबीलोनिया में सर्वप्रथम पर्यटन के परिणाम सार्थक रूप में उभरकर सामने आए और तभी वास्तविक रूप में यात्रा के महत्त्व को समझा गया। मुद्रा के आविष्कार तथा व्यापार-वाणिज्य के विकास के साथ ही पर्यटन की भी सही अर्थों में शुरुआत हुई। यों पश्चिम में पर्यटन की सोच का विस्तार मिस्र से माना जाता है। मिस्र की सभ्यता के प्रति आकर्षण उस जमाने में भी इतना था कि दुनिया के विभिन्न भागों के लोग इस सभ्यता से साक्षात् करने मिस्र जाते थे। विश्व के सात आश्चर्यों के बारे में जब रहस्योद्घाटन किया गया तो उससे भी मिस्र के प्रति पर्यटकों का आकर्षण बढ़ा। दरअसल एलेक्जेंड्रिया के लाइट हाउस को विश्व के सात महानतम आश्चर्यों में से एक माना जाता है। मिस्र के स्मारकों की दीवारों के भित्ति-चित्र और यात्राओं के दस्तावेज इस बात की पुष्टि करते हैं कि पर्यटन ने वहाँ उस दौर में भी खासा व्यवस्थित रूप ले लिया था।

सन् 1453 में कुस्तुनतुनिया के पतन के कारण नए भौगोलिक मार्गों की खोज हुई। पुर्तगाल और स्पेन के नाविकों ने नए मार्गों को खोजने में सर्वाधिक सफलता प्राप्त की। सन् 1486 में बार्थोलोम्यू अफ्रीका के दक्षिणी छोर तक पहुँच गया तो 1498 में पुर्तगाल का ही वास्कोडिगामा उत्मासा अंतरीप से भारत के कालीकट तक आ पहुँचा। स्पेन की सम्राज्ञी की सहायता से सन् 1492 में कोलंबस अमेरिका के तट पर पहुँचा। इसी प्रकार मेग्लान सन् 1519 में फिलीपींस पहुँचा। इन भौगोलिक खोजों के अंतर्गत जल-मार्ग से लंबी-लंबी यात्राएँ की जाने लगी थीं। इससे बहुत पहले सन् 623 में चीनी यात्री ह्वेनसांग भारत पहुँच गया था। भारत से हजारों मील दूर चीन का यह पर्यटक गोबीखेतान पार करके भारत आया और पंद्रह वर्ष तक भारत के विभिन्न भागों का भ्रमण करता रहा। ह्वेनसांग ने अपनी भारत-यात्रा का पूर्ण विवरण 'सी-ई-फी' नामक पुस्तक में दिया है। तेरहवीं शताब्दी में वेनिस के निकोलोपोलो और मार्को पोलो भूमध्यसागर के पार एशिया तक जा पहुँचे थे। अफ्रीका में भीतर तक सफलतापूर्वक जानेवालों में डेविड लिविंग्स्टन का नाम प्रमुख है। सन् 1841 में लिविंग्स्टन ने अपने भ्रमण का कार्य प्रारंभ किया और बत्तीस वर्षों तक लगातार अफ्रीका के अज्ञात व रहस्यमयी महाद्वीप,

जिसे 'अंधमहाद्वीप' कहा जाता था, की सैर करता। डॉ. नान्सन और एडमिर पेरी की उत्तरी ध्रुव की सन् 1893 से 1909 के दौरान की गई यात्राएँ भी यात्रा और भ्रमण के अतीत की रोचक दास्तानें हैं।

भूमध्यसागर क्षेत्र में यूनानी भाषा का अत्यधिक प्रचलन पर्यटन की सोच के विकास का प्रमुख कारण रहा है। यूनानियों ने ही पहले-पहल अपने यहाँ पर किराए पर प्रोक्सेरस (Proxeuros) अर्थात् गाइड की परंपरा का विकास किया। प्रोक्सेरस दरअसल यूनान में उसे कहा जाता था, जो यह बताता था कि कैसे और कहाँ सुरक्षित भ्रमण किया जा सकता है। यही नहीं, यूनानी थिएटर और नाट्यकला का भी आरंभ से ही विश्व भर में डंका बजता रहा है। दूर देशों के लोग ग्रीक कॉमेडी और ट्रेजेडी के नाटक देखने आया करते थे। दुनिया भर के लोगों को अपने यहाँ आकृष्ट करने के लिए यूनानियों द्वारा निरंतर मेले, उत्सव आदि भी आयोजित किए जाते थे। जो आयोजन प्राचीन यूनान में किए जाते रहे, उनमें से एक ओलंपिक का निर्वहन आज भी किया जाता है। यह आयोजन आज भी अत्यधिक लोकप्रिय है। उत्सवधर्मिता—अपने यहाँ आकृष्ट करने की कला आदि बातों से यह स्पष्ट पता चलता है कि यूनान ने पर्यटन के अंतर्निहित लाभ उस जमाने में ही जान लिये थे। कहा जा सकता है कि यूनानियों ने पर्यटन के अंतर्गत नए-नए क्षेत्रों का विकास किया।

रोमवासियों ने भी यूनान का अनुसरण किया। यूनानी जीवन-शैली के प्रति अपने आकर्षण और संगठन की अपनी अपूर्व क्षमता के कारण उन्होंने ग्रीकवासियों द्वारा विकसित सोच को परिष्कृत रूप में विस्तृत किया। पश्चिम के अधिकांश क्षेत्रों पर रोमन साम्राज्य का नियंत्रण रहा। रोम की सेना विभिन्न देशों के लोगों पर राज्य करती रही और इस दौरान इसने सुदूर देशों में अपने साम्राज्य का विस्तार भी किया। इससे ही रोम के लोगों में समुद्र-तटों, मार्ग-स्थलों, पहाड़ों, नदी-तटों आदि पर आरामगृह, विला आदि बनाने की प्रवृत्ति ने जन्म लिया। जैसे-जैसे रोम के नागरिक अपने निवास-स्थान से दूसरे देशों की ओर साम्राज्य-विस्तार तथा अन्य कारणों से बाहर निकलने लगे, उनमें दूसरे स्थानों की सभ्यता एवं संस्कृति के बारे में जानने की जिज्ञासा का भी जन्म हुआ। थकान मिटाने, यूनानी मंदिरों, समाधि-स्थलों, कलात्मक वस्तुओं को देखने आदि की उत्सुकता में से पर्यटन की सोच ने जन्म लिया और इसी से पर्यटन से संबद्ध विभिन्न सुविधाओं के विस्तार पर भी ध्यान दिया गया।

विश्व के विभिन्न क्षेत्रों में एक स्थान से दूसरे स्थान पर आवागमन और

संचार के साधनों में जैसे-जैसे वृद्धि हुई, भ्रमण व्यवस्थित होने लगा। निवास-स्थान से बाहर कुछ समय के लिए ठहरने, भोजन आदि की व्यवस्था के कारण ही सराय, भोजनालयों, बाजार आदि का विकास होने लगा। समुद्र किनारे के शहरों, नगरों के विकास के साथ ही मार्ग-स्थलों के आस-पास सुविधाओं के विस्तार से पर्यटन व्यवस्थित रूप में आकार लेने लगा। दुनिया के विभिन्न देशों के लोगों के बीच संवाद, परस्पर मेल-मुलाकात, आपस में ज्ञान और व्यापार संबंधी विनिमय आदि से पर्यटन के नए आयाम भी विकसित होते चले गए।

विश्व में पर्यटन को मान्यता

यात्रा के अंतर्गत एक स्थान से दूसरे स्थान पर जाने की प्रवृत्ति ने परिवहन व संचार के साधनों के विकास के साथ भले ही व्यवस्थित रूप लेना प्रारंभ कर दिया, परंतु फिर भी पर्यटन की सोच का विकास विधिवत् रूप से तभी हुआ जब इस संबंध में बाकायदा अलग से संगठन और संघों की स्थापना होने लगी। ये संगठन ऐसे थे जिन्होंने पर्यटन को मान्यता ही नहीं दी बल्कि पर्यटकों के हितों के साथ पर्यटन के विकास और भावी स्वरूप पर भी विचार किया। सर्वप्रथम स्पेन, पुर्तगाल और फ्रांस ने पर्यटन के उत्थान हेतु एक फेडरेशन, फ्रेंको-हिस्पेनो—'पुर्तगाल फेडरेशन ऑफ टूरिस्ट एसोसिएशन' बनाया। दरअसल यह एक प्रथम अंतरराष्ट्रीय पर्यटन संगठन था। सन् 1908 में इसकी स्थापना हुई। सन् 1925 तक आते-आते कई देशों के प्रतिनिधियों ने मिलकर 'इंटरनेशनल यूनियन ऑफ ऑफिशियल टूरिस्ट पब्लिसिटी ऑर्गेनाइजेशंस' की स्थापना की। सन् 1946 में विभिन्न देशों के पर्यटन संगठनों के प्रतिनिधियों की सभा लंदन में हुई और 1947 में 'इंटरनेशनल यूनियन ऑफ ऑफिशियल ट्रेवल ऑर्गेनाइज़ेशन' यानी आई.यू.ओ.टी.ओ. की स्थापना हुई। 'पैसेफिक एरिया ट्रेवल एसोसिएशन' भी इसी क्रम में सन् 1951 में प्रारंभ हुआ और 2 जनवरी, 1975 को 'विश्व पर्यटन संगठन' की स्थापना की गई। विश्व पर्यटन संगठन की स्थापना के साथ ही पर्यटन को सार्वजनिक मान्यता मिल गई और पर्यटन के संबंध में शोध एवं अनुसंधान की गतिविधियाँ भी पृथक् से प्रारंभ हुईं। विश्व पर्यटन संगठन विभिन्न देशों में पर्यटन गतिविधियों पर नजर ही नहीं रखता बल्कि पर्यटकों के हितों के लिए समय-समय पर निर्देश भी जारी करता है।

भारत में पर्यटन

भारत आरंभ से ही पर्यटन के विचार से जुड़ा रहा है। महाभारत और रामायण

जैसे महाकाव्यों के साथ ही प्राचीन शास्त्र-कथाओं में भी अपने निवास-स्थान से बाहर घूमने जाने के प्रसंग कई रूपों में आते हैं। महाभारत कालीन सभ्यता के अंतर्गत उत्सवों व उपहार देने की जो परंपरा मिलती है, उससे स्पष्ट होता है कि एक-दूसरे से मिलने के लिए यात्रा का महत्त्व तब भी था। कौटिल्य के अर्थशास्त्र, वेदों, उपनिषदों आदि में भी भ्रमण के रोचक वृत्तांत मिलते हैं। शास्त्रों में 'अतिथि देवो भव' की बात भी वर्षों से चली आ रही भावना को ही इंगित करती है। इस रूप में भारतीय संस्कृति में आरंभ से ही भ्रमण, यात्रा और यात्री के महत्त्व को स्वीकार कर लिया गया था।

उत्तरवैदिक काल में लोहे से इस्पात और उससे हथियार बनाने की कला विकसित हो चुकी थी। भारतीय अस्त्रों की धाक विश्व भर में थी। विश्व में भारत को 'सोने की चिड़िया' कहकर भी शायद इसीलिए संबोधित किया गया कि यहाँ भौतिक एवं प्राकृतिक दृष्टि से चहुँओर समृद्धि थी। वैसे भी एशिया और यूरोप को जोड़नेवाले प्रमुख मार्ग भारत से होकर ही गुजरते थे। ऐसे में यात्रा और भ्रमण आरंभ से ही यहाँ की संस्कृति का हिस्सा रहे हैं।

मौर्य और अशोक के शासन काल के मिले अभिलेखों, भित्ति-चित्रों आदि में उस दौरान सड़कों के निर्माण, सरायों की स्थापना, सड़क के किनारे छाया के लिए वृक्ष लगाने जैसी बातों से इस बात का सहज ही अनुमान लगाया जा सकता है कि यात्रा संबंधी अधिसंरचना बहुत पहले ही भारत में विकसित हो गई थी।

आज से 5 हजार वर्ष पूर्व सिंधु घाटी की खुदाई में मिले हड़प्पा और मोहनजोदड़ो नामक दो नगरों के भग्नावशेषों के अध्ययन से पता चता है कि भारत में सीधी, चौड़ी तथा पक्की सड़कें थीं। 323 ई.पू. चंद्रगुप्त मौर्य के शासनकाल का वर्णन करते हुए मेगस्थनीज ने भी भारत में पक्की चौड़ी सड़कों और उन पर यात्रा एवं भ्रमण किए जाने संबंधी विस्तृत विवरण दिए हैं।

(1) तीर्थाटन से देशाटन

वर्षों पहले जब आवागमन के साधनों का विकास नहीं हुआ था, लोग धार्मिक आस्थावश दुर्गम तीर्थ-स्थलों पर जाया करते थे। भारतीय आख्यान साहित्य का आदर्श पुत्र श्रवणकुमार अपने अंधे माता-पिता को चार धामों की यात्रा के लिए कंधे पर तराजूनुमा पालकी में बिठाकर ले गया था। यह कहानी भी उस जमाने में मौजूद तीर्थाटन के महत्त्व को इंगित करती है। तीर्थाटन के बहाने निवास स्थल से दूर के स्थानों की यात्रा तो हो ही जाती थी, साथ ही रास्ते में पड़नेवाले इलाकों की

सभ्यता एवं संस्कृति, वहाँ के रहन-सहन से भी साक्षात्कार हो जाता था। अन्यान्य धर्मों के प्रचार-प्रसार के लिए भी यात्राएँ करने का वर्णन प्राप्त होता है। कहा जाता है कि ज्ञान-पिपासु ईसा मसीह ने भी भारत की यात्रा करते हुए यहाँ के अनेक स्थानों का भ्रमण किया। बुद्ध ने भी बुद्धत्व का संदेश गाँव-गाँव घूम-घूमकर दिया। यात्राओं के इन उद्देश्यों ने ही भ्रमण के वास्तविक अर्थ का विस्तार किया।

आदि शंकराचार्य ने देश के विभिन्न भागों की यात्रा इसी उद्देश्य से की थी कि सभी को भावनात्मक एकता के सूत्र में बाँधा जाए। तीर्थ-स्थलों के अंतर्गत कश्मीर से कन्याकुमारी तक दुर्गम स्थानों पर मंदिरों, मठों, दरगाहों आदि की स्थापना संभवत: इसी उद्देश्य से की गई थी कि लोग तीर्थाटन के माध्यम से लंबी यात्राएँ कर सकें और स्थान विशेष की संस्कृति से रू-बरू हो सकें। भक्ति और कीर्तन की परंपरा से भी देशाटन को बढ़ावा मिला। 'हरे कृष्णा आंदोलन' के अंतर्गत दूर देशों के लिए भारत आज भी आकर्षण का केंद्र है। मेलों की भारतीय संस्कृति भी तीर्थाटन से देशाटन की परंपरा को समृद्ध बनाती रही है। देशाटन का प्रमुख लक्ष्य आध्यात्मिक था। आज भी देश के विभिन्न हिस्सों में सदियों पुरानी सरायें अथवा धर्मशालाएँ मौजूद हैं, जो इस बात का प्रमाण हैं कि लोग एक जगह से दूसरी जगह यात्रा के लिए निकला करते थे। हिंदू चार तीर्थ-धामों की यात्रा के बगैर अपना जीवन अधूरा मानते थे तो मुसलमान औलिया तथा पीरों व फकीरों की दरगाहों पर जियारत करना अपना धर्म मानते रहे हैं। बौद्ध, जैन, सिख, ईसाई मतावलंबी भी अपने-अपने उपासना-स्थलों पर प्रार्थना करते रहे हैं। दरअसल तीर्थाटन हमारी परंपरा रही है और संचार तथा परिवहन के विकास ने इसमें नए आयाम जोड़ दिए। तीर्थाटन ने शनै:-शनै: देशाटन का रूप ले लिया। लोग धार्मिक स्थलों की सैर के बहाने रास्ते में पड़नेवाले घूमने-फिरने के स्थलों पर जाने की ओर प्रवृत्त होने लगे। घर से दूर अवकाश मनाने की सोच का तीर्थाटन से ही विकास हुआ, इससे इनकार नहीं किया जा सकता।

(2) राजा-महाराजाओं की देन

भारत में यात्रा एवं भ्रमण के विकास का एक बड़ा कारण राजा-महाराजा और मुगल बादशाह भी रहे हैं। देश के विभिन्न भागों में स्मारकों, बाग-बगीचों, मीनारों, किलों, महलों आदि का निर्माण करवाकर उन्होंने पर्यटन की बेशकीमती धरोहर ही नहीं सँजोई बल्कि यात्रा एवं पर्यटन के प्रति आमजन को प्रेरित भी किया। राजा-महाराजाओं ने पहाड़ों पर जंगलों के बीच किले एवं गढ़ आदि

बनवाए तो नदियों के किनारे खूबसूरत महल भी घूमने-फिरने के दौरान कुछ समय विश्राम के लिए बनवाए। राजा-महाराजाओं और उनके साथ दरबार से जुड़े खास लोग तब शहर के कोलाहल से दूर शांत इलाकों और ठंडे प्रदेशों में जाया करते थे। मुगल बादशाहों ने बहुत से बाग-बगीचे और स्मारक बनवाए। शाहजहाँ ने अपनी बेगम मुमताज की याद में ताजमहल बनवाया तो कश्मीर के शालीमार और निशातबाग भी अन्य मुगल बादशाहों ने बनवाए। राजा-महाराजा और मुगल बादशाह प्रकृति-प्रेम और काम-काज के दौरान विश्राम के लिए यात्रा एवं भ्रमण पर जाया करते थे। उनके कारण ही अन्य लोग भी फिर यात्रा एवं भ्रमण के प्रति आकर्षित हुए।

(3) ब्रिटिश शासन

भारत में यात्रा एवं पर्यटन की परंपरा आदि काल से रही है, परंतु पर्यटन की व्यवस्थित सोच और विकास का एक बड़ा कारण ब्रिटिश शासक भी रहे हैं। भारत में शासन के दौरान ब्रिटिश शासकों ने अपनी सुख-सुविधा, आनंद, अवकाश के उपयोग आदि के लिए भारत के प्राकृतिक वैविध्य के रमणीय स्थानों पर इमारतों, विश्राम स्थलों आदि का निर्माण करवाया। गरमी के मौसम में ठंडे स्थानों के लिए पहाड़ों पर बस्तियाँ बसाने के साथ ही समुद्र किनारे के तटों का भी विकास किया गया। पुरी, वाल्तेर, मरीना और जुहू जैसे 'बीच' विकसित किए जाने के साथ ही ऊटी, मनाली, दार्जिलिंग आदि को घूमने-फिरने की सुविधाओं के तहत विकसित किया गया।

पर्यटन इतिहास की प्रासंगिकता

प्रश्न यह उठता है कि पर्यटन के इतिहास और विकास के बारे में जानने की आवश्यकता क्या है? दरअसल पर्यटन के इतिहास से ही पर्यटन का भविष्य जुड़ा है। इस रूप में पर्यटन के इतिहास की आवश्यकता और प्रासंगिकता से इनकार नहीं किया जा सकता। वैसे भी पर्यटन का इतिहास से गहरा रिश्ता है, क्योंकि पर्यटन विरासत से जुड़ा उद्योग है। इतिहास से संबद्ध हर वस्तु का पर्यटन से गहरा संबंध है। ऐतिहासिक वस्तुएँ, इमारतें, मंदिर, संग्रहालय आदि ही तो पर्यटन की सबसे बड़ी आवश्यकता हैं। जब भी कोई पर्यटक पर्यटन के लिए निकलता है तो उसकी रुचि इन सबके प्रति ही अधिक होती है।

पर्यटन के इतिहास की प्रासंगिकता इस रूप में भी है कि इससे पर्यटन के क्रमिक विकास का पता चलता है। इस क्रमिक विकास के आधार पर ही भविष्य

की पर्यटन संभावनाओं और विकास की राह आसान की जा सकती है। इतिहास से पर्यटन को बढ़ावा देनेवाले और उसकी राह में बाधक बन रहे तत्त्वों के बारे में जाना जा सकता है। अतीत की घटनाएँ और प्रसंग वर्तमान को आगे ही नहीं बढ़ाते बल्कि भावी विकास के आधारभूत ढाँचे के निर्माण में भी सहयोग करते हैं।

पर्यटन के इतिहास के अंतर्गत सांख्यिकी आँकड़े, पांडुलिपियाँ, यात्रा साहित्य, अभिलेख, भित्ति-चित्र, राजनीतिक ब्योरे आदि महती भूमिका निभाते हैं। इस रूप में इनका भावी विकास में भी महत्त्वपूर्ण योगदान होता है, क्योंकि इन्हीं से भविष्य की चुनौतियों को समझकर विकास को गति दी जा सकती है।

पर्यटन के आर्थिक महत्त्व को समझने के बाद से ही इससे संबद्ध सांख्यिकी आँकड़े इकट्ठे किए जाने लगे। सन् 1914 के पहले की पर्यटन संबंधी सांख्यिकी आज मौजूद नहीं है, परंतु उसके बाद की सांख्यिकी विभिन्न स्तरों पर उपलब्ध है। सन् 1921 में ब्रिटेन में पर्यटन सांख्यिकी इकट्ठी की जाती थी और 1945 से तो विश्व के लगभग सभी देशों में इस दिशा में व्यवस्थित कार्य प्रारंभ हो गया।

संक्षेप में, पर्यटन के इतिहास की प्रासंगिकता को निम्नलिखित बिंदुओं से समझा जा सकता है—

1. पर्यटन से गहरा रिश्ता,
2. पर्यटन की मूलभूत आवश्यकता है उसका इतिहास,
3. पर्यटन के विकास का पता चलता है,
4. पर्यटन संबंधी सांख्यिकी में सहायक,
5. भावी विकास के लिए सैद्धांतिक ढाँचा तैयार करने में उपयोगी,
6. पर्यटन के मानकीकरण में सहायक,
7. भावी विकास के लिए बाधा-निवारण के कारगर उपायों की जानकारी।

पर्यटन का क्रमिक विकास

देश में स्वतंत्रता-प्राप्ति के पश्चात् से ही विभिन्न क्षेत्रों में विकास को योजनाबद्ध अमली जामा पहनाया गया। यात्रा एवं भ्रमण के जरिए विकास को गति देने के अंतर्गत पर्यटन के महत्त्व को समझा गया और पर्यटन के क्षेत्र में संवर्द्धनात्मक व विकासात्मक कार्य किए गए।

भारत में पर्यटन के विचार का कार्यान्वयन सन् 1949 से ही प्रारंभ कर दिया गया। सरकार ने सन् 1949 में पर्यटन संबंधी सुविधाओं में समन्वय के लिए परिवहन मंत्रालय के अंतर्गत एक पृथक् पर्यटन प्रकोष्ठ की स्थापना की। सन्

1951 में मुंबई, चेन्नई, कोलकाता और दिल्ली में पर्यटन के क्षेत्रीय कार्यालय खोले गए। पर्यटन से विदेशी मुद्रा आय-प्राप्ति के उद्देश्य से '50 के दशक में विदेशों में भारत सरकार के पर्यटन कार्यालय खोले जाने की भी पहल की गई। सन् 1952 में न्यूयॉर्क में तथा 1953 में लंदन में भारतीय पर्यटन कार्यालय खोले गए। पर्यटन उद्योग के लिए प्रशिक्षित कर्मचारी तैयार करने के उद्देश्य से पहला होटल मैनेजमेंट संस्थान भी सन् 1954 में बंबई में खोला गया।

पंचवर्षीय योजना के अंतर्गत भी पर्यटन के विकास पर ध्यान दिया गया। पर्यटन क्षेत्र के लिए पहली बार धन का निर्धारण दूसरी पंचवर्षीय योजना में किया गया। इसके साथ ही पर्यटन राष्ट्रीय विकास योजना का अंग बन गया। सन् 1956 में होटल अशोक के निर्माण के साथ सरकार ने होटल व्यवसाय के क्षेत्र में अपने कदम रखे। सन् 1956 में परिवहन मंत्रालय के अंतर्गत बनाए गए पर्यटन प्रकोष्ठ को पर्यटन निदेशालय का दर्जा दिया गया।

पर्यटन विकास के लिए बुनियादी सुविधाएँ जुटाने के लिए वर्ष 1962 में आर्थिक कार्य विभाग के तत्कालीन सचिव श्री एल.के. झा की अध्यक्षता में गठित समिति ने अनेक सिफारिशें कीं। पर्यटन में निजी क्षेत्रों का बहुत कम निवेश होने के कारण सरकार ने ही तब उद्यमी की भूमिका निभाई और पर्यटन से संबद्ध गतिविधियों में पूँजी लगाई।

देश में पर्यटन को बढ़ावा देने के साथ ही पर्यटन का बुनियादी ढाँचा खड़ा करने के उद्देश्य से वर्ष 1966 में भारतीय पर्यटन विकास निगम (I.T.D.C.) की स्थापना की गई। आर्थिक विकास के लिए एक साधन के रूप में पर्यटन के महत्त्व को स्वीकार करते हुए देश में पहली बार पर्यटन प्रोत्साहन नीति की घोषणा सन् 1982 में की गई। इस नीति के तहत कहा गया कि पर्यटन विकास देश में पर्यटन से जुड़े सभी संगठनों की साझा जिम्मेदारी है। इस नीति में इस बात का भी स्पष्ट खुलासा किया गया कि केंद्र मुख्य रूप से अंतरराष्ट्रीय पर्यटन का कार्य देखेगा, जबकि घरेलू पर्यटन के विकास का कार्य राज्य सरकारें सँभालेंगी तथा जहाँ भी आवश्यक होगा, केंद्र राज्यों के प्रयासों के साथ तालमेल कायम करने तथा उन्हें आगे बढ़ाने में योगदान देगा।

पर्यटन प्रोत्साहन नीति में इस बात पर भी विशेष रूप से जोर दिया गया कि पर्यटन विकास केवल सरकार का दायित्व नहीं है। केंद्र, राज्यों और सार्वजनिक क्षेत्र तथा निजी क्षेत्र के सभी संबंधित संगठनों, विमानन कंपनियों, रेलवे, संचार, नगरपालिकाओं, स्थानीय निकायों, शिक्षा एवं सांस्कृतिक संस्थाओं आदि को मिलकर

इस दिशा में प्रयास करने चाहिए।

पर्यटन के क्षेत्र में शिक्षा, प्रशिक्षण एवं अनुसंधान को विकसित करने तथा बढ़ावा देने के उद्देश्य से एक पंजीकृत सोसाइटी के रूप में वर्ष 1983 में 'भारतीय पर्यटन एवं यात्रा प्रबंधन संस्थान' (I.T.T.M.) की स्थापना पर्यटन मंत्रालय के अधीन नई दिल्ली में की गई। अगस्त 1992 में इस संस्थान को ग्वालियर स्थानांतरित कर दिया गया था, जहाँ आज भी यह 20 एकड़ भूमि में फैले अपने परिसर में कार्यरत है।

पर्यटन विकास के तहत नीति-निर्धारण, निजी सहभागिता आदि के प्रयास हालाँकि स्वतंत्रता के बाद लगातार जारी रहे, परंतु पर्यटन की व्यापक क्षमता को पहचानकर इसके प्रभावी कार्यान्वयन की दिशा में पहल सन् 1985 से 1990 के दौरान की गई। राष्ट्रीय विकास परिषद् ने पर्यटन को उद्योग का दर्जा प्रदान करने का सुझाव दिया और इसी आधार पर पर्यटन विकास को सातवीं योजना के उद्देश्यों में शामिल कर सन् 1986 में पर्यटन को उद्योग का दर्जा प्रदान किया गया। इससे पर्यटन को प्रोत्साहन, आर्थिक सहायता, राज्य वित्तीय संस्थाओं द्वारा धन की मंजूरी में प्राथमिकता और बिजली-पानी के कनेक्शनों में वरीयता पाने सहित विभिन्न प्रोत्साहनों और सुविधाओं का हकदार बनाया गया। सन् 1991 में पर्यटन को विदेशी निवेश के लिए प्राथमिकता का क्षेत्र भी घोषित कर दिया गया।

देश में आनेवाले पर्यटकों की संख्या बढ़ाने तथा पर्यटन के माध्यम से विदेशी मुद्रा की आय और रोजगार में उल्लेखनीय वृद्धि के लिए मई 1992 में एक राष्ट्रीय कार्ययोजना तैयार की गई।

आज विदेशों में जहाँ भारत के तेरह पर्यटन कार्यालय स्थापित हैं वहीं नई दिल्ली, मुंबई, कोलकाता, चेन्नई एवं गुवाहाटी में क्षेत्रीय पर्यटन कार्यालय भी कार्यरत हैं। इसके अलावा देश के विभिन्न भागों में भी पंद्रह अन्य पर्यटन कार्यालय सरकारी क्षेत्र में कार्यरत हैं।

विश्व पर्यटन एवं यात्रा काउसिंल (W.T.T.C.) ने आनेवाले दशक में भारत को विश्व में सबसे अधिक पर्यटन वृद्धि का केंद्र बताया है। पर्यटन के क्षेत्र में अब निजी क्षेत्र भी अपनी महत्त्वपूर्ण भूमिका निभा रहा है। एस.ओ.टी.सी., थॉमस कुक आदि बड़ी-बड़ी पर्यटन एजेंसियों के साथ ट्रेवल एजेंट एसोसिएशन ऑफ इंडिया, इंडियन एसोसिएशन ऑफ टूर ऑपरेटर्स आदि संगठन भी पर्यटन विकास को प्रभावी गति दे रहे हैं।

देश में पिछले कुछ वर्षों में पर्यटन का तेजी से विकास हुआ है। पर्यटन

आज भारत में तीसरा सबसे बड़ा विदेशी मुद्रा अर्जन उद्योग ही नहीं है बल्कि सबसे अधिक संख्या में रोजगार भी प्रदान करता है। विश्व यात्रा एवं पर्यटन परिषद् के वर्ष 2008 के ताजा आकलन के अनुसार, देश में मेजबानी के क्षेत्र में 4 करोड़ नए रोजगार अवसर उपलब्ध हैं। दुनिया भर में मेजबानी से जुड़े विभिन्न क्षेत्रों में 23.8 करोड़ नौकरियों के अवसर हैं। भारत में मेजबानी क्षेत्र में नौकरियों के अवसरों की हिस्सेदारी 4.1 करोड़ है। विभिन्न अध्ययनों से यह भी पता चला है कि पर्यटन कुशल, अर्धकुशल और अकुशल व्यक्तियों के संबंध में निवेश की प्रति इकाई में सबसे अधिक संख्या में रोजगार उपलब्ध कराता है। यद्यपि पर्यटन के क्षेत्र में देश में वृद्धि महत्त्वपूर्ण रही है, परंतु विश्व पर्यटक आगमन में भारत का हिस्सा आज भी कम है। अंतरराष्ट्रीय आगमनों से विश्व पर्यटन प्राप्तियों में भारत का हिस्सा वर्ष 2007 में मात्र 0.67 प्रतिशत रहा है।

□

पर्यटन का अर्थशास्त्र

कहते हैं, इंटरनेट अब टूरनेट बन चुका है। इससे स्पष्ट है कि सुदूर देशों के बीच की दूरियाँ अब सिमट गई हैं। 'विश्व एक छोटा सा गाँव' बनता जा रहा है। इस धारणा ने पर्यटन का असीम विस्तार किया है। खास तौर से सूचना-संचार प्रौद्योगिकी ने सुदूर देशों की दूरियों को पाट दिया है। अब वह समय नहीं रहा जब किसी दूरस्थ स्थान पर जाने के लिए वर्षों, महीनों और दिनों की लंबी यात्राएँ बहुत कष्ट उठाकर करनी पड़ती थीं। अब घंटों में सुदूर देश आपके निकट हो जाते हैं। कहीं जाना है तो वहाँ की समग्र जानकारी तुरंत आपके सामने स्क्रीन पर आ जाती है। यही नहीं, होटल में बुकिंग से लेकर गंतव्य स्थल के भ्रमण की समस्त व्यवस्थाएँ आप घर बैठे ही करवा सकते हैं। कहने का अर्थ है कि समय के साथ पर्यटन संबंधी व्यवस्थाओं का दायरा भी अत्यधिक विस्तृत हो चुका है। एक आकलन के अनुसार विश्व का हर दसवाँ व्यक्ति आज पर्यटक है। इस आकलन के लिहाज से पर्यटन आज विश्व की एक प्रमुख आर्थिक एवं सामाजिक गतिविधि है।

पर्यटन व्यवस्था

किसी देश में पर्यटन को प्रभावित करनेवाले बहुत से कारण होते हैं। पर्यटन स्थल का प्राकृतिक सौंदर्य, पर्यटकों की रुचियों के अनुकूल वातावरण, घूमने-फिरने की आजादी के साथ ही उस स्थान तक पहुँचने की सुगम व्यवस्था, वहाँ अस्थायी रूप से रहने की व्यवस्था, एक स्थान से दूसरे स्थान तक जाने के लिए स्थानीय परिवहन आदि बहुत से ऐसे तत्त्व हैं, जो पर्यटकों को उस स्थान पर जाने के लिए प्रेरित करते हैं। पर्यटन स्थल पर रहनेवाले स्थानीय लोगों का व्यवहार, उनका नजरिया आदि भी ऐसे तत्त्व हैं जिनसे उस स्थान विशेष पर संभव पर्यटन गतिविधियाँ प्रभावित होती हैं। पर्यटन व्यवस्था से तात्पर्य दरअसल उन तत्त्वों से

लिया जा सकता है जिनसे कि पर्यटन को प्रोत्साहित किया जा सकता है। इस दृष्टि से पर्यटन के तहत पैदा होनेवाले आकर्षण एवं दबावों के साथ ही पर्यटन संबंधी माँग एवं आपूर्ति के बारे में पूरी तरह से जान लेना अत्यंत आवश्यक है। पर्यटन की आधारभूत संरचना का निर्माण भी बेहतर पर्यटन व्यवस्था से ही संभव है।

बेहतर पर्यटन व्यवस्था वह कही जाएगी जिसमें सुनियोजित ढाँचे के अंतर्गत कार्य करनेवाले सभी संबद्ध लोगों की अधिकतम संतुष्टि को सुनिश्चित किया जा सके। पर्यटकों को आकर्षित करने के लिए प्राकृतिक स्थलों समेत समस्त भौतिक स्तरों पर कार्य करनेवाले सभी व्यक्तियों, संस्थाओं के विकास और उनसे होनेवाले समग्र लाभ को सुनिश्चित करना ही पर्यटन व्यवस्था का ध्येय होना चाहिए। यह भी आवश्यक है कि पर्यटन से होनेवाली आय स्थानीय संस्कृति, परिवेश और प्राकृतिक वातावरण को नुकसान पहुँचानेवाली न हो।

किसी स्थान पर पर्यटन करने की प्रेरणा जागने के साथ ही पर्यटन गतिविधियों की शुरुआत हो जाती है। मसलन कोई स्थान प्राकृतिक दृष्टि से अत्यंत मनोरम है तो निश्चित ही वहाँ जाने के लिए पर्यटक प्रेरित होते हैं। प्रश्न यह उत्पन्न होता है कि उस मनोरम स्थान पर जाने के लिए पर्यटक के पास साधन क्या है? अर्थात् उस स्थान विशेष के लिए किस प्रकार के परिवहन की सुविधा है? सुविधा अगर है तो उसका स्तर क्या है? इसी प्रकार पर्यटन स्थल पर पर्यटकों के पहुँचने के बाद वहाँ का वातावरण, वहाँ पर्यटकों के लिए अस्थायी निवास करने की व्यवस्था, स्थानीय परिवहन आदि सभी कुछ पर्यटकों को उस स्थान पर खींच लाने की प्रेरणा का कार्य करते हैं और इस प्रेरणा के पीछे जो लोग तथा निजी और सार्वजनिक क्षेत्र की संस्थाएँ लगी होती हैं, उन सबका ढाँचा ही दरअसल पर्यटन व्यवस्था है। इसके साथ ही स्थानीय लोगों की अपेक्षाएँ, उनका व्यवहार, सामाजिक एवं सांस्कृतिक परिवेश आदि भी पर्यटन व्यवस्था के महत्त्वपूर्ण अंग हैं; क्योंकि इनसे भी पर्यटन प्रभावित होता है। संक्षेप में, पर्यटन व्यवस्था के मुख्य तत्त्व इस प्रकार से हैं—

- पर्यटन स्थल का प्राकृतिक परिवेश,
- पर्यटन स्थल तक पहुँचने संबंधी सुविधाएँ,
- पर्यटन स्थल पर अस्थायी निवास हेतु होटल व विश्राम-गृह आदि,
- स्थानीय लोग एवं परिवेश,
- पर्यटन संबंधी विभिन्न सुविधाएँ,
- पर्यटन स्थल का सामाजिक एवं सांस्कृतिक परिवेश,
- स्थानीय लोगों की अपेक्षाएँ तथा व्यवहार,

- पर्यटन स्थल से संबंधित सूचनाएँ,
- पर्यटक मार्गदर्शक या गाइड,
- पर्यटन संबंधी साहित्य।

पर्यटन व्यवस्था के अंतर्गत पर्यटकों की माँग की पूर्ति ही नहीं की जाती बल्कि संबंधित सरकारी एवं निजी दोनों क्षेत्रों में कार्यरत लोगों के साथ-साथ आम जनों के विभिन्न हितों की पूर्ति भी की जाती है। ऐसे में किसी स्थान विशेष पर पर्यटन व्यवस्था अगर सुदृढ़ है तो निश्चित ही उससे वहाँ पर्यटकों के आवागमन में वृद्धि होगी और स्थानीय हितों की भी रक्षा होगी। इसके विपरीत, अगर व्यवस्था सुदृढ़ नहीं है तो फिर लंबे समय तक वहाँ पर्यटन को बनाए रख पाना संभव नहीं होगा।

आज जब पर्यटन विश्वव्यापी गतिविधि बन गया है, पर्यटन व्यवस्था के महत्त्व को किसी भी स्तर पर नजरअंदाज नहीं किया जा सकता। यही कारण है कि पर्यटन से जुड़े संगठन, नीति-निर्माता और पर्यटन उद्यमी अब पर्यटन व्यवस्था के लिए सामूहिक सोच रखकर कार्य करने की ओर प्रवृत्त होने लगे हैं। पूरे पर्यटन उद्योग के भविष्य के लिए यह एक शुभ संकेत है। वैसे भी पर्यटन सामाजिक, आर्थिक, सांस्कृतिक आदि सभी रूपों में अपने सकारात्मक और नकारात्मक प्रभाव छोड़ता है। अगर पर्यटन व्यवस्था को कारगर किया जाता है तो निश्चित ही पर्यटन के नकारात्मक प्रभावों को कम किया जाकर इसके सकारात्मक प्रभावों को सभी स्तरों पर बढ़ावा दिया जा सकेगा।

इसके लिए जरूरत इस बात की है कि पर्यटन की ऐसी व्यवस्था विकसित की जाए जिसके तहत पर्यटन क्षेत्र एवं संसाधनों का समुचित उपयोग किया जाकर इसे विकास के एक साधन के रूप में स्थापित करने में मदद मिले। इस दृष्टि से यह जरूरी है कि पर्यटन व्यवस्था की विभिन्न संरचनाओं को समझकर उसके अनुकूल ही इस उद्योग के विकास को गति दी जाए।

पर्यटन की आधारभूत संरचना

किसी भी आधारभूत संरचना के अंतर्गत मूल रूप में भूमि के ऊपर की समस्त निर्माण प्रक्रियाएँ सम्मिलित रहती हैं। पर्यटन के परिप्रेक्ष्य में इस संरचना को देखें तो यह कहा जा सकता है कि पर्यटन संबंधी मूलभूत आवश्यकताओं का विकास इसमें निहित है। पर्यटकों की बढ़ती संख्या के दृष्टिगत रखते हुए उनके लिए आवास, परिवहन, खाने-पीने की सुविधाएँ जुटाने के साथ ही पर्यटन क्रीड़ाओं, ट्रेवल

एजेंसी, यात्रा संचालन, मनोरंजन के साधन, स्थानीय कलाओं, हस्तशिल्प, दस्तकारी आदि के समेकित रूप को पर्यटन की आधारभूत संरचना कहा जा सकता है।

पर्यटन विकास के संदर्भ में इसके विशेषज्ञ आधारभूत संरचना एवं पर्यटन व्यवस्थाओं के सुनियोजन पर विशेष रूप से जोर देते हैं। इसकी खास वजह यही है कि इस संरचना को बेहतर करने पर ही पर्यटन विकास को तीव्रतम गति दी जा सकती है। विकासशील अर्थव्यवस्था एवं उसकी वृद्धि पर्यटन की आधारभूत संरचना की विशेषता है। चूँकि पर्यटन ऐसी क्रिया है, जो समग्र पृथ्वी पर फैली हुई है और इसे एक साथ लक्षित नहीं किया जा सकता। ऐसे में पर्यटन अधिसंरचना को व्यापक परिप्रेक्ष्य में देखा जाना जरूरी है। भ्रमण के लिए भौतिक सुख-सुविधाओं के विस्तार पर मनुष्य का नियंत्रण हो सकता है, परंतु यात्रा की स्वतंत्रता और कहीं पर भी आने-जाने की छूट अधिसंरचना का एक ऐसा पहलू है जिसमें अंतरराष्ट्रीय संबंध, विश्वव्यापी समझौते, नीतियाँ आदि बहुत से पहलू सम्मिलित होते हैं।

'50 के दशक में हमारे देश में नियोजित विकास के साथ-साथ संगठित पर्यटन का प्रारंभ हुआ। यह और बात है कि इतने वर्षों के बाद आज भी पर्यटन कारोबार में भारत का हिस्सा कोई खास नहीं है। इसका प्रमुख कारण यही है कि पर्यटन से कहीं अधिक महत्त्वपूर्ण प्राथमिकताएँ देश के सामने मौजूद थीं। अब जबकि अंतरराष्ट्रीय मुद्रा कोष और विश्व बैंक दोनों ही इस बात को मान्यता दे चुके हैं कि आमदनी और रोजगार-सृजन की दृष्टि से पर्यटन सर्वाधिक प्रासंगिक है तो पर्यटन को प्राथमिकता में सम्मिलित करते हुए हमें इसके विकास पर विशेष ध्यान देने की आवश्यकता है। इस संबंध में गौरतलब बात यह भी है कि गाँवों के देश भारत में यदि रोजगार को ग्रामीण क्षेत्रों में नियोजित न किया जाए तथा व्यवस्थानुसार नहीं लिया जाए तो पर्यटन विकास से संबंधित क्रियाओं पर किए गए निजी एवं सार्वजनिक विनियोजन के व्यावहारिक परिणाम प्राप्त नहीं हो सकेंगे।

'वर्ल्ड ट्रेवल ऐंड टूरिज्म काउंसिल' के अनुसार, चीन के बाद भारत विश्व की दूसरी सबसे तेज वृद्धि दर्ज करनेवाली पर्यटन अर्थव्यवस्था है। इसका अर्थ स्पष्ट है कि भारत में पर्यटकों के आगमन में आगामी दशकों में असीमित वृद्धि होने की संभावना है। प्रश्न यह उठता है कि इस संभावित असीमित वृद्धि की दृष्टि से क्या पर्यटन की आधारभूत संरचना और पर्यटन व्यवस्था मौजूद है? वस्तुत: देश की मौजूदा अर्थव्यवस्था की बढ़ती हुई आवश्यकताओं के फलस्वरूप एक पृथक् पर्यटन संरचना के निर्माण की आवश्यकता है।

पर्यटन स्थलों पर परिवहन, आवास, जल, विद्युत्, सड़क आदि विभिन्न

सुविधाओं से ही वहाँ के आर्थिक विकास को गति दी जा सकती है। वैसे भी, किसी राष्ट्र या क्षेत्र में पर्यटकों की वृद्धि इस बात पर निर्भर करती है कि वहाँ पर्यटकों को न्यूनतम सुविधाएँ कितनी प्रदान की जा रही हैं। भारत जैसे विविधताओंवाले देश में राज्यों की भौगोलिक स्थिति की दृष्टि से पर्यटन की आधारभूत संरचना को नियोजित करते समय पूर्ण सावधानी आवश्यक है।

पर्यटन के संबंध में विभिन्न देशों में प्राथमिकताएँ अलग-अलग तरह की होती हैं। कुछ राष्ट्रों में पर्यटन को विलासितापूर्ण उद्योग समझकर अपनी राष्ट्रीय योजनाओं में सम्मिलित किया जाता है तो कुछ में वहाँ के आर्थिक, सामाजिक विकास के रूप में इसको कार्यान्वित किया जाता है। मूल रूप से यह कहा जा सकता है कि एक आधारभूत संरचना पर्यटन की अर्थव्यवस्था को सभी स्तरों पर प्रभावित करती है। इस संरचना की आवश्यकता को निम्नलिखित वर्गों में विभाजित किया जा सकता है—

- ऐसी संरचनाएँ, जो बाह्य संसार से पर्यटन गंतव्यों तक पहुँच एवं संचार संपर्क प्रदान करने में सहायक हैं।
- ऐसी संरचनाएँ, जो कि किसी स्थान पर लोगों के आवागमन में सहायक हों।
- ऐसी संरचनाएँ, जो कि बिजली-पानी जैसी आधारभूत जरूरी सेवाएँ प्रदान करती हों।

इस प्रकार यह स्पष्ट है कि विकास के लिए आधारभूत संरचना अत्यंत जरूरी होती है। पर्यटक किसी भी इच्छित स्थान पर हवाई जहाज, रेल, सड़क या जल परिवहन से पहुँच सकता है। इस रूप में उपलब्ध संरचना पर्यटक के लिए सड़क, रेल, हवाई अड्डे, बंदरगाह आदि हैं। दरअसल ये सभी पर्यटन के भार को पर्यटन क्षेत्रों या उसे बाहर ले जाने के लिए आवश्यक हैं। इस संबंध में संचार संबंधी सुविधाएँ भी कम महत्त्वपूर्ण नहीं हैं, क्योंकि आज युग ही संचार का है। इस दृष्टि से निजी एवं सार्वजनिक क्षेत्र में सेवाओं का विस्तार समय की आवश्यकता कही जाए तो कोई अतिशयोक्ति नहीं होगी।

पर्यटन अधिसंरचना और सेवाओं से स्थानीय जनता की दैनंदिन आवश्यकताओं पर चोट न पहुँचे, उनकी आमदनी बढ़े तथा उनका सभी स्तरों पर विकास हो, इसके लिए आवश्यक है कि—

- पर्यटन एवं इससे जुड़ी अन्य गतिविधियों के परस्पर संबंधों को समझने के लिए प्रारूप का निर्माण हो।

- पर्यटन स्थलों पर विदेशी पर्यटकों के साथ-साथ घरेलू पर्यटकों के लिए भी विशेष व्यवस्था हो।
- पर्यटकों के लिए आधारभूत सुविधाओं के साथ-साथ उनकी सुरक्षा की भी पर्याप्त व्यवस्था हो, ताकि वे निर्भय रहकर भ्रमण का आनंद ले सकें।
- राष्ट्रीय अर्थव्यवस्था में पर्यटन की भूमिका का विश्लेषण विकास आकलन का हिस्सा बने।

यहाँ यह कहा जा सकता है कि पर्यटन पर्यटक की दृष्टि का विस्तार करता है और भ्रमण करते समय उसकी परिधि में ऐसे स्थल भी आते हैं जो आर्थिक, सामाजिक और सांस्कृतिक दृष्टि से महत्त्वपूर्ण होते हैं।

पर्यटन की आधारभूत संरचना : सुविधाएँ

पर्यटन क्षेत्र से संबंधित सभी प्रकार की सुविधाएँ एवं व्यवस्थाएँ इसकी आधारभूत संरचना के तहत आती हैं। यात्रियों के लिए टर्मिनल, होटल, मोटल, रेस्त्राँ, मनोविनोद व खरीदारी की सुविधाएँ आदि इसमें सम्मिलित की जाती हैं। ऐसी सभी प्रकार की सुविधाओं का विस्तार सरकार व निजी दोनों ही क्षेत्रों द्वारा किया जाता है। मोटे तौर पर संरचनात्मक सुविधाओं को दो भागों में विभक्त किया जा सकता है। प्रथमत: ऐसी सुविधाएँ, जिनसे कि किसी स्थान विशेष के लिए पर्यटक आकर्षित होते हैं एवं दूसरी उच्च स्तरीय संरचनात्मक सुविधाएँ, जो पर्यटकों को गंतव्य स्थान पर पहुँचने के बाद प्राप्त होती हैं और जिनसे संबंधित स्थान पर पर्यटक-आमद का ग्राफ बढ़ता है।

पर्यटकों के आकर्षण—पर्यटन स्थलों के आकर्षण में स्थान विशेष का मौसम, वहाँ का प्राकृतिक सौंदर्य, वनस्पति आदि प्रमुख हैं। संक्षेप में, इन्हें निम्न प्रकार से स्पष्ट किया जा सकता है—

1. मौसम : स्थान विशेष का तापमान, वहाँ होनेवाली वर्षा, बर्फ, सूर्योदय आदि।

2. प्राकृतिक सौंदर्य : पहाड़, नदियाँ, सागर, चट्टानें एवं चोटियाँ, विस्तृत मैदान, हरीतिमा से आच्छादित स्थल, ताल-तलैया, झरने, झीलें, आकर्षक भू-दृश्य आदि।

3. वन्य जीव एवं वनस्पति : राष्ट्रीय उद्यान, सघन वन क्षेत्र, वनस्पतियाँ, आखेट, मछली पकड़ना, चिड़ियाघर आदि।

उच्च संरचना सुविधाएँ—उच्च संरचना सुविधाओं के अंतर्गत पर्यटन स्थलों पर पर्यटकों को मिलनेवाली भौतिक सुविधाएँ सम्मिलित की जाती हैं। इनके तहत स्थान विशेष पर पर्यटकों के ठहरने की विशिष्ट व्यवस्था, खाने-पीने के लिए सुविधा, मनोरंजन की आवश्यकता की पूर्ति आदि सम्मिलित हैं, जैसे—

1. होटल : पाँच सितारा होटल, तीन सितारा होटल, विहार स्थल, आवासीय होटल, वाणिज्य होटल, सराय, काफिला स्थल, क्लब, धर्मशाला, अवकाशकालीन पड़ाव, स्वास्थ्यवर्धक स्थल, होस्ट, अल्पकालीन स्थिति के होटल, मध्यस्तरीय आवास, अनुपूरक आवास।

2. खान-पान : रेस्टोरेंट, भोजनालय, अस्पताल, दूध एवं अन्य भोजन कक्ष, रेलवे खान-पान व्यवस्था, वायु खान-पान व्यवस्था, सामुद्रिक खान-पान व्यवस्था, वृत्ताकार नृत्य कक्ष, रात्रि क्लब, मधुशाला, चाय कक्ष, कॉफी कक्ष।

3. मनोरंजन स्थल : संगीत, नृत्य, नाटक, विशेष पर्व, ध्वनि एवं प्रकाश प्रदर्शन, प्रदर्शनी, संग्रहालय, लोकगीत एवं संगीत, मल्टीप्लेक्स।

4. ऐतिहासिक स्थल : किले, गढ़, दुर्ग, सैनिक एवं नागरिक भवन, पुरातात्त्विक अवशेष, रणभूमि, ग्रंथ, स्मारक।

5. खरीदारी केंद्र : कर-मुक्त विक्रय स्थल, भारतीय हस्तकला केंद्र, वाणिज्य केंद्र, खुले बाजार, सुपर मार्केट।

6. वित्तीय संस्थाएँ : बैंक, डाकघर, दूरभाष, साइबर कैफे, टेलेक्स, बीमा कंपनियाँ, अन्य वित्तीय संस्थाएँ।

7. प्रेस एवं माध्यम : प्रेस, आकाशवाणी, दूरदर्शन, यात्रा मार्गदर्शक, प्रकाशन आदि।

8. अन्य : हवाई अड्डों की इमारतें, यात्रियों के यातायात टर्मिनल आदि।

पर्यटन स्थलों पर पर्यटकों के आकर्षण को कैसे बढ़ाया जाए, इस पर समग्र दृष्टि से विचार करके ही किसी स्थान विशेष की पर्यटन व्यवस्था को सुदृढ़ किया जा सकता है। यही पर्यटकों को किसी स्थान के प्रति प्रोत्साहित करने का व्यावहारिक माध्यम है। इस दृष्टि से पर्यटन स्थलों पर एक आधारभूत संरचना का निर्माण आवश्यक है।

पर्यटन आकर्षण : माँग एवं पूर्ति

पर्यटन की आधारभूत संरचना में वे समस्त इकाइयाँ आ जाती हैं, जो कि पर्यटन के लिए आवश्यक होती हैं। इसके अंतर्गत संबद्ध सुविधाओं की पूर्ति भी

प्राय: हो जाती है जैसे—जल, बिजली, गैस, संचार व्यवस्था, कचरा-निस्तारण आदि। इनके अलावा मूलभूत सार्वजनिक सुविधाएँ भी जिनमें धार्मिक स्थलों का प्रशासन, शिक्षा प्रसार, संस्कृति एवं संवर्द्धन, वाणिज्यिक एवं पुलिस सेवाएँ, सामान्य प्रशासन आदि भी पर्यटन की आधारभूत संरचना में ही शामिल हैं।

सारत: आधारभूत संरचना जीवन की मूलभूत आवश्यकताओं से संबद्ध है। इसके अंतर्गत स्वास्थ्य, संचार, सुरक्षा आदि का सुव्यवस्थित प्रबंधन एवं संचालन होता है। पर्यटकों की आवश्यकताओं की पूर्ति का अर्थ केवल यही नहीं है कि उनके आगमन की पर्यटन संबंधी माँगों को ही पूरा किया जाए, बल्कि यह भी है कि पर्यटन स्थल पर उनके बेहतर ढंग से रहने की समस्त व्यवस्थाओं का भी सुनियोजित प्रबंधन किया जाए।

मान लीजिए, कोई पर्यटक विदेश से भारत भ्रमण को आता है। वह यहाँ के किसी स्थान पर कुछ दिन रहता है, यहाँ के दृश्यों को देखता है, ऐसे में उसकी यह भी अपेक्षा रहती है कि उसे घर जैसा वातावरण मिले। इस परिप्रेक्ष्य में परिवहन एवं आवास के अतिरिक्त घर के परिवेश से संबद्ध सुविधाएँ भी उसे मिलें तो वह अपने देश के और लोगों को भी उस स्थान विशेष का पर्यटन करने के लिए प्रेरित करता है। ये सुविधाएँ या सेवाएँ इस प्रकार से उपलब्ध कराई जाएँ कि पर्यटकों को कोई असुविधा न हो और सुविधा-सेवा का स्तर इतना तो हो जैसा पर्यटक स्वयं के देश में उपभोग करते हैं।

पर्यटकों की अपेक्षा स्थान विशेष पर खरीदारी करने, घूमने-फिरने तक ही सीमित नहीं होती बल्कि वे वहाँ का हिस्सा भी बनना चाहते हैं, भले ही कुछ समय के लिए ही सही। ऐसे में पर्यटन आपूर्ति को सामुदायिक जीवन का एक हिस्सा भी कहा जा सकता है, क्योंकि पर्यटन संबंधी उत्पाद और सामान्य घरेलू लोगों से संबद्ध उत्पाद एक-दूसरे से घुले-मिले होते हैं। जैसे—यात्रा परिवहन, मनोरंजन, आवास व्यवस्था के लिए होटल, उद्यान की सैर, संग्रहालय, अभयारण्य देखने की इच्छा, शहर, पहाड़, धर्म-स्थलों की सैर आदि के साथ ही खेलकूद की गतिविधियाँ, स्थानीय मेले, पर्व, उत्सव और समारोहों में शिरकत करने की इच्छा सामान्य तौर पर हर मनुष्य में होती है। बाहर से आए पर्यटक की इस तरह की माँगें भी होती हैं। ऐसी स्थिति में कुछ संरचनाएँ, जो पर्यटन में सहायक हैं, केवल पर्यटन के लिए ही नहीं निर्मित की जातीं बल्कि उनका सही संचालन पर्यटन के क्षेत्र में देश की प्रतिष्ठा-वृद्धि में भी सहायक होता है। इस रूप में पर्यटन आमंत्रण या यों कहें कि पर्यटन को बढ़ावा देने के प्रयासोंवाले देश में पर्यटकों के उत्तम

स्वागत करने की सेवाओं का उचित प्रबंधन किया जाना चाहिए। पर्यटकों को सम्मान का वातावरण प्रदान किया जाना पर्यटन को बढ़ावा देने में प्रभावी रूप में कारगर होता है। वैसे भी स्थानीय समुदाय पर्यटकों के आगमन में रुचि लेता है तो उसका लाभ अंततः उसी को मिलता है। इसे ऐसे भी कहा जा सकता है कि पर्यटकों के प्रति स्थानीय समुदाय जितनी ऊष्मा का अनुभव करेगा, पर्यटन उत्पाद की ताकत उतनी ही ज्यादा बढ़ेगी।

पर्यटन माँग एवं आपूर्ति का संबंध वस्तुतः पर्यटकों के मुक्त भ्रमण या चिंता-रहित घूमने-फिरने की स्वतंत्रता से है। इसे हम उन नीतियों और संबंधों के रूप में भी देख सकते हैं जिनसे कि मुक्त भ्रमण की बाधाओं एवं अवरोधों को दूर किया जाता है। इस समग्र स्थिति में पर्यटकों के वीजा, पासपोर्ट, मुद्रा हस्तांतरण, सूचना और प्रोत्साहन आदि सुविधाओं के बेहतर कार्यान्वयन को भी पर्यटन माँग-पूर्ति के अंतर्गत लिया जाता है।

जिस प्रकार एक उत्पादन प्रणाली में विभिन्न मशीनों से गुजरते हुए कच्चा माल एक उत्पाद में परिवर्तित हो जाता है, उसी प्रकार पर्यटन आपूर्ति के विभिन्न घटकों को भी संगठित किया जाना चाहिए। इसका अर्थ स्पष्ट है कि पर्यटन संरचना के सभी घटकों की उपलब्धता और निष्पादन में सही समन्वय और संयोजन होना चाहिए।

पर्यटन अधिसंरचना का सृजन तभी सार्थक है जब उस क्षेत्र में न्यूनतम आधारभूत सुविधाएँ यथा सड़कें, पानी, बिजली, सीवरेज एवं संचार आदि मौजूद हों।

पर्यटन उद्योग एवं अर्थव्यवस्था

पर्यटन बहुत सी क्रियाओं का मिश्रण है। एक ऐसा मिश्रण, जिसमें सभी क्रियाओं का परस्पर अंतर्संबंध है। बहुत सारे अवयव मिलकर ही पर्यटन को एक व्यवस्थित रूप प्रदान करते हैं। पर्यटन कई दिनों, महीनों, सप्ताहों के लिए हो सकता है। गंतव्य के लिए परिवहन के साधनों का उपयोग होता है। कुछ दिन अगर गंतव्य पर घूमने-फिरने के लिए रुकना होता है तो वहाँ होटल या विश्रामगृह में रुकने की व्यवस्था से लेकर मनोरंजन समेत अन्य स्थानीय सेवाओं की आवश्यकता पड़ती है। ऐसे में घूमने की क्रिया ही पर्यटन नहीं है बल्कि इस क्रिया से संबंधित सभी प्रकार के तत्त्व पर्यटन को पूर्ण बनाते हैं।

पर्यटन ने जब से उद्योग का रूप धारण किया है, यह अर्थव्यवस्था में

अत्यधिक योगदान देने लगा है। पर्यटन से विदेशी मुद्रा अर्जन के साथ ही इसे रोजगार-सृजन, स्थानीय अर्थव्यवस्था को सुदृढ़ करने, स्थानीय जरूरतों को पूरा करने के एक साधन के रूप में भी महत्त्वपूर्ण माना जाने लगा। इसी से पर्यटन से संबंधित विभिन्न आवश्यकताओं जैसे—परिवहन, आवास, सूचनाएँ, मनोविनोद आदि के लिए पूरी तरह से व्यवस्थित सोच को आकार दिया जाने लगा। इससे पर्यटन तथा संबंधित विभिन्न उद्योगों के विकास को निरंतर बल मिला। पर्यटन से होनेवाले लाभदायक तत्त्वों के कारण ही अधिकतर देशों में पर्यटन को अब उद्योग का दर्जा प्रदान कर दिया गया है।

उद्योग का दर्जा देने से न केवल पर्यटन की अर्थव्यवस्था में भूमिका सुनिश्चित हो सकी है बल्कि पर्यटन से संबद्ध विभिन्न गतिविधियों का संरक्षण भी संभव हो सका है। एक कारण यह भी है कि अधिकांश विकसित देश ऐसे हैं जहाँ पर अधिसंरचनात्मक विकास कौशल के सर्वोच्च स्तर पर पहुँच चुका है और वहाँ अब सेवाओं के उपभोग पर बल दिया जाने लगा है। जिन देशों में अधिसंरचनात्मक सुविधाओं का विकास पूरी तरह से नहीं हो पाया है वहाँ पर्यटन उद्योग के रूप में दर्जा तो पा चुका है, परंतु पर्यटन का सेवा क्षेत्र अब भी खासा कमजोर है। ऐसे में पर्यटन के अंतर्गत उद्योग और सेवा दोनों ही पहलुओं पर ध्यान दिया जाना आवश्यक है। प्रश्न उठता है कि पर्यटन को उद्योग क्यों माना जाए? क्या यह एक स्वतंत्र उद्योग है, या फिर बहुत सारे उद्योगों का मिश्रण है? इन प्रश्नों पर यहाँ विचार किया जा रहा है।

पर्यटन के बारे में विश्व यात्रा एवं पर्यटन परिषद् का यह कथन इसके व्यापक स्वरूप को रेखांकित करता है कि 'पर्यटन विलासिता नहीं बल्कि व्यापार की आवश्यकता है और सभी लोगों का मूल अधिकार भी है।' वैसे भी, पर्यटन एक ऐसा व्यवसाय है जिसमें दूसरे उद्योगों के उत्पादों के बीच प्रतिस्पर्द्धा नहीं है वरन् उत्पादों और वस्तुओं के बीच सौहार्द व सम्मान की भावना होती है। स्पष्ट है कि पर्यटन किसी एक व्यक्ति की बपौती न होकर संपूर्ण मानव समाज के विकास का मार्ग है। यह ऐसी क्रिया है जिसमें घूमने-फिरने की सोच के साथ विभिन्न अन्य तत्त्व जैसे—परिवहन के साधन, आवास सुविधाएँ, खान-पान तथा स्थानीय संस्कृतियाँ आदि भी स्वत: ही जुड़ जाते हैं।

रिचर्ड्स के अनुसार, 'पर्यटन व्यय एवं अर्थव्यवस्था में दो मुख्य संबंध हैं। प्रथम उपभोक्ता वस्तुएँ, जिनका प्रत्यक्ष संबंध पर्यटकों के उपभोग करने से है जैसे—परिवहन, आवास, खान-पान एवं अन्य क्रय संबंधी सेवाओं के खर्चे तथा

दूसरे इस प्रकार के उद्योगों का व्यय जिनसे पर्यटन से संबंधित वस्तुओं एवं सेवाओं का उत्पादन किया जाता है।'

दरअसल पर्यटन एक बहुआयामी एवं बहूपयोगी उद्योग है, जिससे अन्य उद्योगों पर भी प्रत्यक्ष एवं अप्रत्यक्ष प्रभाव पड़ता है। इसके अंतर्गत यातायात, होटल एवं मोटल, भवन निर्माण, मनोरंजन क्षेत्र के साथ ही कृषि, उद्यानिकी, मुरगी पालन, हस्तकला आदि अन्य बहुत से छोटे-मोटे उद्योग सीधे तौर पर प्रभावित होते हैं। अप्रत्यक्ष रूप में भोजन एवं पेय पदार्थ, लाउंड्री, साहित्य, गाइड आदि भी इसमें सम्मिलित हैं।

पर्यटन उद्योग विभिन्न अंगों का मिश्रण है। इसके अंतर्गत स्वयं पर्यटन की सेवाओं और सुविधाओं के साथ अन्य उद्योगों की क्रियाएँ भी सम्मिलित होती हैं। इसी संबंध में सुप्रसिद्ध विद्वान् लीपर कहते हैं—'पर्यटन उद्योग में पर्यटकों की खास जरूरतों को पूरा करने के लिए वस्तुएँ और सेवाएँ प्रस्तुत की जाती हैं। साथ ही ऐसा करते समय ये सब पक्ष आपस में कुछ हद तक सहयोग भी करते हैं।'

कुछ विद्वानों का यह भी मानना है कि पर्यटन उद्योग जैसी किसी चीज का अस्तित्व ही नहीं है। इसमें कई उद्योगों का योगदान होता है। ये सभी उद्योग स्वतंत्र रूप से कार्य करते हैं। इस प्रकार के संबंध में संयोग और सोद्‌देश्यता का हाथ भी हो सकता है। यह प्रत्यक्ष भी हो सकता है और अप्रत्यक्ष भी। यह सही भी है। ऊपरी तौर पर पर्यटन स्वयं एक विशाल उद्योग नजर आता है, परंतु मूलतः यह विभिन्न बिखरे उद्योगों का एक समूह है। ऐसा ताना-बाना, जिसका उद्‌देश्य एक ही है—पर्यटकों की अधिकतम संतुष्टि, ताकि वे अपनी पर्यटन गतिविधियों को अधिक-से-अधिक जारी रखने की ओर प्रवृत्त रहें और परिणाम-स्वरूप सभी पक्षों को लाभ हो।

बुरकार्ट इस संबंध में ठीक ही कहते हैं कि 'पर्यटन उद्योग विभिन्न प्रकार के व्यापारों एवं संगठनों का समुच्चय है और वस्तुतः इसमें अर्थव्यवस्था के सभी क्षेत्र शामिल हैं।' सुप्रसिद्ध प्रबंधन विद्वान् पीटर एफ. ड्रकर का कथन है—'पर्यटन दुर्लभ मुद्रा अर्जित करने, व्यापार संतुलन में सहयोग करने, जिन क्षेत्रों में औद्योगिक विकास नहीं है वहाँ पर विकास को बढ़ावा देने, रोजगार के अवसरों में वृद्धि करने, बहुप्रभाव के माध्यम से सामान्य आर्थिक क्रियाओं में सहयोग करने तथा विश्व के कार्यों में लोगों का उत्साह बढ़ाकर सामाजिक लाभ प्रदान करने और विदेशी व्यक्तियों व विदेशी वस्तुओं का ज्ञान प्राप्त करने की आर्थिक क्रिया है।' इस परिभाषा में अंतर्निहित तत्त्वों पर गौर करें तो स्पष्ट ही पता चलता है कि

पर्यटन के अंतर्गत आर्थिक स्रोतों का विकास होता है और यह विकास अंततः सभी के विकास के मार्ग को प्रशस्त करता है।

इस बात में कोई संदेह नहीं है कि बहुत सारे लघु व कुटीर उद्योगों को पर्यटन का विकास ही फलने-फूलने का अवसर देता है। स्थानीय लोगों के जीवन-स्तर में वृद्धि, उन्हें रोजगार प्रदान करने, ग्रामीण आबादी के शहरों की ओर पलायन को रोकने, प्रतिभा विकास के अवसर प्रदान करने, देश-विदेश की परंपरागत लोककलाओं, हस्तकलाओं, सांस्कृतिक धरोहर के प्रभावी विपणन आदि में पर्यटन उद्योग ही सबसे कारगर एवं प्रभावी भूमिका निभाता है। इस दृष्टि से किसी देश की अर्थव्यवस्था के विकास में पर्यटन की भूमिका से इनकार नहीं किया जा सकता।

पर्यटन के आर्थिक महत्त्व को देखते हुए ही इसे उद्योग का दर्जा प्रदान करने की पहल की गई। सातवीं पंचवर्षीय योजना के अंतर्गत वर्ष 1986 में पर्यटन को विधिवत् उद्योग का दर्जा प्रदान किया गया। पर्यटन को उद्योग का दर्जा प्रदान करने के साथ ही इसको विभिन्न अन्य उद्योगों के समान राजकीय सुविधाएँ देने का मार्ग प्रशस्त हुआ। वैसे भी, आर्थिक रूप से पर्यटन का महत्त्व अब किसी से छुपा हुआ नहीं है, ऐसे में पर्यटन का लाभ सभी स्तरों पर तभी प्राप्त हो सकता है जब औद्योगिक रूप से इसके अवयवों पर गंभीरतापूर्वक ध्यान दिया जाए। इसके प्रबंधन को सुव्यवस्थित एवं इस रूप में किया जाए कि सिद्धांत में ही नहीं बल्कि व्यवहार में भी पर्यटन उद्योग के रूप में अपनी पहचान बनाए। हालाँकि इस दिशा में प्रयास हो रहे हैं, परंतु अभी इन्हें नाकाफी ही कहा जा सकता है। व्यापक स्तर पर सोच रखकर इस दिशा में हमें अभी और प्रयास करने हैं। ऐसे प्रयास जिनसे पर्यटन एक सेवा क्षेत्र के रूप में भी अपनी विशिष्ट पहचान बनाए; ऐसे प्रयास जिनके तहत पर्यटन की अपनी आधारभूत संरचना का विकास हो; ऐसे प्रयास जिनके तहत पर्यटन स्थलों पर सभी आवश्यक सुविधाओं का विस्तार हो—इस शर्त के साथ कि उनसे पर्यावरण पर किसी प्रकार का प्रतिकूल असर नहीं हो। ऐसा अगर होता है तो निश्चित ही पर्यटन उद्योग देश की अर्थव्यवस्था का प्रमुख घटक बनकर समग्र विकास को तीव्र कर पाएगा, जिसकी आज महती आवश्यकता है।

पर्यटन उद्योग के अवयव

पर्यटन गतिविधियों के विस्तार और किसी स्थान पर पर्यटकों के अधिकाधिक आवागमन के फलस्वरूप ही पर्यटन संबंधी विभिन्न सेवाओं और सुविधाओं की

आवश्यकता उत्पन्न होती है। इस दृष्टि से उन तत्त्वों पर विचार किया जाना आवश्यक है जिनसे पर्यटन प्रभावित होता है। चूँकि पर्यटन स्वयं एक स्वतंत्र उद्योग न होकर बहुत से उद्योगों का व्यवस्थित संगठन है, अत: जरूरी है कि पर्यटन के विभिन्न अवयवों पर विचार किया जाए। ये अवयव ही पर्यटन के विकास को व्यावहारिक अमली जामा पहनाते हैं।

पर्यटन उद्योग का अस्तित्व प्राकृतिक एवं भौतिक दोनों ही तत्त्वों पर निर्भर करता है। किसी स्थान पर पर्यटन की संभावना तभी हो सकती है जब वहाँ पर्यटन के आकर्षण मौजूद हों। ये आकर्षण जहाँ मनोरम प्राकृतिक दृश्यावलियों के रूप में, साहसिक खेलों के अवसरों के रूप में, मौसम की अनुकूलता के रूप में, स्थान विशेष के भौगोलिक स्वरूप आदि के रूप में हो सकते हैं, वहीं स्थान विशेष पर उपलब्ध आधुनिक सुख-सुविधाओं के प्रति भी हो सकते हैं।

ऐसे में कहा जा सकता है कि पर्यटन के प्रति आकर्षण प्राकृतिक और भौतिक दोनों ही रूपों के कारण होता है। पर्यटन के आकर्षण ही पर्यटन उद्योग के अवयव कहे जा सकते हैं, क्योंकि इस पर ही उद्योग का समग्र विकास निर्भर करता है। संक्षेप में, पर्यटन के इन अवयवों को दो भागों में बाँटा जा सकता है। प्रथम प्राकृतिक और दूसरे भौतिक। ये अवयव इस प्रकार हैं—

(1) प्राकृतिक अवयव : क्षेत्र की जलवायु, वहाँ होनेवाली वर्षा, बर्फ, समुद्र, नदियाँ, पर्वत, झरने, रेत आदि के साथ ही प्राकृतिक सौंदर्य से संबंधित सभी प्रकार के तत्त्व इसमें आते हैं। किसी स्थान पर पर्यटकों के आगमन को ये तत्त्व विशेष रूप से प्रभावित करते हैं। हिमाच्छादित पर्वत चोटियाँ, नदियाँ, झरने, रिमझिम वर्षा तो कहीं पर रेत का लहराता सौंदर्य पर्यटकों के आकर्षण के केंद्र होते हैं। पर्यटक अपनी पसंद के अनुसार ऐसे स्थानों का चयन करते हैं, जहाँ उनके मन को संतुष्टि मिले। प्राकृतिक सौंदर्य के साथ ही संबंधित स्थान पर वन्य जीवन, वनस्पतियाँ भी आकर्षण का केंद्र होती हैं। ये वे अवयव हैं जिन्हें चाहकर भी पैदा नहीं किया जा सकता। प्रकृति की देन-स्वरूप इन अवयवों से पर्यटन उद्योग सर्वाधिक प्रभावित होता है।

उदाहरणार्थ, जहाँ कश्मीर के बारे में कहा जाता है कि 'धरती पर कहीं स्वर्ग है तो वहीं है', वहीं हाल के वर्षों में केरल को 'देवताओं की भूमि' के नाम से संबोधित कर वहाँ के पर्यटन को बढ़ावा दिया जा रहा है। पर्वतीय इलाकों में प्रकृति की सुंदरता को आधार बनाकर पर्यटन विपणन का कार्य किया जाता है तो मरुस्थलीय इलाकों में रेत के सौंदर्य, धोरों के आकर्षण के आधार पर पर्यटन को

बढ़ावा दिए जाने के उपाय किए जाते हैं। फूलों की घाटी, ऊटी, शिमला, नैनीताल, मसूरी, कुल्लू-मनाली, माउंट आबू आदि पर्वतीय स्थानों के मनोरम दृश्यों, वहाँ के हिमाच्छादित पर्वत, हरीतिमा ओढ़े धरती आदि अपने आप में ही इतनी संभावनाएँ लिये हैं कि अलग से किसी प्रकार का प्रचार करने की आवश्यकता ही नहीं है। इसी प्रकार रेगिस्तान के इलाकों में रेत का अनुपम सौंदर्य, धोरों की धरोहर से पर्यटक खिंचे चले आते हैं। इधर पर्यटन के जो नए स्वरूप उभरकर सामने आए हैं, उनमें पर्यटन के प्राकृतिक तत्त्वों का महत्त्व विशेष रूप से रेखांकित हुआ है। अब पर्यटक बजाय भीड़-भाड़ के इलाकों के ऐसे स्थानों पर जाना अधिक पसंद करते हैं जहाँ पर प्रकृति के मनोरम दृश्य हों, परंतु पर्यावरण प्रदूषण नहीं हो। ऐसे में इन स्थानों के प्राकृतिक स्रोत ही पर्यटन के महत्त्वपूर्ण अवयव हैं। संक्षेप में, प्राकृतिक अवयवों के अंतर्गत आनेवाले तत्त्व इस प्रकार हैं—

- सहज ग्रामीण जन-जीवन।
- स्थान विशेष की जलवायु यथा वहाँ का तापमान, वहाँ होनेवाली वर्षा, बर्फ, सूर्योदय एवं सूर्यास्त के दृश्य।
- समुद्र का किनारा, द्वीप, शांत और शोर करनेवाला समुद्र, लहरें आदि।
- पहाड़, पहाड़ की चोटी, चट्टानें, तंग घाटियाँ, दर्रे आदि।
- झीलें, झरने, तालाब, नदियाँ, नाले, नहरें आदि।
- वन्यजीव एवं वनस्पति।
- दूर तक पसरा रेगिस्तान, धोरे, बियाबान आदि।

पर्यटन के इन प्राकृतिक अवयवों का उपयोग इधर के वर्षों में वानस्पतिक भ्रमण, पदयात्रा पर्यटन, बियाबान भ्रमण, प्रकृति निहार, पक्षी विहार आदि के रूप में विशेष रूप से किया जाने लगा है। दरअसल इन पर काफी हद तक पर्यटन विकास के पाये टिके हुए हैं। अमेरिका, स्पेन, इटली, कनाडा, चीन, फ्रांस, ब्रिटेन, जर्मनी, ग्रीस, मेक्सिको, स्विट्जरलैंड आदि देश विश्व में पर्यटन से सर्वाधिक विदेशी मुद्रा अर्जित करते हैं। विश्व भर के पर्यटकों के इन देशों के प्रति आकर्षण का कारण वहाँ का प्राकृतिक सौंदर्य ही है। इस सौंदर्य का विपणन आधुनिकतम तरीके से इस प्रकार किया जाता है कि आम व्यक्ति इन देशों में जाने के लिए लालायित हो उठता है। प्राकृतिक सौंदर्य की दृष्टि से भारत इन सब देशों से कहीं अधिक समृद्ध है, परंतु समुचित रूप से दोहन नहीं होने के कारण प्राकृतिक अवयवों का पूरा लाभ पर्यटन उद्योग को मिल नहीं पा रहा है। भारत ही ऐसा देश है जहाँ पर पर्यटक हर तरह का आनंद ले सकता है। कहीं हिमाच्छादित पर्वतों की

चोटियाँ आमंत्रण देती हैं तो कहीं दूर तक पसरा रेगिस्तान रिझाता है। झरने, सदानीरा नदियाँ, हरीतिमा से आच्छादित धरती आदि सभी कुछ यहाँ मनमोहक हैं; परंतु अब भी इन प्राकृतिक अवयवों का पर्यटन की दृष्टि से पूर्ण दोहन नहीं किया जा सका है। आवश्यकता इस बात की है कि देश के विभिन्न प्राकृतिक पर्यटन आकर्षणों की सूचीबद्ध श्रृंखला बनाई जाए तथा उन पर आवागमन की सुविधाओं का विस्तार किया जाए। इस प्रकार के विकास को पर्यावरण पर्यटन के तहत बढ़ावा दिया जाए, क्योंकि टिकाऊ पर्यटन से ही पर्यटन का समग्र विकास संभव है।

(2) भौतिक अवयव : यद्यपि पर्यटकों को प्राथमिक तौर पर स्थान विशेष का प्राकृतिक सौंदर्य ही आकृष्ट करता है; परंतु प्रकृति के मनोरम दृश्यों तक उनकी पहुँच के साधन, वहाँ पर कुछ समय के लिए निवास करने की सामान्य सुविधाएँ, स्थानीय व्यक्तियों का व्यवहार, स्थानीय उत्पाद आदि भी कम महत्त्वपूर्ण तत्त्व नहीं जिनसे पर्यटन प्रभावित होता है। यह सही है कि पर्यटन स्थल की खूबसूरती से पर्यटक आकर्षित होते हैं, परंतु यह भी उतना ही सच है कि अगर वहाँ पर आधारभूत सुविधाएँ नहीं हैं तो पर्यटन उद्योग लंबे समय तक टिकाऊ नहीं रह सकता। पर्यटन को उद्योग का दर्जा देने की वजह भी यही रही है कि पर्यटन स्थलों पर आधारभूत सुविधाओं का अधिकाधिक विकास किया जा सके। यदि कोई स्थान बहुत खूबसूरत है, वहाँ प्रकृति के मनोरम दृश्य हैं, परंतु वहाँ तक पर्यटकों की पहुँच सुगम नहीं हो, वहाँ पर पर्यटन के दौरान पर्यटकों के रहने, खाने-पीने की सुविधा नहीं हो, पर्यटकों की भाषा के जानकार नहीं हो, उनके दैनिक उपयोग की वस्तुओं की उपलब्धता नहीं हो तो उस स्थान के प्रति आकर्षण में स्वत: ही कमी आ जाती है। ऐसे में प्राकृतिक आकर्षण के साथ ही यह भी जरूरी है कि पर्यटन के आधारभूत तत्त्वों का भी वहाँ पर विकास किया जाए।

प्राकृतिक रूप से समृद्ध क्षेत्रों का विकास सार्वजनिक एवं निजी दोनों ही क्षेत्रों की सहभागिता से किया जाना चाहिए। बहूद्देश्यीय पर्यटन संभावनाओं को तलाशने के लिए भी यह जरूरी है। पर्यटन का जो वैश्विक स्वरूप उभरकर सामने आ रहा है उसके अंतर्गत यह आवश्यक है कि भौतिक जरूरतों को पूरा करने के लिए पर्यटन स्थलों को विकसित किया जाए। उदाहरणार्थ, पर्यटन स्थलों पर प्राकृतिक विशेषताओं के साथ-साथ वहाँ पहुँचने के लिए परिवहन के साधनों का विकास, स्वीमिंग पूल, गोल्फ मैदान, रिसोर्ट्स, हवाई पट्टी, होटल के रूप में आवास एवं भोजन की सुविधा तथा ठहरने का अच्छा प्रबंध आदि आज समय की आवश्यकता है।

पर्यटन स्थल के आधारभूत अवयवों के अंतर्गत वे समस्त संरचनाएँ आती हैं, जो पर्यटकों के वहाँ परिचालन में सहायक होती हैं। पर्यटन स्थल पर सड़क, रेल, बंदरगाह, हवाई अड्डे या हवाई पट्टी के साथ ही संचार संबंधी साधनों की उपलब्धता आदि ऐसी आवश्यकताएँ हैं, जिन पर ही पर्यटन का दीर्घकालीन विकास निर्भर करता है। पर्यटन स्थलों पर चौड़ी सड़कें, आवास के लिए होटल एवं मोटल, पिकनिक की सुविधावाले स्थानों का विकास, जन-सुविधाएँ, सुरक्षा के पर्याप्त बंदोबस्त, रेस्टोरेंट, मनोरंजन के साधन, स्थानीय उत्पाद के बाजार, वित्तीय संस्थाओं संबंधी सेवाएँ आदि की व्यवस्था अत्यधिक जरूरी है।

संक्षेप में, आधारभूत सुविधाओं के बतौर पर्यटन उद्योग के मुख्य अवयव इस प्रकार हैं—

आवास व्यवस्था—पर्यटन स्थलों पर पर्यटकों की अपेक्षा के अनुरूप आवास की पर्याप्त व्यवस्था होनी चाहिए। बजट के हिसाब से आवासीय व्यवस्था इस रूप में की जानी चाहिए कि हर स्तर का पर्यटक पर्यटन स्थल पर भ्रमण का मन बना सके। आवासीय व्यवस्था में होटल, हाउस बोट, विश्राम गृह, धर्मशालाएँ, मोटल्स आदि सम्मिलित हैं।

परिवहन व्यवस्था—परिवहन व्यवस्था के अंतर्गत प्रथमत: तो गंतव्य स्थल पर पहुँचने के परिवहन साधन हैं, जैसे—रेल मार्ग, सड़क, जल परिवहन आदि। पर्यटन स्थल पर पर्यटकों की सुविधा के हिसाब से इनका विकास किए जाने के साथ ही स्थानीय परिवहन के साधन भी इस प्रकार से होने चाहिए कि पर्यटक वहाँ पहुँचकर आस-पास के स्थानों की सैर भी आराम से कर सकें।

भोजन एवं खान-पान की सुविधाएँ—पर्यटन स्थलों पर पर्यटकों की अपेक्षा के अनुरूप भोजन व नाश्ता-पानी के लिए अल्पाहार गृह, ढाबा आदि की व्यवस्था भी जरूरी है। इस संबंध में सार्वजनिक एवं निजी दोनों ही स्तरों पर प्रयास हो सकते हैं।

सूचना स्रोत—पर्यटन स्थलों पर पर्यटकों की सूचना के लिए पर्यटक सूचना केंद्र, स्थानीय पर्यटक मार्गदर्शक, पर्यटन सूचना साहित्यवाले स्टॉल आदि हों।

वित्तीय संस्थाएँ—पिछले कुछ वर्षों से संचार प्रौद्योगिकी में आई क्रांति के कारण अब वित्तीय संस्थाओं का महत्त्व विशेष रूप से बढ़ गया है। पर्यटक अब एक साथ बहुत सारी धनराशि लेकर यात्रा नहीं करते। बैंक, ए.टी.एम. का पर्याप्त मात्रा में होना, बीमा सुविधा, विदेशी मुद्रा विनिमय केंद्र आदि की स्थापना के पूरे प्रयास जरूरी हैं।

दुकान एवं एंपोरियम—पर्यटन स्थलों पर वहाँ से संबंधित विशिष्ट वस्तुओं का क्रय पर्यटक अपनी स्मृतियों को जीवित रखने के लिए करता है। ऐसे में स्थान विशेष की हस्तकला एवं एंटिक वस्तुओं से संबंधित दुकानों एवं एंपोरियम आदि की सुलभता से पर्यटन विकास को बल ही मिलता है।

मनोरंजन—पर्यटकों के मनोरंजन के लिए स्थानीय लोक कलाकार की कलाओं के प्रदर्शन की उचित व्यवस्था।

इनके अलावा पर्यटक पर्यटन स्थलों पर जिन सेवाओं का उपयोग करता है, उनसे संबंधित समुचित व्यवस्था भी होनी चाहिए। पर्यटन के दौरान पर्यटकों द्वारा बहुत से ऐसे माध्यमों का सहारा लिया जाता है जिनसे वे अपनी यात्रा को उद्देश्यपूर्ण बनाते हैं। एक पर्यटक जिस समय अपने स्थान को छोड़ता है, उसकी इस यात्रा के उपक्रम व्यय होने प्रारंभ हो जाते हैं। ऐसे में पर्यटन स्थल पर उपलब्ध होनेवाली सामान्य सुविधाएँ भी पर्यटन उद्योग के महत्त्वपूर्ण अवयव हो जाती हैं, जैसे—

- रेलवे स्टेशन के लिए टैक्सी,
- सामान ढोने के लिए कुली,
- रेलवे टिकट की आसानी से उपलब्धता,
- टूर ऑपरेटर और ट्रेवल एजेंट,
- आवास-सुविधा का प्रबंध,.
- स्थानीय स्थलों की यात्रा के लिए टैक्सी या टूरिस्ट बस,
- स्थान विशेष के परंपरागत शिल्प, हस्तकलाओं की वस्तुओं की खरीद सुविधा,
- महत्त्वपूर्ण स्थलों पर प्रवेश एवं पहुँच की सुगम व्यवस्था,
- फोटोग्राफी आदि।

पर्यटकों की आवश्यकता की पूर्ति सरकारी स्तर पर पर्यटन विभाग, निजी स्तर पर ट्रेवल संस्थाएँ, वित्तीय संस्थाए, गाइड आदि करते हैं। ये सभी पर्यटन उद्योग के अंग हैं और पर्यटन प्रोत्साहन के लिए कार्य करते हैं। ऐसे में पर्यटन उद्योग की सफलता तभी संभव है जब इसके सभी अवयवों पर पर्याप्त ध्यान देकर पर्यटन विकास को व्यवहार में परिणत किया जाए। यद्यपि पर्यटन के विभिन्न अवयव एक-दूसरे से भिन्न अस्तित्व रखते हैं, परंतु बुनियादी रूप से वे एक-दूसरे से जुड़े हुए होते हैं। सब में एक प्रकार से प्रतिस्पर्द्धा होने के बावजूद परस्पर संपर्क और समन्वय बना रहता है। जितना अधिक और बेहतर संपर्क व समन्वय इनमें होगा उतना ही पर्यटन उद्योग विकास करेगा। ऐसे में आवश्यकता इस बात की है

कि पर्यटन उद्योग के प्रबंधन को बेहतर करने के प्रयास सभी स्तरों पर किए जाएँ।

पर्यटन माँग निर्धारण

पर्यटन व्यवस्था का निर्धारण माँग पर आधारित है। इस माँग आधारित व्यवस्था में स्थानीय निवासियों की अपेक्षा पर्यटकों की संतुष्टि पर ज्यादा ध्यान दिया जाना चाहिए।

पर्यटन माँग निर्धारण के तहत पर्यटन स्थलों के आकर्षण के साथ-साथ वहाँ पहुँचने की हवाई एवं सड़क यातायात की बेहतर व्यवस्था, मुद्रा विनिमय, वीजा, सुरक्षित माहौल, घूमने की आजादी, खरीदारी के लिए बेहतर व्यवस्थाओं आदि का होना नितांत आवश्यक है। माँग निर्धारण को अंतरराष्ट्रीय परिप्रेक्ष्य में देखे जाने से पर्यटन को काफी हद तक बढ़ावा दिया जा सकता है; क्योंकि पर्यटन ही एकमात्र ऐसा उद्योग है, जिससे न केवल बड़ी मात्रा में विदेशी मुद्रा की प्राप्ति होती है बल्कि स्थानीय रोजगार को भी बढ़ावा मिलता है। ज्यादा-से-ज्यादा पर्यटक किसी देश में कैसे आएँ, इसके लिए पर्यटन माँग निर्धारणवाले तत्त्वों पर ध्यान देना आवश्यक है।

पर्यटन माँग निर्धारण को इन श्रेणियों में विभाजित किया जा सकता है—

(1) पर्यटन स्थल तक पहुँच—जिस स्थान पर पर्यटन के लिए जाना है वहाँ के लिए यातायात व्यवस्था। विश्व के विभिन्न देशों की यात्रा के अंतर्गत वहाँ पहुँचने के लिए आराम से हासिल होनेवाली हवाई यात्रा। इससे समय की बचत होती है।

(2) आवासीय व्यवस्था—पर्यटन स्थल पर ठहरने के लिए सुविधाजनक होटल, मोटल आदि।

(3) पर्यटन आकर्षण—प्राकृतिक स्थल, मानव निर्मित और सांस्कृतिक या समुदाय विशेष की परंपरा, प्रथा आदि।

(4) सहयोगी सेवाएँ—स्थान विशेष पर उपलब्ध बैंकिंग सुविधाएँ, चिकित्सा, दुकान एवं अन्य उपभोक्ता सेवाएँ।

(5) आधारभूत सुविधाएँ—रेल, सड़क एवं हवाई परिवहन की बेहतर सुविधाओं के साथ ही पर्यटन स्थल पर बिजली, सीवरेज, पानी आदि की समुचित व्यवस्था।

(6) पर्यटन केंद्र से संबंधित साहित्य

(7) पर्यटक मार्गदर्शक (गाइड)

पर्यटन माँग का निर्धारण करनेवाली इन सुविधाओं के साथ-साथ पर्यटन स्थलों पर वहाँ के लोगों के आत्मीय व्यवहार, पर्यावरण संरक्षण, पर्यटकों की सुरक्षा आदि के बेहतर इंतजाम से भी पर्यटकों का आकर्षण बढ़ता है।

भारतीय परिप्रेक्ष्य में देखें तो इस बात से इनकार नहीं किया जा सकता कि पर्यटन की यहाँ अपार संभावनाएँ हैं, परंतु पर्यटन माँग के अनुसार विश्व के अन्य देशों की तुलना में पर्यटकों को आकर्षित करने के विशेष प्रयास अब भी बहुत अधिक नहीं हो पाए हैं। हालाँकि समय-समय पर 'पर्यटन वर्ष', 'अतिथिदेवो भव' जैसे अभियान चलाकर देश में पर्यटकों को आकर्षित करने के प्रयास किए गए हैं, परंतु अब भी विश्व पर्यटन में हमारा हिस्सा बहुत कम है। मुक्ताकाश नीति के तहत पर्यटकों को देश में पहुँचते ही वीजा प्रदान करने, पर्यटन स्थलों पर बेहतर सुविधाएँ प्रदान करने के अलावा पर्यटकों की सुरक्षा की दिशा में अभी और प्रयास किए जाने की आवश्यकता है। आवश्यकता इस बात की भी है कि भारत विश्व पर्यटन बाजार में ज्यादा-से-ज्यादा हिस्सेदारी निभाए। यह तभी संभव है जब देश में—

- पर्यटन की क्षमताओं, आर्थिक विकास एवं सामाजिक परिवर्तन के एक कारक के रूप में पर्यटन की भूमिका के बारे में जागरूकता पैदा की जाए।
- घरेलू और विदेशी पर्यटकों की विशेष आवश्यकताओं को ध्यान में रखते हुए परिवहन, आवास एवं बुनियादी ढाँचे से संबंधित अन्य सुविधाओं की समुचित व्यवस्था हो।
- देश के लोगों में जागरूकता के साथ विदेशों में भी भारत के बारे में जानकारी देने के प्रयासों को विस्तार दिया जाए—अर्थात् भारतीय पर्यटन के विपणन के समुचित प्रयास हों।
- भारत आनेवाली अंतरराष्ट्रीय विमान सेवाओं में सीटों की क्षमता को बढ़ाया जाए। घरेलू विमान सेवाओं में सुधार किया जाए। उन्हें वैश्विक आवश्यकताओं के अनुरूप किया जाए।
- सैलानियों को हवाई अड्डे पर ही वीजा प्रदान करने हेतु व्यवस्था की जाए।

आज पर्यटन विश्व की बड़ी आर्थिक क्रिया बन चुका है। ऐसे में सभी देश पर्यटन को अंतरराष्ट्रीय परिप्रेक्ष्य में देख रहे हैं, क्योंकि इससे विदेशी मुद्रा की आय जुड़ी हुई है। पर्यटन के अंतरराष्ट्रीय और आर्थिक महत्त्व को देखते हुए पर्यटन की

माँग के निर्धारण को भी अंतरराष्ट्रीय स्तर पर देखे जाने की सोच से ही पर्यटन को बढ़ावा दिया जा सकता है।

पर्यटन विपणन

पर्यटन माँग के आधार पर विपणन घटक क्या होंगे, यह जानकर ही पर्यटन उद्योग का समुचित विकास किया जा सकता है। माँग के आधार पर पर्यटन विपणन के विभिन्न घटक इस प्रकार हैं—

उत्पाद : सभी व्यावहारिक कार्यों के लिए उत्पाद की परिकल्पना 'होटलों के निर्माण और आकर्षक स्थानीय मुद्दों की पहचान' के रूप में की गई है। नतीजा यह हुआ है कि उत्पाद के कुछेक घटकों पर अनावश्यक जोर दिया गया है। पर्यटन विपणन के क्षेत्र में उत्पाद की समुचित परिकल्पना करने के लिए हमें उन विभिन्न गतिविधियों की सावधानी से पहचान करनी होगी, जिनके समन्वय से पर्यटन उत्पाद उत्पन्न होते हैं। अंतरराष्ट्रीय अनुमानों के अनुसार कोई पर्यटक अपने कुल पर्यटन खर्चे का 35 प्रतिशत रिहायश या ठहरने एवं खान-पान पर और शेष 25 प्रतिशत मनोरंजन, खरीदारी तथा अन्य गतिविधियों पर खर्च करता है।

माँग के हिसाब से देखें तो एक पर्यटक जब किसी पर्यटन स्थल पर पहुँचता है तो विभिन्न पर्यटन उत्पादों की ही अपेक्षा नहीं करता बल्कि अपनी सुविधाओं के बारे में भी पहले से ही पता लगाता है। पर्यटक की माँग के अनुरूप व्यवस्था गंतव्य स्थान पर होगी, तभी वह वहाँ जाने का मन बनाएगा।

एक बार समग्र रूप से उत्पाद-समुच्चय की परिकल्पना कर लिये जाने और उत्पाद समुच्चय के विकास में व्यवस्था संबंधी दृष्टिकोण अपनाने के बाद पर्यटन क्षेत्र में माँग संबंधी विपणन समुच्चय के अन्य घटकों से संबंधित मुद्दों पर ध्यान देना काफी आसान हो जाता है। जहाँ तक उत्पाद समुच्चय के अन्य घटकों का सवाल है, सरकार की प्राथमिकता बुनियादी ढाँचे जैसे—अच्छी सड़कों, हवाई अड्डों, बिजली, जल-मल निस्तारण प्रणाली आदि के विकास की होनी चाहिए।

प्रोत्साहन : प्रोत्साहन के समस्त उपकरणों जैसे विज्ञापन, व्यापार संवर्द्धन, प्रचार-प्रसार और उच्च स्तरीय सेल्समैनशिप आदि का पूरा उपयोग किया जाना चाहिए और बाजार विभाजन तथा मौखिक प्रोत्साहन को बढ़ावा दिया जाना चाहिए। इसमें कोई संदेह नहीं कि दुनिया भर में खोले गए भारतीय पर्यटन कार्यालय अपनी ओर से पूरा प्रयास कर रहे हैं; लेकिन जब तक एयरलाइंस और होटल उद्योग के बीच कारगर तालमेल नहीं होता, उनके प्रयास अधिक सफल नहीं होंगे।

विदेशों में स्थित भारतीय पर्यटन कार्यालयों से प्राप्त सूचना के अनुसार देश में पर्यटक सुविधाओं एवं आकर्षक पैकेज की कमी इस क्षेत्र में विकास की सबसे बड़ी बाधाएँ हैं। पर्यटक और टूर ऑपरेटर हमसे यह उम्मीद करते हैं कि भारत में किसी भी अच्छे होटल में उनके ठहरने का पक्का इंतजाम हो और भ्रमण के लिए परिवहन का ऐसा पैकेज हो, जिससे वह भारत के प्रमुख दर्शनीय स्थल देख सकें। पर्यटन प्रोत्साहन की दिशा में सार्थक पहल तभी हो सकती है जब पर्यटकों को कम लागत पर अधिकतम आवास व परिवहन सुविधाएँ प्रदान की जाएँ। उनकी यात्रा सुलभ और सार्थक करने के लिए पर्यटन के विभिन्न सहायक उद्योगों का प्रभावी समन्वय जरूरी है। लागत कम करना और प्रतिस्पर्धा में बढ़त हासिल करना हमारा मूल मंत्र होना चाहिए।

मूल्य-निर्धारण : पर्यटन विपणन के मामले में मूल्य-निर्धारण सबसे जटिल मुद्दा है। यह आम धारणा है कि विभिन्न टूर ऑपरेटर अपने-अपने स्तर पर पर्यटकों, विशेष रूप से विदेशी पर्यटकों, को लूटते हैं। जिस बात की तत्काल आवश्यकता है वह है पर्यटन से जुड़ी विभिन्न सेवाओं और वस्तुओं के मूल्य-निर्धारण में अधिकतम पारदर्शिता की। यहाँ ध्यान में रखने की बात यह है कि पर्यटन का मतलब सिर्फ पैसा कमाना नहीं है। यह जीवन जीने का एक तरीका और एक संस्कृति भी है।

दोष-रहित सूचना प्रणाली : पर्यटन संबंधी गतिविधियों के तमाम पहलुओं से जुड़ी सूचनाओं तक पहुँच को और आसान बनाने से एक ऐसा ढाँचा खड़ा किया जा सकेगा, जिससे व्यावहारिक निर्णय लेने में मदद मिलेगी। इसका एक लाभ यह भी होगा कि पर्यटकों को व्यक्तिगत स्तर पर सेवाएँ मानक पैकेज की दर से उपलब्ध कराई जा सकेंगी।

अर्थव्यवस्था में पर्यटन की भूमिका

पर्यटन विश्व का तेजी से बढ़ता ऐसा उद्योग है जो विकसित और विकासशील सभी देशों की अर्थव्यवस्था को सीधे तौर पर प्रभावित करता है। अर्थव्यवस्था की परिपक्वता में पर्यटन आज महत्त्वपूर्ण प्रेरक की भूमिका ही नहीं निभा रहा बल्कि राष्ट्रों के विकास के मार्ग को भी प्रशस्त कर रहा है। कहा जा सकता है कि अन्य आर्थिक क्रियाओं की तरह ही पर्यटन भी एक आर्थिक क्रिया है, क्योंकि पर्यटन के अंतर्गत आर्थिक स्रोतों का विकास होता है।

इसे ऐसे भी समझा जा सकता है कि जब भी कहीं कोई पर्यटक सैर को

जाता है तो वह वहाँ पर भोजन, आवास, खरीदारी के रूप में धन खर्च करता है। यह खर्च उस स्थल के लोगों और वहाँ पर उन चीजों का व्यवसाय करनेवालों के लिए आय-वृद्धि में सहायक होता है। पर्यटन के अंतर्गत किया गया खर्च प्रत्यक्ष रूप में दिखाई नहीं देता, परंतु अप्रत्यक्ष रूप में यह स्थानीय अर्थव्यवस्था को लाभ पहुँचाता है।

पीटर एफ. ड्रकर के अनुसार, पर्यटन के आर्थिक रूप से पाँच प्रमुख कार्य हैं—

1. दुर्लभ मुद्रा अर्जित करके व्यापार संतुलन में योगदान करना।
2. जिन क्षेत्रों में औद्योगिक विकास नहीं है वहाँ पर विकास को बढ़ावा देना।
3. रोजगार के अवसरों में वृद्धि करना।
4. बहुप्रभाव के माध्यम से सामान्य आर्थिक क्रियाओं में सहयोग करना।
5. विदेशी व्यक्तियों व विदेशी वस्तुओं का ज्ञान प्राप्त करना।

वैसे भी पर्यटन आज विश्व का ऐसा उद्योग है, जिसमें बहुत अधिक वित्त निवेशित है। आवास, परिवहन, पर्यटन स्थल क्षेत्र तथा सहायक सुविधाएँ व सेवाएँ पर्यटन के मुख्य पहलू हैं, जहाँ पर किए गए नियोजन से पर्यटन-प्रिय राष्ट्रों को बहुत ही उच्च आय प्राप्त होती है।

यूनाइटेड चैंबर्स ऑफ कॉमर्स के अनुसार—'किसी भी क्षेत्रीय, प्रांतीय या सामुदायिक विकास कार्यक्रम के लिए पर्यटन की उन्नति एक मुख्य कारक है। नए व्यापार व नए धन को एक नए क्षेत्र में लाने के मूलत: तीन तरीके हैं। ये हैं—कृषि विकास, औद्योगिक विकास तथा पर्यटन विकास। संभवत: तीनों में पर्यटन विकास एक सर्वाधिक शीघ्रगामी तथा कम-से-कम कठिन तरीका है।'

संक्षेप में, अर्थव्यवस्था में पर्यटन की भूमिका को निम्नलिखित आधारों पर समझा जा सकता है।

- विदेशी मुद्रा-प्राप्ति का बड़ा स्रोत—यही ऐसा उद्योग है, जो विदेशी मुद्रा प्राप्ति का सबसे बड़ा स्रोत है।
- रोजगार का साधन—प्रत्यक्षत: और अप्रत्यक्षत: पर्यटन एवं इसके सहायक उद्योगों से रोजगार-सृजन को अनेक स्तरों पर बढ़ावा मिलता है।
- निर्यात में वृद्धि—देश के निर्यात को बढ़ाने में पर्यटन की महती भूमिका है।
- अतिरिक्त आय का स्रोत—लोगों की अतिरिक्त आय का पर्यटन एक

बड़ा स्रोत है।

इन सबके साथ पर्यटन किसी भी राष्ट्र के संतुलित व सही आर्थिक विकास के लिए सर्वथा उपयोगी साधन भी है, क्योंकि—

- पर्यटन से क्षेत्रीय विकास एवं सुविधाओं में बढ़ोतरी होती है।
- इससे व्यापार संतुलन में सहयोग मिलता है, क्योंकि निर्यात व्यापार की तरह पर्यटन विदेशी मुद्रा अर्जित करने का साधन है।
- पर्यटन से विदेशी एवं सार्वजनिक कर्ज का बोझ हलका होता है।
- पर्यटन उस पूँजी को भी अर्जित करता है, जिसके विनियोजन का बहुधा लोग निर्णय नहीं ले पाते।

इस प्रकार, पर्यटन किसी भी देश की अर्थव्यवस्था को गहरे तक प्रभावित करता है। इस रूप में पर्यटन के आर्थिक महत्त्व से इनकार नहीं किया जा सकता।

पर्यटन एवं राष्ट्रीय आय

राष्ट्रीय आय की परिभाषा के अनुसार एक वर्ष में एक देश में समस्त अंतिम उत्पादित वस्तुओं व सेवाओं के मूल्य को राष्ट्रीय आय कहते हैं। इस प्रकार इसमें अंतिम उत्पादित वस्तुएँ व सेवाएँ शामिल हैं। पर्यटन व्यवसाय में दोनों का उत्पादन होता है।

पर्यटन का राष्ट्रीय आय से सीधा संबंध है। विदेशी एवं घरेलू दोनों ही प्रकार के पर्यटन राष्ट्रीय आय का सृजन करते हैं। इसे ऐसे भी समझा जा सकता है कि जब कहीं कोई पर्यटक जाता है तो वह वहाँ पर अपनी सुविधा और आवश्यकता के लिए जो भी खर्च करता है, वह खर्च सीधे नीचे के स्तर तक पहुँच जाता है। आवास, परिवहन, स्थानीय हस्तशिल्प उत्पाद, सवारी आदि के लिए पर्यटकों द्वारा किया जानेवाला व्यय किसी एक स्थान पर रुकता नहीं है, बल्कि वह आगे से आगे बढ़ता रहता है। इस रूप में ऐसा व्यय पहले स्थानीय क्षेत्र की आय, फिर राज्य की आय और अंततः राष्ट्रीय आय की वृद्धि में सहायक होता है। राष्ट्रीय आय की कुल व्यय से तुलना की जा सकती है।

राष्ट्रीय अर्थव्यवस्था में पर्यटन का स्थान तभी निर्धारित हो सकता है जब सकल राष्ट्रीय आय में पर्यटन प्राप्तियों के योगदान को भी जोड़ा जाए। भारत में पर्यटन हीरे-जवाहरात एवं रेडिमेड गारमेंट उद्योग के बाद तीसरा सबसे बड़ा उद्योग है तो आयरलैंड, ऑस्ट्रिया, मेक्सिको, जर्मनी व स्पेन में राष्ट्रीय आय में बड़े अंश का योगदान पर्यटकों द्वारा किया जाता है। मेक्सिको, जॉर्डन, पनामा व स्पेन में तो

पर्यटन एकमात्र महत्त्वपूर्ण निर्यात रहा है। कनाडा में अखबारी कागज के बाद पर्यटन दूसरा सबसे बड़ा उद्योग है। पर्यटन आज पच्चीस से भी अधिक देशों में निर्यात की जानेवाली तीन मुख्य मदों में से एक है।

भारत के लिए प्रथम पर्यटन सेटेलाटर स्काउंट (वर्ष 2002-03) दरशाता है, किंतु पर्यटन ने प्रत्यक्ष-अप्रत्यक्ष 38.8 मिलियन --- को नियुक्त किया जो देश में कुल रोजगार का 8.3 प्रतिशत था और जिसने जी.डी.पी. में 5.8 प्रतिशत का योगदान किया। आज वर्ष 2008 में विश्व में पंद्रहवें स्थान पर होने के बावजूद भारत में यात्रा एवं पर्यटन उद्योग 4.2 प्रतिशत की विश्व औसत की तुलना में 2.5 प्रतिशत जी.डी.पी. का योगदान देता है।

विश्व यात्रा एवं पर्यटन परिषद् के अनुसार, यात्रा एवं पर्यटन उद्योग के जी.डी.पी. प्रतिशत के योगदान की दृष्टि से विश्व में थाईलैंड का 40वाँ स्थान है, वहाँ कुल जी.डी.पी. का 7.3 प्रतिशत, मिस्र का 46वाँ स्थान है, वहाँ कुल जी.डी.पी. का प्रतिशत 5.7, मलेशिया का यात्रा एवं पर्यटन उद्योग में 82वाँ स्थान है, जहाँ वह कुल जी.डी.पी. का 4.0 प्रतिशत है। इसी प्रकार इंडोनेशिया का जी.डी.पी. प्रतिशत के योगदान की दृष्टि से विश्व में 102वाँ स्थान है, जहाँ कुल जी.डी.पी. का पर्यटन प्रतिशत 3.4 है। चीन का 120वाँ स्थान है, जहाँ कुल जी.डी.पी. का 2.7 प्रतिशत पर्यटन है।

राष्ट्रीय आय की कुल व्यय से तुलना की जा सकती है। प्रति वर्ष राष्ट्र के कुल व्यय व उत्पादित माल एवं सेवाओं का मूल्य आँका जाता है। राष्ट्र में व्यक्तिगत व संघीय संस्थाओं की आय के जोड़ को ही राष्ट्रीय आय कहा जाता है। जैसे ही किसी देश में पर्यटक व्यय करना प्रारंभ करते हैं, वहाँ की राष्ट्रीय आय में वृद्धि होने लगती है। पर्यटक जो भी राशि अपने होटल आवास, यात्रा संचालन, रेस्टोरेंट आदि पर खर्च करते हैं, वह धन प्राप्त करनेवालों की आय में जुड़ जाता है तथा फिर राष्ट्रीय आय का अंश बन जाता है।

पर्यटन ने राष्ट्रीय आय को कुछ ही व्यक्तियों के हाथों में संचय होने से रोकने में महत्त्वपूर्ण भूमिका निभाई है। खर्च के विभिन्न अवसरों का सृजन करते हुए पर्यटक सामाजिक, सांस्कृतिक, राजनीतिक, आर्थिक वातावरण को भी गहरे तक प्रभावित करता है। पर्यटन के तहत भ्रमण के साथ ही मेले, प्रदर्शनियों, सम्मेलन आदि में जो व्यय होता है, उससे धन का पुनः वितरण होता है। इससे रोजगार के अवसरों में भी वृद्धि होती है। बेरोजगारी घटाने तथा रोजगार बढ़ाने की दिशा में पर्यटन की क्षमताएँ असीमित हैं। अविकसित क्षेत्रों के साथ ही ऐसे क्षेत्र, जहाँ पर

किसी स्तर पर ध्यान नहीं दिया जाता, के विकास के लिए भी पर्यटन अत्यधिक उपयोगी होता है। इस लिहाज से देश की आय के समान वितरण एवं उसकी वृद्धि के लिए पर्यटन के महत्त्व से इनकार नहीं किया जा सकता।

पर्यटन एवं अंतरराष्ट्रीय व्यापार

एक देश से दूसरे देश को वस्तुओं और सेवाओं का आयात-निर्यात अंतरराष्ट्रीय व्यापार कहलाता है। पर्यटन सेवाओं व उत्पाद का आयात-निर्यात पर्यटन व्यापार है। इसमें मूलतः सेवाएँ ही आती हैं।

पर्यटन अंतरराष्ट्रीय व्यापार की भी एक महत्त्वपूर्ण कड़ी है। इसमें भौतिक वस्तुओं के आयात-निर्यात के बजाय सेवाओं का अदृष्टिगत निर्यात किया जाता है। इस निर्यात के तहत पर्यटन व्यापार, बैंकिंग एवं बीमा तथा परिवहन सेवाएँ आदि सम्मिलित होती हैं।

पर्यटन एक ऐसा उद्योग है, जिसका क्षेत्र असीमित है। बगैर चिमनी और धुएँ के इस उद्योग में उत्पादन कुछ भी नहीं होता, फिर भी बहुत से लोगों को यह रोजगार ही प्रदान नहीं करता बल्कि सेवाओं के आदान-प्रदान के जरिए इससे अंतरराष्ट्रीय संबंधों की भी स्थापना होती है। सेवाओं के व्यापार के उद्योग पर्यटन में अन्य वस्तुओं की ही भाँति विनिमय व विपणन की सभी क्रियाएँ संपन्न की जाती हैं। इस दृष्टि से यह राष्ट्रों की आय के अर्जन का भी एक बड़ा उद्योग है।

इसे ऐसे भी समझा जा सकता है कि जब कभी भारतीय पर्यटक अमेरिका, ब्रिटेन, चीन आदि जाते हैं तो वह वहाँ पर धन व्यय कर जिन वस्तुओं और सेवाओं का क्रय करते हैं, वह भारत का इन देशों से पर्यटन आयात है। इसी प्रकार भारत आकर यदि ब्रिटेन, चीन, अमेरिका या अन्य किसी भी देश के पर्यटक वस्तुओं और सेवाओं का क्रय करते हैं तो यह भारत का उन देशों को अपनी सेवाओं और वस्तुओं का निर्यात है। इस प्रकार पर्यटन अप्रत्यक्षः अंतरराष्ट्रीय व्यापार का सशक्त माध्यम है।

सूचना एवं संचार प्रौद्योगिकी के साधनों के तीव्रतम विकास ने अंतरराष्ट्रीय स्तर पर देशों के बीच की दूरियों को कम करने में ही महत्त्वपूर्ण भूमिका नहीं निभाई है बल्कि पर्यटन संबंधी अंतरराष्ट्रीय व्यापार को भी तेजी से विकसित किया है। पर्यटन एवं अंतरराष्ट्रीय व्यापार के अंतर्गत सम्मिलित हैं—

- किसी देश की यात्रा के समय पर्यटकों द्वारा किया जानेवाला व्यय—अर्थात् आवास, खान-पान, स्थानीय परिवहन, खरीदारी आदि का खर्च।

ऐसा खर्च भुगतान संतुलन के रूप में आता है।

- पर्यटकों द्वारा क्रीत कुछ पूँजी संबंधी सामान अर्थात् पुरानी कीमती वस्तुएँ, कंप्यूटर, मोटर कार आदि। ये वस्तुएँ व्यापार के संतुलन में आयात-निर्यात किए गए माल में सम्मिलित होती हैं।
- अंतरराष्ट्रीय हवाई, समुद्री एवं रेल यातायात के लिए किया गया व्यय। इस व्यय को व्यापार संतुलन की अन्य दृष्टिगत मदों जैसे सेवाओं तथा मुद्रा संबंधी लेन-देन के आयात-निर्यात में सम्मिलित किया जाता है।
- पर्यटन अंतरराष्ट्रीय व्यापार की अकेली सबसे बड़ी और तेजी से बढ़नेवाली एक ऐसी श्रेणी है जो कुल राष्ट्रीय निर्यात का 12.8 प्रतिशत है।

विश्व पर्यटन अनुमाप

विश्व के सबसे बड़े उद्योग के रूप में पर्यटन आज अपनी विशेष पहचान बना चुका है। यात्रा एवं पर्यटन उद्योग तथा यात्रा एवं पर्यटन अर्थव्यवस्था का विश्व जी.डी.पी. को क्रमश: 4.2 प्रतिशत तथा 10.7 प्रतिशत का अंशदान है।

पर्यटन रोजगार सृजन में भी वैश्विक भूमिका निभा रहा है। विश्व के सकल रोजगार में पर्यटन द्वारा सृजित रोजगार का हिस्सा 8.2 प्रतिशत आँका गया है। एक अनुमान के अनुसार, इसमें और वृद्धि होती जाएगी तथा वर्ष 2011 तक यात्रा एवं पर्यटन द्वारा सृजित अतिरिक्त नौकरियों की संख्या 5 करोड़ के लगभग होगी।

नियोजित पर्यटन व्यवस्था

पर्यटन के अंतर्गत वे समस्त आर्थिक क्रियाएँ सम्मिलित होती हैं जिनसे किसी देश की अर्थव्यवस्था प्रभावित होती है। चूँकि पर्यटन राष्ट्रीय अर्थव्यवस्था का महत्त्वपूर्ण अंग है एवं पर्यटकों की इच्छाओं की पूर्ति करता है, अत: इसके अंतर्गत उद्योग की विभिन्न क्रियाएँ स्वत: ही सम्मिलित हो जाती हैं। इस प्रकार पर्यटन बहुत से व्यापारों का संगठन होते हुए भी स्वयं अपने आप में एक बड़ा आर्थिक संगठन है। इस आर्थिक संगठन का प्रमुख लक्ष्य है—विकास। इस दृष्टि से पर्यटन विकास का अर्थ है—पर्यटकों की आवश्यकताओं को पूरा करने के लिए पर्यटन संबंधी सभी बुनियादी सुविधाओं में वृद्धि तथा उनकी व्यवस्थाओं में सुधार। पर्यटन सुविधाओं की उपलब्धता तथा उनके संचालन के लिए यह आवश्यक है कि इस उद्योग के विभिन्न पहलुओं के मध्य पूरी तरह तालमेल बना रहे। पर्यटन सुविधाओं से संबंधित जिम्मेदार संस्थाएँ, चाहे वे सरकारी हों अथवा निजी, प्रतिबद्ध

हों कि परस्पर समन्वय रखते हुए सदैव एक-दूसरे के हितों को ध्यान में रखकर कार्य करेंगी। उन्हें परस्पर बेहतर तालमेल के लिए पाबंद किया जाए, ताकि स्थान विशेष पर आनेवाले पर्यटकों को असुविधा नहीं हो तथा पर्यटन विकास तेजी से हो सके। इस संबंध में पर्यटन के सही तरीके से नियोजन, संगठन, समन्वयन, नियंत्रण एवं निर्देशन की क्रियाएँ की जानी बहुत जरूरी हैं।

अन्य उद्योगों की तरह ही पर्यटन का प्रबंधन किया जाए। इससे संबंधित अन्य उद्योगों की विभिन्न क्रियाओं में बेहतर समन्वय रखते हुए कार्य किया जाएगा तो निश्चित ही इसका दूरगामी परिणाम नियोजित पर्यटन व्यवस्था के रूप में हमारे सामने होगा। इस दृष्टि से यह आवश्यक है कि पर्यटन के विभिन्न पहलुओं एवं उसकी समस्त क्रियाओं को बजाय अलग-अलग रूपों में विश्लेषित करने के उन्हें समग्रतः पर्यटन प्रबंध के रूप में समझा जाए। पर्यटन के अंतर्गत आर्थिक विकास को गति देने, रोजगार अवसरों को अधिकाधिक करने, प्रति व्यक्ति आय बढ़ाने, देश की कलात्मक एवं सांस्कृतिक धरोहरों को संरक्षित एवं सुरक्षित करके अतीत के गौरव में वृद्धि करने का कार्य नियोजित पर्यटन व्यवस्था से ही संभव है। नियोजित पर्यटन व्यवस्था से ही पर्यटन की विभिन्न व्याधियों का न केवल उपचार किया जा सकता है बल्कि पर्यटन को व्यवहार में जन-उद्योग के रूप में कार्यान्वित किया जा सकता है। प्रश्न सभी स्तरों पर व्यवस्था का ही है। यह कार्य सरकार करे अथवा निजी क्षेत्र, जरूरत प्रतिबद्धता की है। सभी कुछ इस बात पर निर्भर करता है कि नियोजित पर्यटन व्यवस्था को हम भावनात्मक रूप में लेते हैं या फिर व्यावहारिक रूप में।

□

पर्यटन : प्रवाह एवं प्रभाव

किसी के लिए पर्यटन कौतूहल के शमन का माध्यम है तो कोई सुंदर दृश्यावलियों के भ्रमण की लालसा को पूरा करने के लिए इस ओर प्रवृत्त होता है। कोई अतीत की स्मृतियों को जीवंत करने की चाह से पर्यटन की राह पकड़ता है। कुछ भी हो, इस बात से इनकार नहीं किया जा सकता कि पर्यटन आनंद की अनुभूति से जुड़ा है। यह अलग बात है कि हर व्यक्ति की आनंदानुभूति अलग-अलग आकर्षण से संबद्ध होती है। तब प्रश्न यह उठता है कि पर्यटन-स्थल कहा किसे जाएगा? सरल शब्दों में कहें तो वह पर्यटक का गंतव्य है जहाँ वह जाना चाहता है और जहाँ उसके लिए आकर्षण है। पर्यटन उद्योग के अंतर्गत पर्यटक गंतव्य वह स्थान होता है जिसे पर्यटक पर्यटन के लिए चुनते हैं तथा वहाँ वे कुछ समय के लिए एक निर्धारित राशि का व्यय करते हैं। गंतव्य पर्यटन का अंतिम स्थल है। रास्ते में पड़नेवाले स्थान या कुछ समय के ठहराव के स्थल को गंतव्य नहीं कहा जा सकता। किसी पर्यटक गंतव्य पर पर्यटकों की पहुँच तभी सुनिश्चित हो सकती है, जब वहाँ पर्यटन आकर्षणों की पहचान करते हुए पहुँच संबंधी आवश्यक सुविधाओं का विकास कर दिया जाए।

पर्यटक गंतव्य से आशय

पर्यटक गंतव्य को किसी सीमा में नहीं बाँधा जा सकता। एक छोटा महाद्वीपीय क्षेत्र पर्यटक गंतव्य हो सकता है तो अपने विशिष्ट आकर्षण के कारण किसी पूरे देश को भी पर्यटक गंतव्य कहा जा सकता है। इसे इस रूप में समझा जा सकता है कि किन्हीं पर्यटकों के लिए चूहों की देवी के रूप में विख्यात राजस्थान के बीकानेर जिले के छोटे से कस्बे देशनोक का करणी माता मंदिर पर्यटक गंतव्य हो सकता है तो अपने शौर्य, ऐतिहासिक धरोहर, रेत के सौंदर्य के कारण पूरा राजस्थान

पर्यटक गंतव्य हो सकता है। यही नहीं, अपने असीम सौंदर्य के बल पर इसी देश के पर्यटकों के लिए पूरा भारतवर्ष पर्यटक गंतव्य की श्रेणी में आ सकता है। यहाँ यह कहा जा सकता है कि ऐसे सभी स्थल जिनमें पर्यटकों की पसंद से संबद्ध तत्त्व मौजूद होते हैं, पर्यटक गंतव्य कहलाएँगे।

गंतव्य मोटे तौर पर दो प्रकार के होते हैं। एक प्रकार के गंतव्य वे होते हैं जो पूरी तरह से पर्यटन के आर्थिक महत्त्व को देखते हुए टूरिस्ट रिसोर्ट के रूप में विकसित किए जाते हैं और जहाँ पर आवास समेत अन्य सुविधाएँ और विभिन्न प्रकार की सेवाएँ प्रदान की जाती हैं। उदाहरणार्थ, 'डिजनी वर्ल्ड', 'रामोजी राव सिटी', 'फन वर्ल्ड' आदि। इन स्थानों पर मनोरंजन के साथ विविध प्रकार के अन्य आकर्षण यथा होटल, रेस्टोरेंट, एंपोरियम आदि की सुविधाएँ पर्यटकों के लिए मौजूद होती हैं। दूसरे प्रकार के गंतव्य वे होते हैं जो पर्यटन के अनुकूल होते हुए स्वत: ही पर्यटकों को अपनी ओर आकर्षित करते हैं। पर्यटन वहाँ की अर्थव्यवस्था का एकमात्र स्रोत होता है। उदाहरणार्थ, कश्मीर और गोवा जैसे स्थान, जहाँ की अर्थव्यवस्था पूरी तरह से पर्यटन पर ही निर्भर है।

एक पर्यटक गंतव्य में पर्यटकों को वहाँ आने के लिए प्रेरित करने की पूरी क्षमता होनी चाहिए। इस प्रकार का क्षेत्र पर्यटन के सकारात्मक और नकारात्मक दोनों प्रकार के प्रभाव लिये होता है। अत: गंतव्य के विकास के समय इस बात पर विशेष ध्यान देने की आवश्यकता होती है कि पर्यटन के लाभों को अधिकाधिक करके कैसे उसके नकारात्मक प्रभावों को कम-से-कम किया जाए, ताकि पर्यटन को सफलतम बनाया जा सके। पर्यटक गंतव्य पर निवास करनेवाले लोगों की भी इस दिशा में महत्त्वपूर्ण भूमिका होती है। मुख्यत: एक उत्पाद के रूप में पर्यटक गंतव्य में तीन मुख्य अवयवों का मिश्रण होता है—

- गंतव्य आकर्षण,
- वहाँ उपलब्ध सुविधाएँ,
- वहाँ तक पहुँचने की सुगमता।

उपर्युक्त तीन तत्त्वों के साथ ही इधर के वर्षों में पर्यावरण, संस्कृति और सामाजिक सरोकार भी किसी पर्यटक गंतव्य के प्रमुख आधार बनकर सामने आ रहे हैं। एक पर्यटक गंतव्य पर पर्यटकों से संबंधित विभिन्न प्रकार की सुविधाएँ और सेवाएँ वहाँ पर्यटकों के पहुँचने की प्रेरणा बनती हैं तो वहाँ पर आवास, खान-पान तथा मनोरंजन की उपलब्धता भी पर्यटन प्रोत्साहन का कारण बनती है। सामान्यतया मुख्य पर्यटक गंतव्यों पर अग्रलिखित समान विशेषताएँ पाई जाती हैं—

- गंतव्य में विभिन्न आकर्षणों का समावेश होता है।
- गंतव्य में सांस्कृतिक मूल्य निहित होते हैं।
- गंतव्य प्रेरक होते हैं। वे पर्यटक द्वारा उपयोग में लाए जाते हैं।
- गंतव्य केवल पर्यटकों द्वारा ही नहीं बल्कि बहुत से अन्य समूहों द्वारा भी उपयोग में लाए जाते हैं।

एक अच्छे पर्यटन गंतव्य में विभिन्न प्रकार के आकर्षणों का मिश्रण होता है। उनमें मानव-निर्मित आकर्षण हो सकता है, प्राकृतिक सौंदर्य के मनोहारी दृश्यों का सम्मोहन हो सकता है तो उत्सवधर्मिता का आकर्षण भी हो सकता है। कुल मिलाकर गंतव्य पर्यटकों को अपने यहाँ आने का निमंत्रण देते हैं। एक पर्यटक गंतव्य पर पर्यटकों से संबंधित विभिन्न प्रकार की सुविधाओं व सेवाओं के साथ ही आवास, खान-पान आदि की समुचित व्यवस्था उसके भावी विकास को दिशा प्रदान करती है। स्थानीय परिवेश, वहाँ के लोगों का व्यवहार भी गंतव्य को पर्यटकों के लिए आकर्षक बनाने में महत्त्वपूर्ण भूमिका निभाता है।

किसी गंतव्य को एक अच्छा पर्यटक गंतव्य तभी कहा जाएगा जब पर्यटक वहाँ जाने के लिए प्रेरित हों। इस संबंध में यह महत्त्वपूर्ण है कि पर्यटकों की रुचि के अनुसार गंतव्य होने के साथ ही वहाँ पर पहुँचने की सुगमता, सामान्य अपेक्षा की सुविधाओं, विभिन्न स्तरों की सेवाओं आदि की मौजूदगी तो कम-से-कम हो ही। यहाँ यह जानना भी महत्त्वपूर्ण होगा कि ऐसे कौन से तत्त्व हैं, जो किसी गंतव्य को पर्यटक गंतव्य बनाते हैं।

पर्यटक गंतव्य के आवश्यक तत्त्व

वह कारण जिसके लिए कोई व्यक्ति पर्यटन स्थल की यात्रा करता है, पर्यटन का आवश्यक तत्त्व कहलाएगा। इसे ऐसे भी कहा जा सकता है कि किसी स्थान की यात्रा पर्यटक की प्रवृत्ति पर निर्भर है। पर्यटक के अंदर का जो चरित्र होता है, वही उसे पर्यटन के लिए प्रेरित करता है। अंतर्मन की संतुष्टि के लिए की जानेवाली यात्रा के बहुत से कारण हो सकते हैं। कोई ऐतिहासिक किले, महल, स्मारक देखने की चाह से यात्रा करता है तो कोई धर्म-अध्यात्म के कारण सैलानी बनता है। कोई प्रकृति की सुंदरता को निहारने, वास्तु कला के सौंदर्य की अनुभूति करने के लिए यात्रा करता है तो कोई वन्य जीवों एवं वनस्पतियों में रुचि के कारण यात्रा की राह पकड़ता है। कोई साहसिक खेलों से रोमांच प्राप्त करने के लिए तो कोई अनजाने स्थलों एवं वस्तुओं की जिज्ञासा को शांत करने के लिए भ्रमण करता

है। ये सब वे आकर्षण बिंदु हैं, जिनके कारण पर्यटन का जन्म होता है। यही पर्यटन के आवश्यक तत्त्व हैं। बगैर किसी आकर्षण के पर्यटन नहीं होता।

एक ही स्थान के प्रति दो या दो से अधिक पर्यटकों में आकर्षण के अलग-अलग कारण हो सकते हैं। जैसे—ताजमहल देखने के लिए किसी के मन में इसलिए आकर्षण होता है कि वह उसके स्थापत्य सौंदर्य, वास्तुकला को नजदीक से देखना चाहता है तो किसी के मन में यह आकर्षण उसके इतिहास, प्रेम की अविस्मरणीय गाथा के कारण होता है। इसी प्रकार, अमृतसर के स्वर्ण मंदिर की यात्रा समुदाय विशेष के लिए धार्मिक आस्था के तीर्थस्थल के रूप में होती है, वहीं यह यात्रा मंदिर की सुंदरता, वहाँ के वातावरण की पवित्रता को अनुभूत करने के लिए भी हो सकती है। कहने का अर्थ है कि पर्यटन के लिए हर व्यक्ति का अपना अलग-अलग आकर्षण होता है। भिन्न-भिन्न रुचियों के कारण पर्यटन स्थल के आकर्षक तत्त्व पर्यटकों को अपनी ओर खींचते हैं। आकर्षण के इन तत्त्वों की पहचान कर उनका अधिकाधिक विकास करके ही पर्यटन को गति दी जा सकती है। पर्यटन स्थल के आकर्षक तत्त्वों के साथ वहाँ आधारभूत सुविधाओं एवं सेवाओं की उपलब्धता पर्यटन को सभी स्तरों पर प्रोत्साहित करती है।

कोई भी गंतव्य तब तक लोकप्रिय नहीं हो सकता जब तक कि वहाँ पर पहुँचने की सुलभता और पर्यटक माँग से संबंधित आवश्यक सुख-सुविधाएँ उपलब्ध नहीं करा दी जाएँ। इसका अर्थ यह हुआ कि पर्यटक गंतव्य पर आवश्यक सेवाएँ जैसे आवास, परिवहन, खान-पान, मनोरंजन, स्थानीय परिवहन आदि का होना नितांत आवश्यक है। किसी पर्यटक गंतव्य के विकास में केवल सरकार की ही भूमिका नहीं होती बल्कि निजी, गैर-सरकारी संस्थाओं आदि के साथ ही आम जनों की भागीदारी भी होती है।

मुख्य रूप से पर्यटक गंतव्य में निम्नलिखित चार आवश्यक तत्त्व होते हैं—

1. आकर्षण—किसी पर्यटक गंतव्य का मुख्य तत्त्व उसका आकर्षण ही होता है। पर्यटन उद्योग का भी आधार पर्यटक गंतव्य का आकर्षण होता है। आकर्षण लोगों को पर्यटन करने के लिए प्रेरित करनेवाले कारक की भूमिका निभाने का कार्य करता है। सामान्यतया गंतव्य आकर्षण को दो भागों में वर्गीकृत किया जाता है। प्रथम मानव निर्मित तथा द्वितीय प्राकृतिक आकर्षण। प्राकृतिक आकर्षण के अंतर्गत पूरी तरह से पर्यावरण और प्रकृति पर निर्भर तत्त्व पर्यटकों को अपनी ओर खींचते हैं, जैसे—नदियाँ, झीलें, बीच, पहाड़, हिमाच्छादित पर्वत-शृंखलाएँ आदि। इसी प्रकार मानव-निर्मित आकर्षण के अंतर्गत पुरातत्त्व स्थल, चिड़ियाघर, किले,

महल, संग्रहालय आदि पर्यटकों को लुभाते हैं। विभिन्न अवसरों पर आयोजित किए जानेवाले उत्सव, मेले आदि भी पर्यटन के आकर्षण होते हैं। कुल मिलाकर मानव एवं प्रकृति-निर्मित आकर्षणों में खींचने की क्षमता होती है। यह क्षमता ही पर्यटकों को किसी स्थान विशेष की यात्रा करने के लिए प्रेरित करती है।

2. पहुँचने की सुगमता—किसी गंतव्य पर पहुँचने की सुगमता पर्यटक गंतव्य का प्रमुख तत्त्व है। गंतव्य तक पहुँच की सुगमता इसलिए भी अत्यावश्यक है कि इसी से पर्यटक वहाँ यात्रा करने की ओर उन्मुख होते हैं। ऐसे बहुत से स्थान इसलिए पर्यटकों से वंचित रह जाते हैं कि वहाँ पर पहुँचना सुगम नहीं होता है। अत: कहा जा सकता है कि किसी पर्यटक गंतव्य पर जब तक पहुँचने की सुविधा नहीं होगी तब तक वह आकर्षण का केंद्र नहीं बन सकेगा। यह जरूरी भी है कि गंतव्य तक या उसके पास पहुँचने के लिए परिवहन के समुचित साधन एवं सुविधाएँ यथा हवाई अड्डा, रेलवे स्टेशन, बस स्टैंड आदि हों।

3. सामान्य सुविधाएँ—इसके तहत वे सभी सुविधाएँ आती हैं जिनकी पर्यटकों को आवश्यकता होती है। कुछेक मामलों में इस प्रकार की सुविधाओं को पर्यटन की आधारभूत आवश्यकता भी कहा जा सकता है। इसके तहत पर्यटकों के आवास, खान-पान, स्थानीय परिवहन, पर्यटक सूचना केंद्रों के साथ ही पर्यटन को सहायता प्रदान करनेवाली आधारभूत सुविधाएँ, जैसे—सड़कें, जनोपयोगी सेवाएँ, पार्किंग आदि सम्मिलित हैं। इस प्रकार की सुविधाएँ दरअसल गंतव्य की प्रकृति के अनुरूप होनी चाहिए। जैसे—साहसिक या ग्रामीण पर्यटन के अंतर्गत इस प्रकार की सुविधाओं की स्वत: ही न्यूनतम जरूरत होती है। अगर ज्यादा सुविधाएँ इस प्रकार के पर्यटन स्थलों पर होंगी तो उनका आकर्षण भी धीरे-धीरे कम होता चला जाएगा। इसी प्रकार कुछ पर्यटक गंतव्यों के प्रति रुझान का कारण केवल वहाँ उपलब्ध सुविधाएँ ही होती हैं।

4. सहायक या पूरक सेवाएँ—पर्यटक गंतव्य के आवश्यक तत्त्वों में वहाँ उपलब्ध सहायक या पूरक सेवाएँ भी होती हैं। इस संबंध में स्थानीय संगठनों की भूमिका सर्वाधिक होती है। स्थानीय संगठनों के अंतर्गत पर्यटक गंतव्य पर रहनेवाले लोग, स्थानीय प्रशासन, स्थानीय व्यवसायी आदि पक्षों द्वारा प्रदत की जानेवाली सेवाएँ महत्त्वपूर्ण भूमिका निभाती हैं। उदाहरणार्थ, किसी स्थान का आकर्षण वहाँ के आतिथ्य-सत्कार और लोगों की आत्मीयता में होता है तो उस स्थान पर पर्यटकों की सुरक्षा एवं सम्मान का वातावरण और इसके लिए उपलब्ध व्यवस्थाएँ सहायक या पूरक सेवाओं का कार्य करती हैं।

पर्यटक गंतव्य विकास

किसी गंतव्य का आकर्षण वहाँ का प्राकृतिक और भौगोलिक सौंदर्य हो सकता है; परंतु वह तब तक पर्यटन स्थल के रूप में लोकप्रिय नहीं हो सकता जब तक कि वहाँ पर पर्यटन संबंधी सुविधाओं का विस्तार नहीं किया जाए। यहाँ यह कहा जा सकता है कि विभिन्न रुचियों के पर्यटकों के लिए किसी स्थान का आकर्षण वहाँ का अनूठापन, हिमाच्छादित पर्वत-शृंखलाएँ, दूर तक पसरी रेत, बियाबान जंगल आदि हो सकते हैं; परंतु पर्यटक सुविधाओं के बगैर उस स्थान की पहचान पर्यटन स्थल के रूप में नहीं बन सकती। वैसे भी, भू-दृश्य का साधारण शब्दों में अर्थ—जमीन जैसी है वैसी ही दिखना होता है। एक गंतव्य अपने भू-दृश्य से पर्यटकों को तब आकर्षित करता है जब वहाँ पर्यटन के रूप में विभिन्न स्तरों पर विकास और सुविधाओं की उपलब्धता हो। किसी भी पर्यटक गंतव्य के विकास में दो तत्त्व प्रमुख होते हैं—

- पुश (Push) अर्थात् आगे बढ़ाना।
- पुल (Pull) अर्थात् आकर्षण पैदा करना।

यहाँ पुश (Push) तत्त्व से आशय किसी स्थान पर जाने के लिए व्यक्तियों में सामर्थ्य पैदा करने से है। सीधे अर्थों में कहें तो यह तत्त्व किसी पर्यटक गंतव्य तक पहुँचने और उसके प्रति रुचि पैदा करने की क्षमता से संबंधित है। अपने देश या प्रदेश को छोड़कर दूसरे देश या प्रदेश में जाने की इच्छा तथा सामर्थ्य के साथ ही इस तत्त्व के अंतर्गत सरकारों की नीतियाँ भी महत्त्वपूर्ण कारक होती हैं। कौन सा देश अपने यहाँ से दूसरे देश में जाने की अनुमति के प्रति उदार है, विदेशी मुद्रा की क्या नीति है आदि के तहत स्थान विशेष के प्रति आकर्षण को बढ़ावा दिया जाता है।

पुल (Pull) अर्थात् आकर्षण पैदा करना पर्यटक गंतव्य के विकास का प्रमुख आधार है। किसी भी स्थान विशेष पर मौजूद पर्यटन आकर्षण में बढ़ावा करने से संबंधित समस्त विकास कार्य इस तत्त्व के तहत आते हैं। उदाहरणार्थ, भारत अपनी विशिष्ट मेहमाननवाजी, परंपराओं, सांस्कृतिक मूल्यों, सुख-शांति आदि के कारण पर्यटन का असीम आकर्षण लिये है। यहाँ मौजूद पर्यटन आकर्षण के इन तत्त्वों को निरंतर विकसित किए जाने के प्रयास पुल (Pull) तत्त्व के अंतर्गत आएँगे।

पर्यटन स्थलों पर विभिन्न प्रकार की सेवाओं और सुविधाओं का विकास करते समय इस बात पर भी विशेष रूप से ध्यान दिया जाना चाहिए कि पर्यटन के

नकारात्मक प्रभावों को कम-से-कम करके उसके सकारात्मक प्रभावों को सभी स्तरों पर बढ़ावा दिया जाए। जैसे—पर्वतीय, पर्यावरणीय, समुद्र तल, वनस्पति आदि स्थलों पर भौतिक सुविधाओं का विकास किया जाए; परंतु यह विकास इस रूप में हो कि स्थानीय जलवायु एवं पर्यावरण का किसी स्तर पर नुकसान न हो।

पर्यटक गंतव्य के विकास की जिम्मेदारी विभिन्न स्तरों पर सुनिश्चित की जाती है। वैसे भी पर्यटन को जन-उद्योग कहा जाता है। इस रूप में पर्यटक गंतव्य के विकास में आम जन की ही अधिकाधिक भागीदारी होनी चाहिए। इसी से पर्यटक गंतव्य और पर्यटन उद्योग का सभी स्तरों पर विकास हो सकता है। अमूमन पर्यटक गंतव्य के विकास के लिए सार्वजनिक क्षेत्र को ही जिम्मेदार माना जाता है। यह सही है कि सार्वजनिक क्षेत्र के अंतर्गत सरकार की भूमिका महत्त्वपूर्ण होती है और सार्वजनिक सरोकार से संबद्ध विकास में सरकारें ही प्रमुख भूमिका निभाती हैं, परंतु यहाँ यह भी नहीं भूलना चाहिए कि सरकार की भूमिका एक आधारभूत ढाँचा निर्मित करना है। बाद की सेवाओं और सुविधाओं का विकास निजी, गैर-सरकारी संस्थाओं, ट्रस्ट आदि के माध्यम से ही किया जाना चाहिए। पर्यटन स्थल पर साफ-सफाई, सुरक्षा आदि में महत्त्वपूर्ण भूमिका वहाँ रहनेवाले निवासियों की होती है। संक्षेप में, पर्यटक गंतव्य के विकास में निम्नलिखित की प्रमुख भूमिका होती है—

- सार्वजनिक क्षेत्र,
- निजी क्षेत्र,
- गैर-सरकारी संस्थाएँ,
- धर्मार्थ ट्रस्ट,
- सामाजिक संस्थाएँ।

पर्यटकों द्वारा गंतव्य के चयन के बाद सबसे बड़ी आवश्यकता वहाँ पर पहुँचने की सुगमता होती है। इसी प्रकार निजी क्षेत्र की भूमिका के अंतर्गत पर्यटन स्थलों पर आवास एवं परिवहन की सुविधाओं के विकास में सार्वजनिक क्षेत्र को सहयोग दिया जाता है। किसी स्थान विशेष का विकास करने में निजी क्षेत्र अपने लाभ के लिए सहयोग करता है। समाज-सेवा के अंतर्गत सामाजिक एवं गैर-सरकारी संस्थाएँ पर्यटकों को पर्यटन स्थलों पर मर्यादित आचरण किए जाने, वहाँ गंदगी नहीं फैलाने, आत्मीयता से पेश आने, नियम-कानूनों का पालन करने, पर्यावरण संरक्षण के लिए वातावरण निर्माण करने के संदेश का प्रभावी संप्रेषण करती हैं। इधर के वर्षों में धर्मार्थ ट्रस्टों की भूमिका भी पर्यटक गंतव्य के विकास में महत्त्वपूर्ण

होने लगी है। उदाहरणार्थ, जम्मू के कटरा में वैष्णो देवी मंदिर ट्रस्ट गुफा तक चढ़ाई के मार्ग की साफ-सफाई, वहाँ आवासीय परिसरों का विकास करने, पर्यटकों के लिए विभिन्न स्तरों की सेवाओं व सुविधाओं के विकास में प्रमुख भूमिका निभाता है तो राजस्थान में नाथद्वारा में मंदिर बोर्ड द्वारा इसी प्रकार का कार्य किया जाता है। विभिन्न पर्यटन स्थलों के संरक्षण, उनके विकास, वहाँ पर्यटन गतिविधियों से पड़नेवाले प्रतिकूल प्रभावों को कम करने के लिए वातावरण निर्माण में स्वयंसेवी संस्थाओं की प्रमुख भूमिका होती है। इस प्रकार की संस्थाएँ पर्यटकों की सुविधा के लिए सूचना-पट्ट लगाने, उनके साथ किसी प्रकार की दुर्घटना को रोके जाने आदि के लिए उन्हें सचेत करने के स्लोगन, बोर्ड आदि लगाने का कार्य करती हैं।

पर्यटक गंतव्य का विकास किसी एक व्यक्ति की जिम्मेदारी नहीं होकर एक साझा जिम्मेदारी हेाती है। ऐसे में सभी स्तरों पर इस दिशा में ध्यान दिया जाना चाहिए। पर्यटकों से संबंधित सेवाओं और सुविधाओं की उपलब्धता विभिन्न आय वर्ग की क्षमता के अनुरूप की जाए तो इसके अनुकूल प्रभाव स्वत: ही पर्यटन व्यवसाय की वृद्धि के रूप में सामने आते हैं।

पर्यटक गंतव्य का विभिन्न स्तरों पर विकास कर दिया जाए तो उसका विपणन ही पर्यटकों के वहाँ पर अधिकाधिक आगमन का आधार बनता है। विपणन की दृष्टि से पर्यटक गंतव्य की विभिन्न प्राकृतिक एवं भौगोलिक विशेषताओं के साथ वहाँ उपलब्ध कराई जानेवाली सुविधाओं एवं सेवाओं के बारे में जनसंचार माध्यमों से प्रचार किया जाता है। प्रचार का प्रमुख उद्देश्य यही होता है कि पर्यटक गंतव्य पर पहुँचने के लिए उत्सुक ही नहीं हों बल्कि प्रेरित भी हों। पर्यटक गंतव्य के आकर्षण, वहाँ की विशेषताओं को अधिकाधिक लोगों तक पहुँचाने के साथ ही गंतव्य पर पहुँचने के साधनों, वहाँ अस्थायी निवास करने के लिए होटलों, खान-पान आदि के पैकेज तैयार कर उनका अधिकाधिक प्रचार करके ही किसी स्थान को लोकप्रिय एवं पर्यटक-पसंद का केंद्र बनाया जा सकता है।

विपणन के अंतर्गत पर्यटन स्थल के विभिन्न तत्त्वों के अलावा वहाँ के हस्तशिल्प, सांस्कृतिक परंपराओं, खान-पान आदि का भी इस रूप में प्रचार-प्रसार किया जाता है कि पर्यटक इस गंतव्य पर पहुँचने के साथ ही वहाँ कुछ समय बिताकर स्थानीय उत्पादों की खरीदारी तथा मनोरंजन तत्त्वों के लिए कुछ राशि खर्च कर सकें।

गंतव्य आकर्षण एवं पर्यटक प्रवाह

किसी गंतव्य पर पर्यटकों के जाने की प्रवृत्ति भिन्न-भिन्न मानवीय रुचियों पर निर्भर करती है। किसी पर्यटक गंतव्य की प्राकृतिक सुंदरता एक पर्यटक के लिए वहाँ जाने का महत्त्वपूर्ण कारण हो सकती है तो वही स्थान दूसरे पर्यटक की रुचि के अनुकूल नहीं भी हो सकता है। दरअसल किसी स्थान का महत्त्व इस बात पर निर्भर करता है कि वह कितने लोगों को अपने आकर्षण से वहाँ खींच लाता है। स्थान विशेष का सांस्कृतिक, ऐतिहासिक, पौराणिक, धार्मिक महत्त्व वहाँ पर पर्यटन प्रवाह का बड़ा कारण बनता है तो वहाँ तक पहुँचने की सुगमता, उपलब्ध सुविधाएँ और सेवाओं के साथ ही भविष्य की संभावनाओं पर भी पर्यटन प्रभाव निर्भर करता है।

साधारण शब्दों में पर्यटक प्रवाह से आशय किसी पर्यटक गंतव्य पर पर्यटकों की आवाजाही से है। कोई गंतव्य तब पर्यटक गंतव्य बनता है जब वहाँ पर पर्यटन की संभावनाएँ मौजूद हों। पर्यटन संभावनाओं से आशय यह है कि वह अपने आकर्षण से कितना लोगों को अपनी ओर आकर्षित करता है, वहाँ सुविधाओं का स्तर कैसा है और पर्यटन व्यवसाय की संभावनाएँ कैसी हैं। वैसे भी आरंभ में कोई स्थान पर्यटक स्थल नहीं होता। वहाँ पर मौजूद भ्रमण संभावनाओं, वहाँ के प्रति लोगों के आकर्षण, पहुँच की सुगमता, लोगों का परिवेश, वातावरण आदि बहुत से ऐसे तत्त्व हैं जो किसी स्थान को पर्यटकीय दृष्टि से महत्त्वपूर्ण बनाते हैं। धीरे-धीरे उस स्थान विशेष के प्रति लोगों का आकर्षण ही नहीं बढ़ता बल्कि उसका विपणन इस प्रकार से होता है कि पर्यटन एवं उससे संबद्ध बहुत से अन्य व्यवसायों की स्थापना भी वहाँ होने लगती है।

किसी पर्यटक गंतव्य पर पर्यटकों के साथ होनेवाली लूट-पाट, ठगी, लोगों का अशोभनीय व्यवहार आदि घटनाएँ वहाँ के पर्यटन प्रवाह को बाधित करती हैं। इधर के वर्षों में लोकप्रिय पर्यटन स्थलों पर होनेवाली अत्यधिक भीड़-भाड़, वहाँ बढ़े पर्यावरण प्रदूषण, होटलों एवं निर्माण कार्यों की भरमार के कारण सर्वथा अनजान एवं नए पर्यटन स्थलों की ओर पर्यटन प्रवाह बढ़ा है। किसी स्थान पर पहुँचने की सुगमता, अत्यधिक लोकप्रियता, उपलब्ध समुचित सुविधाएँ और सेवाओं के बावजूद वह स्थान कई बार पर्यटकों की नापसंदगी का कारण बन जाता है। पर्यटन अपेक्षाओं के अनुकूल होने और वहाँ पर पहुँचने की सुगमता के पर्याप्त साधनों के बावजूद कई बार इसलिए उस स्थान विशेष के प्रति आकर्षण घट भी जाता है कि वहाँ लोगों की भीड़ अधिक होती है। कई बार एकरसता से उत्पन्न

ऊब भी उस स्थान विशेष का आकर्षण घटा देती है। इसके साथ ही बहुत से गंतव्य इसलिए पर्यटकों को आकर्षित करते हैं कि वे वहाँ पहुँच नहीं सकते। वहाँ पर पहुँचने की सुगम व्यवस्था नहीं होती। पहुँचने की सुगमता नहीं होने से उस स्थान के बारे में जिज्ञासा चरम पर होती है। जिज्ञासा की चरम स्थिति को शांत करने के लिए भी लोग वहाँ जाने के प्रति उत्सुक होने लगते हैं। यहाँ यह कहा जा सकता है कि प्रत्येक गंतव्य की एक निश्चित समयावधि होती है और इस दौरान वह कई आयामों से गुजरता है। गंतव्य पर पर्यटकों का स्थायी प्रवाह इस बात पर भी निर्भर करता है कि वहाँ के लिए उपलब्ध कराई जानेवाली सुविधाएँ और सेवाएँ उसके मूल रूप को किसी स्तर पर बदल नहीं डालें।

किसी पर्यटक गंतव्य पर पर्यटन प्रवाह को निम्नलिखित तत्त्व प्रभावित करते हैं—

(1) उत्सुकता : बहुत से गंतव्यों पर उत्सुकता के कारण पर्यटन प्रवाह होता है। इस दृष्टि से गंतव्य पर पहुँचने की सुगमता नहीं होने के बावजूद पर्यटक वहाँ जाना पसंद करते हैं। दरअसल इसके पीछे कारण पर्यटक की खोजी प्रवृत्ति होती है।

(2) सहभागिता : किसी गंतव्य की खोज के बाद वहाँ विभिन्न स्तरों पर उपलब्ध होनेवाली सुविधाएँ पर्यटकों को वहाँ जाने के लिए प्रेरित कर पर्यटन प्रवाह का कारण बनती हैं। इस दृष्टि से गंतव्य या उसके आस-पास के क्षेत्र में रहनेवाले स्थानीय समुदाय की सहभागिता पर्यटन प्रवाह को विशेष रूप से प्रभावित करती है। जितनी अधिक स्थानीय समुदाय की सकारात्मक भागीदारी वहाँ आनेवाले पर्यटकों के प्रति होगी, उतना ही पर्यटन प्रवाह वहाँ अधिक होगा।

(3) गंतव्य विकास : गंतव्य की उत्सुकता से जब कोई स्थान प्रकाश में आ जाता है और स्थानीय समुदाय भी पर्यटन में अपनी भूमिका निभाना प्रारंभ कर देता है तो गंतव्य विकास का आरंभिक चरण शुरू हो जाता है। इस चरण के अंतर्गत स्थानीय समुदाय पर्यटन विकास का विभिन्न स्तरों पर स्वयं कार्यान्वयन करना प्रारंभ कर देते हैं, चूकि वे यह समझ लेते हैं कि इस प्रकार के विकास का दूरगामी परिणाम उनकी आय-वृद्धि और जीवन-स्तर के सुधार के रूप में ही होगा। जब स्थानीय समुदाय की विकास में भागीदारी प्रारंभ हो जाती है तो सार्वजनिक क्षेत्र की भूमिका भी सामने आने लगती है। इससे पर्यटन प्रवाह सुनिश्चित होने में काफी मदद मिलती है।

(4) पर्यटकों की आवाजाही : किसी गंतव्य पर पर्यटकों का प्रवाह सदैव

एक जैसा नहीं रहता। पर्यटक स्थल पर पहुँचने की सुगमता और वहाँ पर मौजूद आधारभूत सुविधाओं के विकास के साथ ही जब पर्यटकों का आगमन प्रारंभ हो जाता है तो यह जरूरी नहीं है कि पर्यटक सदैव बड़ी संख्या में ही वहाँ पहुँचें। ऐसा भी नहीं है कि उस गंतव्य पर पर्यटकों की पहुँच हमेशा हो। पर्यटकों की पहुँच कभी किसी कारण से अधिक हो सकती है तो कभी नहीं के बराबर भी हो सकती है। दरअसल यहाँ पर्यटन प्रवाह में एक नया बिंदु यह भी जुड़ता है कि वह स्थान अब नया नहीं रहा है। ऐसे में उस स्थान के साथ-साथ नए स्थानों की ओर भी पर्यटकों का रुझान होने लगता है।

(5) स्थिरता : जैसे ही कोई स्थान पर्यटन मानचित्र पर आ जाता है और वहाँ समुचित पर्यटन सुविधाएँ उपलब्ध हो जाती हैं, एक समय बाद उस स्थान पर पर्यटन प्रवाह में स्थिरता आ जाती है। इसका अर्थ यह हुआ कि जो लोग उस स्थान को पसंद करते हैं या फिर जिनको वह भाता है, केवल वही लोग बार-बार वहाँ आने लगते हैं। ऐसे में पर्यटक गंतव्य में एक प्रकार की स्थिरता आ जाती है। इस स्थिरता का दुष्प्रभाव भी पर्यटन प्रवाह पर पड़ता है। एक प्रकार से ऐसे स्थान पर पर्यावरण, सामाजिक और सांस्कृतिक दृष्टि से प्रदूषण की समस्याएँ भी पैदा हो सकती हैं। उदाहरणार्थ, राजस्थान के पर्यटक गंतव्य पुष्कर और जैसलमेर के प्रति आकर्षण आज भी कम नहीं है; परंतु वहाँ पर अब सांस्कृतिक, पर्यावरण और सामाजिक रूप से विभिन्न प्रकार की नकारात्मक घटनाएँ भी प्रकाश में आने लगी हैं।

(6) गंतव्य उदासीनता : प्रवाह की चरणबद्ध प्रक्रिया में जैसे ही किसी स्थान पर पर्यटन शब्दावली में स्थिरता आ जाती है, उस स्थान के प्रति पर्यटकों में उदासीनता पनपने लगती है। ऐसे पर्यटक गंतव्यों पर फिर सीमित स्तर पर पर्यटकों का गमन होता है, क्योंकि पर्यटकों का रुझान सदैव नए स्थानों की ओर अधिक होता है। हिमाचल प्रदेश के विभिन्न पर्यटन स्थलों में से यहाँ शिमला का उदाहरण ही काफी होगा। शिमला में भारी संख्या में बने पर्यटन रिसोर्ट, होटल आदि से इतना दबाव पैदा हुआ है कि अब वहाँ पर्यटक जाना कम पसंद करने लगे हैं। एक प्रकार से हिमाचल के इस पर्यटन स्थल के प्रति उदासीनता-सी होने लगी है।

(7) संरक्षण एवं पुनरुद्धार : जैसे ही किसी पर्यटक गंतव्य के प्रति पर्यटकों की उदासीनता पैदा होती है, उस स्थान के विकास में संलग्न लोगों की चिंताओं के फलस्वरूप संरक्षण और पुनरुद्धार की गतिविधियाँ भी प्रारंभ होने लगती हैं। पर्यटन उद्योग के लिए यह अत्यंत महत्त्वपूर्ण चरण होता है। इस चरण के अंतर्गत गंतव्य

पर पर्यटन को बढ़ावा देने, वहाँ पर पर्यटकों के अधिकाधिक आगमन को सुनिश्चित करने के लिए स्थानीय स्तर के साथ-ही-साथ सार्वजनिक क्षेत्र की ओर से महत्त्वपूर्ण प्रयास विभिन्न पर्यटन पैकेजों के माध्यम से किए जाते हैं। केरल का उदाहरण ही इस संबंध में पर्याप्त होगा कि 'देवताओं की भूमि' का नारा देते हुए केरल ने इस रूप में पर्यटन संरक्षण एवं नवाचार की दिशा में क्रांतिकारी प्रयास किए हैं कि अब वहाँ पर देश के सर्वाधिक पर्यटक जाना पसंद करने लगे हैं।

पर्यटक प्रवाह को प्रभावित करनेवाले मुख्य घटक

धार्मिक आस्था—धार्मिक आस्था आरंभ से ही पर्यटन का कारण रही है। चरैवेति, चलते रहो—मनुष्य जाति के लिए देशाटन का मूल मंत्र ही रहा है। बुद्ध ने अपने शिष्यों से कहा था कि निर्भय होकर विचरण करो और अपनी राह खुद बनाओ। इसलाम में भी हज की धार्मिक यात्रा को पाँच कर्तव्यों में एक माना गया है। ईसाइयत में भी देशाटन का विधान रहा है। बाइबिल के अनुसार, देशाटन से हिंसक व्यवहार के द्वारा किए गए पाप-कर्मों के कलंक धुल जाते हैं। यह विश्वास ईसाइयों में तब से रहा है जब अपने भाई रूबल की हत्या का कलंक मिटाने के लिए केन प्रभु यहोवा के ईश्वरीय आदेश से देशाटन पर निकला था। हिंदू धर्मशास्त्रों में तीर्थों की कष्टकर यात्राएँ करके तीर्थजल में डुबकी लगाकर सारे पाप धोने की बातों के प्रति प्रबल विश्वास है। इसी प्रकार यहूदियों के आराध्य यहोवा ने लंबे भ्रमण को ध्रुव तारे की तरह बताया है। शुरुआती यहूदी पैगंबर आइजाइया, जेरेशिया, स्मोस तथा होसी सभी घुमंतू फकीर थे। देशाटन की इस परंपरा में यहाँ तक कहा जाता है कि जो निरंतर भ्रमण करते रहे, उनकी सभ्यताएँ भी आगे बढ़ीं। जो जातियाँ बैठी रहीं, उनका भाग्य भी बैठा रहा।

आस्था के इतिहास के इन कारणों से मनुष्य में तीर्थस्थलों के प्रति आरंभ से ही आकर्षण रहा है। देशाटन की यह परंपरा ही बाद में पर्यटन में परिवर्तित होती चली गई। किसी स्थान का धार्मिक इतिहास वहाँ जाने के लिए प्रेरणा का कारण बनता है। उदाहरणार्थ, भगवान् राम की जन्मभूमि के कारण अयोध्या पावन तीर्थ के रूप में धार्मिक आस्था का केंद्र बन गया तो मथुरा-वृंदावन कृष्ण के कारण तीर्थस्थल के रूप में विख्यात हो गए। अजमेर स्थित ख्वाजा मोइनुद्दीन चिश्ती की दरगाह, अमृतसर का स्वर्ण मंदिर, आदि शंकराचार्य द्वारा देश के चार कोनों में स्थापित चार धाम, बोधगया का महाबोधि मंदिर आदि अपने धार्मिक इतिहास के कारण तीर्थस्थल बन गए। पाँच हजार वर्षों से अधिक पुरानी भारतीय संस्कृति की

मूल धारा अध्यात्म पर ही आधारित है। तीर्थ-दर्शन से पुण्य कमाने की चाह से धार्मिक स्थलों पर पर्यटन की परंपरा आज भी कायम है।

वैसे भी आधुनिक पर्यटन का जन्म तीर्थाटन से ही माना जाता है। भारत में हिंदू, बौद्ध, जैन, इसलाम आदि धर्मों के स्थल कश्मीर से कन्याकुमारी तक फैले हुए हैं। ये तीर्थ आस्था के पावन स्थल तो हैं ही, स्थापत्य कला की दृष्टि से भी दुनिया भर में इनकी अलग पहचान है। सोमनाथ, बदरीनाथ, केदारनाथ आदि के साथ ही तमिलनाडु का मीनाक्षी सुंदरेश्वर मंदिर, साँची के स्तूप, गोवा का कैथेड्रल और बैंसिलिका ऑफ बॉय जीसस चर्च, पुरी का जगन्नाथ मंदिर, कोणार्क का सूर्य मंदिर, गुजरात में शत्रुंजन पहाड़ी के जैन मंदिर, राजस्थान में आबू पर्वत के देलवाड़ा मंदिर, देशनोक का करणी माता मंदिर, मीरा का मेड़ता आदि अनेक ऐसे आध्यात्मिक स्थल हैं जिनसे देश के करोड़ों लोगों की भावनाएँ जुड़ी हुई हैं। इन स्थानों पर आनेवाले लोगों का प्रमुख आकर्षण धर्म के प्रति आस्था के साथ ही भौतिकता की अंधी दौड़ में कुछ समय के लिए शांति की प्राप्ति भी होता है।

प्राकृतिक दृश्य—आरंभ से ही प्रकृति से मनुष्य को लगाव रहा है। नयनाभिराम प्राकृतिक दृश्यावलियाँ इस रूप में मनुष्य को लुभाती हैं कि इससे वह अपने भीतर नई ऊर्जा, नई शक्ति का संचार हुआ पाता है। कल-कल बहती नदियाँ, शीतल-मंद पवन, झरनों का गान, दूर तक फैली हरियाली, मनोरम समुद्र तट आदि प्रकृति के ऐसे तत्त्व हैं जो पर्यटकों को स्वतः ही अपनी ओर आकर्षित करते हैं। कोई स्थान किन्हीं विशेष रुचि के पर्यटकों को इसलिए आकर्षित करता है कि वहाँ पर दूर तक हरीतिमा से आच्छादित वातावरण है तो कोई केवल इसलिए आकर्षित करता है कि वहाँ बियाबान जंगल, वन्य जीव हैं। किसी के लिए कल-कल बहती नदी आकर्षण का केंद्र होती है तो कोई पर्वतों के बीच आनंद की अनुभूति करता है। कहने का तात्पर्य है कि प्राकृतिक दृश्यावलियाँ पर्यटकों के लिए आकर्षक तत्त्व का कार्य करती हैं। यह आकर्षक तत्त्व ही उस स्थान को धीरे-धीरे पर्यटन केंद्र बना देता है।

हिमाचल प्रदेश में डलहौजी ऐसा ही एक स्थल है। प्राकृतिक सुषमा के लिए मशहूर पाँच पहाड़ियों पर बसे इस सुरम्य स्थल को ब्रिटिश गवर्नर जनरल लॉर्ड डलहौजी ने पहले-पहल ढूँढ़ा था। उन्नीसवीं सदी के मध्य में डलहौजी यहाँ आए और यहाँ के प्राकृतिक दृश्य उन्हें इतने भाए कि इस जगह को उन्होंने अपनी विश्राम-स्थली बना लिया। इसी प्रकार शिमला को उसकी प्राकृतिक खूबसूरती के कारण ही अंग्रेजों ने ब्रिटिश राज्य की ग्रीष्म-कालीन राजधानी बनाया। धरती के

स्वर्ग के रूप में कश्मीर, देवताओं की भूमि के रूप में केर, प्रकृति के अद्‌भुत नजारों की भूमि के रूप में सिक्किम, अरुणाचल प्रदेश, असम, मेघालय, पहाड़ों की रानी के रूप में मसूरी आदि स्थल पर्यटकों को विशेष रूप से लुभाते हैं। इन स्थानों की प्राकृतिक दृश्यावलियाँ ही वह कारण रही हैं जिससे ये पर्यटन स्थल के रूप में अपनी विशिष्ट पहचान बना सकें।

आधुनिक भागमभाग और आपाधापी में कुछ पल प्रकृति के बीच गुजारने की चाह ने ही प्राकृतिक रूप से समृद्ध स्थानों की सैर के लिए मनुष्य को प्रेरित किया। मुँहअँधेरे जागकर टाइगर हिल तक पहुँचने की इसलिए पर्यटकों में होड़ लग जाती है कि वे प्रातःकाल के सूर्योदय के नजारे को देखना चाहते हैं। माउंट आबू में साँझ होते ही सनसेट पॉइंट पर सूर्यास्त के दृश्य को निहारने के लिए भीड़ होने लगती है। कश्मीर, शिमला, ऊटी आदि ठंडे प्रदेशों में बर्फ को गिरते हुए देखने की चाह पर्यटकों को वहाँ ले जाती है। मीलों पसरे रेगिस्तान को पास से देखने की चाह सुदूर स्थानों से पर्यटकों को राजस्थान खींच लाती है। प्रकृति के नजारों के कारण ही प्राकृतिक स्थलों के प्रति पर्यटक आकर्षित होते हैं। नदी, झरने, पर्वत, रेत, बर्फ, सघन वृक्ष, हरीतिमा से आच्छादित धरती आदि ही तो वे आवश्यक तत्त्व हैं जिनके कारण पर्यटक आकर्षित होते हैं।

सांस्कृतिक धरोहर—सभ्यता और संस्कृति समुदाय अथवा समाज की संरचना को प्रभावित कर उसकी रीति-नीति का नियमन करने के साथ ही उसे दिशा-बोध और मूल्य-बोध देती हैं। स्थापत्य, रूपंकर और प्रदर्शनकारी कलाएँ, लोक-जीवन, परंपराएँ, नृत्य, काव्य और साहित्य, रहन-सहन, वेशभूषा आदि सांस्कृतिक धरोहरों के प्रति मानव मन आरंभ से ही आकृष्ट रहा है। सांस्कृतिक धरोहर पर्यटन प्रेरणा की दिशा में महती कार्य करती है। आधुनिकीकरण के प्रबल आग्रह के बावजूद सांस्कृतिक परंपराओं के प्रति व्यक्ति का आकर्षण कम नहीं हुआ है।

किसी स्थान विशेष को लोकप्रिय बनाने, वहाँ के प्रति आकर्षण पैदा करने में वहाँ की सांस्कृतिक धरोहर संबंधी तत्त्वों का सभी स्तरों पर योगदान होता है। पर्यटन स्थल का आकर्षण वहाँ के प्राकृतिक वैभव, मौसम आदि से तो होता ही है, साथ ही उस स्थान की सांस्कृतिक परंपराओं से भी होता है। इंडोनेशिया, जावा आदि देशों में 'रामायण' और 'महाभारत' की संस्कृति आज भी पर्यटकों के आकर्षण की प्रमुख केंद्र है। राजस्थान, गुजरात, महाराष्ट्र, प. बंगाल, उड़ीसा आदि विभिन्न राज्यों की संस्कृति एवं परंपराएँ मन को आह्लादित ही नहीं करतीं बल्कि लुभाती भी हैं।

इसे इस रूप में समझा जा सकता है कि पर्यटकों में अधिकांश संख्या उनकी होती है जो वहाँ के प्राकृतिक परिवेश के साथ-साथ स्थानीय निवासियों के रहन-सहन, उनकी वेशभूषा, लोक-परंपराओं, संस्कृति आदि से भी रू-बरू होना चाहते हैं। लोक-नृत्यों, गीत-संगीत के आनंद की सुखानुभूति भी पर्यटक विशेष रूप से करना चाहते हैं। यही कारण है कि आजकल प्रमुख पर्यटन स्थलों के भ्रमण कार्यक्रमों में वहाँ की संस्कृति से जुड़े तत्त्वों का समावेश भी किया जाने लगा है। पर्यटन केंद्रों पर स्थानीय कला-संस्कृति से संबद्ध आयोजन, कलाकारों के नृत्य-गायन आदि के विविध कार्यक्रम पर्यटकों को आनंद देने के साथ ही उनके ज्ञानवर्द्धन में भी सहायक होते हैं। इस रूप में किसी स्थान को पर्यटन केंद्र के रूप में प्रसिद्ध करने की दृष्टि से भी वहाँ की सांस्कृतिक धरोहर का खासा योगदान होता है। कहा जा सकता है कि सांस्कृतिक धरोहर पर्यटन का ऐसा आवश्यक तत्त्व है जिससे पर्यटक पर्यटन के प्रति आकृष्ट ही नहीं होते बल्कि वे बार-बार किसी स्थान पर जाने के लिए उत्सुक भी रहते हैं।

भारत की संस्कृति यहाँ की विभिन्न कलाओं में अब भी जीवंतता के साथ धड़कती है। उत्तरी भारत के कश्मीर, पंजाब, हिमाचल, उत्तर प्रदेश आदि राज्यों के हस्तशिल्प में काष्ठ शिल्प, धातु के बरतन, जरी का काम, कसीदाकारी, चाँदी के बरतन, हाथीदाँत से बनी वस्तुएँ, पेपरमेशि, शॉल आदि जहाँ पर्यटकों को लुभाते हैं वहीं पूर्वी भारत के उड़ीसा, प. बंगाल राज्यों की मिट्टी की मूर्तियाँ, कागज चित्रावली, काष्ठशिल्प आदि काफी प्रसिद्ध हैं। मध्य प्रदेश का पत्थर शिल्प, कसीदाकारी, राजस्थान का टेराकोटा, चंदन शिल्प, काष्ठ कलाएँ, मिट्टी के बरतन, आंध्र प्रदेश, कर्नाटक, तमिलनाडु, गुजरात आदि राज्यों की हस्तकलाओं में टोकरी निर्माण कार्य, चटाई निर्माण कार्य, हाथीदाँत से बनी वस्तुएँ, कठपुतली आदि का कार्य पर्यटन उत्पाद के रूप में पर्यटकों को आकर्षित करता है। हस्तकलाओं के साथ ही स्थान विशेष की वास्तुकला, मांडणे, लोक चित्र-शैलियाँ आदि भी पर्यटकों को आकर्षित करती हैं। सांस्कृतिक धरोहर के रूप में नृत्य-कलाएँ भी पर्यटन आकर्षण का केंद्र होती हैं। उड़ीसा का ओडिसी नृत्य, मणिपुर का मणिपुरी नृत्य, राजस्थान का गणगौर, घूमर, केरल का कत्थकली, तमिलनाडु का भरतनाट्यम, पंजाब का भाँगड़ा, गुजरात का गरबा आदि देखने के लिए भी पर्यटक वहाँ जाना पसंद करते हैं।

सांस्कृतिक धरोहर के अंतर्गत विभिन्न रंगों से रँगी भारत की भूमि पर्यटकों के लिए असीम आकर्षण का केंद्र है। जीवित और प्रदर्शनात्मक कलाओं के विविध

रूपों में संस्कृति, परंपराएँ निरंतर भ्रमण की गतिविधियों को प्रोत्साहित करती हैं। ऐसे में कहा जा सकता है कि सांस्कृतिक धरोहर पर्यटकों के आकर्षण का प्रमुख कारण है। जितनी समृद्ध किसी स्थान की सांस्कृतिक धरोहर होगी उतना ही अधिक विकसित वहाँ का पर्यटन उद्योग होगा, क्योंकि इसी से अधिकांश पर्यटन गतिविधियाँ प्रभावित होती हैं।

शैक्षिक तत्त्व—किसी स्थान को पर्यटन-प्रिय बनाने में शिक्षा का योगदान भी महत्त्वपूर्ण होता है। प्राचीन काल में नालंदा, तक्षशिला विश्वविद्यालयों में विद्या-अर्जन का इतना आकर्षण था कि दूर-दूर से विद्यार्थी इन केंद्रों पर पढ़ने आया करते थे। मजहब के आधार पर धार्मिक शिक्षा के केंद्र भी कालांतर में पर्यटन के आकर्षण का केंद्र बनते चले गए। जैसे हिमाचल प्रदेश में धर्मशाला पर्यटन के रूप में काफी विख्यात है। इस पहाड़ी पर्यटन केंद्र का आकर्षण धर्मशाला से कुछ ऊँचाई पर मैकलोडगंज स्थित बौद्ध विश्वविद्यालय भी है।

इसी प्रकार सिक्किम में रूमटेक बौद्ध शिक्षा का देश का एक प्रमुख केंद्र होने के कारण आकर्षण का केंद्र है। विभिन्न स्थानों पर वहाँ के शिक्षा केंद्र और प्राचीन शिक्षा-पद्धतियों के बारे में जानने की जिज्ञासा पर्यटन को जन्म देती है। बनारस का हिंदू विश्वविद्यालय हो या फिर आधुनिक शिक्षा केंद्र के रूप में सिलिकोन सिटी के नाम से मशहूर बंगलौर शहर, इन सभी का आकर्षण वहाँ का नैसर्गिक सौंदर्य तो है ही, साथ ही वहाँ का शिक्षा तत्त्व भी है। इसी प्रकार राजस्थान में कोटा ने इधर तकनीकी शिक्षा के देश के प्रमुख केंद्र के रूप में अपनी पहचान बना ली है।

इतिहास—कहा जाता है कि अतीत को विस्मृत कर वर्तमान के साथ न्याय नहीं किया जा सकता। हर युग में इतिहास हमारे साथ चलता आया है। अतीत की नींव पर ही वर्तमान अपने को सदैव मजबूती से खड़ा करता है। समृद्ध भारतीय सांस्कृतिक विरासत के रूप में ऐतिहासिक महत्त्व के स्थल, स्मारक, किले, गढ़ और दुर्ग आदि पर्यटकों के आकर्षण के विशेष केंद्र हैं। वैसे भी, अंतरराष्ट्रीय पर्यटन में भारत ऐतिहासिक इमारतों, स्मारकों, संग्रहालयों के एक गंतव्य स्थल के रूप में अपनी विशिष्ट पहचान रखता है। यहाँ की ऐतिहासिक विरासत को देखने ही विश्व भर के पर्यटक हिंदुस्तान आते हैं। पर्यटक गाइड इतिहास की विरासत के बारे में जहाँ पर्यटकों को जानकारी देता है वहीं स्थान विशेष के पर्यटन साहित्य से भी ऐतिहासिक विरासत संबंधी जानकारी प्राप्त की जा सकती है। ट्रैवल एजेंसियाँ, टूर ऑपरेटर द्वारा प्रस्तुत टूर पैकेज में ऐतिहासिक स्थलों, संग्रहालयों आदि को

सम्मिलित करते हुए पर्यटकों को पर्यटन के लिए प्रेरणा देने का कार्य आरंभ से किया जाता रहा है।

ऐतिहासिक विरासत के अंतर्गत भी पर्यटकों के लिए आकर्षण के अलग-अलग पहलू हो सकते हैं। कोई पर्यटक इतिहास की विरासत के किले, महल, दुर्ग आदि देखने का इच्छुक होता है तो कोई प्राचीन काल की सभ्यता के अवशेषों के प्रति रुचि रखता है। इसी प्रकार किसी की रुचि प्राचीन भित्ति-चित्रों, गुफाओं आदि में होती है तो कोई इतिहास के किस्से-कहानियों से जुड़े स्थानों पर जाना पसंद करता है। कहने का तात्पर्य है कि इतिहास विभिन्न रूपों में पर्यटकों को अपनी ओर आकर्षित करता है। मोहनजोदड़ो, हड़प्पा आदि प्राचीन सभ्यता के अवशेष स्थल, अजंता, एलोरा, एलिफेंटा की गुफाओं के साथ इतिहास से संबद्ध अन्य स्थल भी पर्यटन आकर्षण के केंद्र होते हैं।

इतिहास से जुड़ी कथाओंवाले स्थल भी धीरे-धीरे पर्यटन केंद्र के रूप में अपनी पहचान बनाने लगते हैं। उदाहरणार्थ, राजस्थान में हल्दीघाटी इसलिए प्रसिद्ध पर्यटन स्थल है कि वहाँ महाराणा प्रताप और अकबर के मध्य ऐतिहासिक युद्ध हुआ था। इसी प्रकार जलियाँवाला बाग, अंडमान की सेल्यूलर जेल आदि स्थल इतिहास के काले अध्याय के रूप में जिज्ञासा के केंद्र बनते चले गए।...बहुत से किले, दुर्ग अपने गौरवमय अतीत की कहानी कहते पर्यटकों को अपनी ओर आकृष्ट करते हैं। कुल मिलाकर इतिहास किसी-न-किसी रूप में पर्यटकों को अपनी ओर आकर्षित करता है।

किले, गढ़, कोट और दुर्ग—अतीत को जानने के प्रति आकर्षण मनुष्य में आरंभ से ही रहा है। किले, गढ़, कोट और दुर्ग हमारे इतिहास के गवाह हैं जिनके बिना शायद हम अपने अतीत के पन्नों को जीवंत रूप में कभी टटोल ही नहीं पाते। पर्यटन के आकर्षण के तौर पर हमारे देश की शानदार विरासत को अपने में समेटे किले, गढ़, कोट और दुर्ग मौजूद हैं। कभी शासक की शक्ति के पर्याय माने जानेवाले किलों का महत्त्व सुरक्षा की दृष्टि से भले ही आज के विकसित वैज्ञानिक युग में गौण हो गया है, परंतु इतिहास की शानदार सौगात के रूप में आज भी ये अपने आप में कम महत्त्व नहीं रखते।

पुराणों के अनुसार, हस्तिनापुर गंगा की बाढ़ से नष्ट हो गया था। तब राजा परीक्षित् के प्रपौत्र निचक्षु ने हस्तिनापुर छोड़कर इलाहाबाद से 52 किलोमीटर दूर कौशांबी में अपनी राजधानी बनाई थी और वहाँ एक किला भी बनवाया था। इस किले के कारण ही कौशांबी का नाम कौशांबीगढ़ पड़ा, ऐसा बताते हैं। कौशांबी में

वर्ष 1949 से 1956 के दौरान की गई खुदाई में प्राचीन किले के महत्त्वपूर्ण अवशेष मिले हैं। हड़प्पा और मोहनजोदड़ो की खुदाई में मिले दुर्ग के अवशेष इस बात के पुख्ता प्रमाण हैं कि आदिकाल से किले, दुर्ग, कोट या गढ़ बनते आ रहे हैं।

हम इतिहास के पन्नों को टटोलें तो पाते हैं कि मौर्य काल भारतीय इतिहास का स्वर्णिम काल रहा है। इस युग में पुष्कावती, पाटलिपुत्र, गिरिब्रज, काशी और तक्षशिला आदि नगरों की रचना दुर्गबंदी पर ही आधारित थी। मेगस्थनीज ने पाटलिपुत्र का रोचक वर्णन किया है। मेगस्थनीज का कहना है कि पाटलिपुत्र की रचना चाणक्य द्वारा निर्देशित सिद्धांतों के आधार पर हुई थी। गंगा और शोण नदियों के संगम पर अवस्थित इस नगर को चाणक्य ने 'नदी संगम' की संज्ञा प्रदान की है।

भारत में सर्वाधिक दुर्ग महाराष्ट्र, मध्य प्रदेश और राजस्थान में हैं। कौटिल्य के 'अर्थशास्त्र' में बताए दुर्गों के विभिन्न स्वरूपों के अंतर्गत ही बने इन दुर्गों में से बहुत से बनने के बाद निरंतर आक्रमणों और अन्य बाधाओं से जूझते रहे हैं। बावजूद इसके ये आज भी हमारे इतिहास के गवाह के रूप में निरंतर आकृष्ट करते आ रहे हैं, भले ही अब इनका आकर्षण पर्यटन के रूप में हो।…इस बात से इनकार किया ही नहीं जा सकता कि आज भी हमारी समृद्ध सांस्कृतिक विरासत के प्रतीक ये किले, गढ़, दुर्ग वीरता और साहस की अनेक गाथाओं की स्मृति अनायास ही दिलाते हैं। किले, दुर्ग, गढ़…जहाँ सोया है हमारा इतिहास, हमारा बीता अतीत। पर्यटन के आकर्षक तत्त्वों में इतिहास की शानदार विरासत के रूप में किले, गढ़, दुर्ग आज भी अपना विशिष्ट महत्त्व रखते हैं। इधर 'हेरिटेज होटल' के रूप में इस शानदार विरासत का अधिकाधिक उपयोग पर्यटन में हो रहा है।

संग्रहालय—इतिहास की विरासत के प्रमाण के रूप में संग्रहालयों का विशेष महत्त्व है। भारत में विभिन्न राज्यों में बने संग्रहालय किसी स्थान विशेष की विरासत से परिचय ही नहीं कराते बल्कि इतिहास से रू-बरू भी कराते हैं। देश में उन्नीसवीं सदी में अंग्रेजों ने पहले-पहल संग्रहालयों की शुरुआत की थी। प्राचीन और समृद्ध भारतीय संस्कृति की झलक दिखाते संग्रहालयों के अंतर्गत पहला संग्रहालय वर्ष 1875 में कलकत्ता (अब कोलकाता) में प्रारंभ हुआ। ऐतिहासिक स्थलों, पुरातत्त्व सर्वेक्षण के अंतर्गत पाई जानेवाली वस्तुओं को संगृहीत करने के उद्देश्य से ही देश में मुंबई का प्रिंस ऑफ वेल्स म्यूजियम, कोलकाता का आशुतोष म्यूजियम ऑफ इंडियन आर्ट, अहमदाबाद का कैलिको म्यूजियम, पुणे का राजा केलकर म्यूजियम आदि स्थापित किए गए। संग्रहालयों में प्राचीन इतिहास, पुराण, पुरातत्त्व खुदाई से प्राप्त सभ्यता के अवशेषों, मूर्तियों, शिल्प, राजा-महाराजाओं

द्वारा इतिहास-प्रसिद्ध युद्धों में पहने जानेवाले वस्त्रों आदि का संग्रहण किया जाता है। अलग-अलग रुचि रखनेवाले पर्यटकों के लिए देश के विभिन्न संग्रहालय विशिष्ट आकर्षण लिये होते हैं। देश के कुछ प्रमुख संग्रहालय इस प्रकार हैं—

- राष्ट्रीय आधुनिक कला संग्रहालय—नई दिल्ली स्थित इस संग्रहालय में 1857 के बाद बने भारतीय चित्र और मूर्तियाँ स्थापित हैं। संग्रहालय में देश के लब्धप्रतिष्ठ चित्रकारों की चित्ताकर्षक पेंटिंग एवं मूर्तिकारों की मूर्तियाँ संगृहीत हैं।
- राष्ट्रीय संग्रहालय—भारत की अमूल्य निधियाँ सँजोनेवाले राष्ट्रीय संग्रहालय में 1947 में लंदन की रॉयल एकेडमी में लगाई प्रदर्शनी की वस्तुओं को संगृहीत किया हुआ है। संग्रहालय में ऐतिहासिक कालक्रमानुसार वस्तुओं का संग्रह किया हुआ है। सिंधु घाटी सभ्यता, मौर्य व गुप्त शासन काल की मूर्तियाँ, भारतीय वस्त्र, हाथीदाँत से बनी वस्तुएँ आदि विशेष रूप से आकर्षित करती हैं।
- गांधी स्मारक संग्रहालय—राजघाट स्थित महात्मा गांधी स्मारक संग्रहालय में राष्ट्रपिता महात्मा गांधी के जीवन से जुड़ी वस्तुओं का संग्रह किया हुआ है। महात्मा गांधी द्वारा उपयोग में ली जानेवाली वस्तुएँ, उनका साहित्य, उनके पत्र, पुस्तकें आदि इस संग्रहालय की शान हैं।
- तीनमूर्ति संग्रहालय—तीनमूर्ति संग्रहालय में देश के प्रथम प्रधानमंत्री पं. जवाहरलाल नेहरू से संबद्ध वस्तुओं का संग्रह है।

इन संग्रहालयों के अलावा भी देश में रेल संग्रहालय, अहमदाबाद का वस्त्र संग्रहालय, बरतन संग्रहालय, सालारजंग का अद्‌भुत वस्तुओं का संग्रहालय, जयपुर स्थित अल्बर्ट हॉ संग्रहालय आदि के साथ ही विभिन्न पर्यटन स्थलों के संग्रहालय अपनी अद्‌भुत एवं विरासतकालीन वस्तुओं के संग्रह के कारण देश भर में विख्यात हैं। पर्यटन स्थलों पर आनेवाले पर्यटकों को ये संग्रहालय निरंतर आकर्षित करते हैं।

पर्यटन प्रभाव

पर्यटन से एक ओर जहाँ बहुत से अन्य उद्योगों को मदद मिलती है वहीं दूसरी ओर यह सामाजिक समानता तथा न्याय की स्थापना के साथ ही जीवन-स्तर को बेहतर बनाने में भी विशेष रूप से सहायक है। कहा जा सकता है कि पर्यटन आज जीवन के लगभग सभी क्षेत्रों में अपनी विशिष्ट पहचान बना चुका है।

विश्व के सबसे तेज बढ़ते पर्यटन उद्योग के प्रभाव लाभदायक हैं तो हानिकारक भी कम नहीं हैं। जी हाँ, जैसे-जैसे पर्यटन उद्योग की वैश्विक पहचान बनी है वैसे-वैसे ही इसके प्रभाव भी विभिन्न क्षेत्रों में अलग-अलग रूप से उभरकर

सामने आने लगे हैं। कभी भ्रमण की लालसा के लिए, कभी तीर्थाटन से मनोकामना-पूर्ति के लिए या फिर व्यापार के लिए विदेश-गमन तक का सफर तय करता पर्यटन अब जीवन का अंग-सा बन गया है। बहुआयामी होते पर्यटन ने जिस तेजी से रफ्तार पकड़ी है, उसी तेजी से इसके प्रभाव लगभग सभी क्षेत्रों पर पड़े हैं। समाज, अर्थव्यवस्था, राजनीति, पर्यावरण, संस्कृति आदि पर कैसे पर्यटन अपने अनुकूल और प्रतिकूल प्रभाव डालता है, इसे जान और समझकर ही पर्यटन के बेहतर कार्यान्वयन को सही रूप में परिणत किया जा सकता है। चूँकि पर्यटन आज विश्व में विदेशी मुद्रा के अर्जन का सबसे बड़ा उद्योग हो गया है, अतः यह जरूरी है कि दूसरे उद्योगों के ही समान पर्यटन के प्रबंधन को भी बेहतर किया जाए। बेहतर प्रबंधन से ही इसके विभिन्न क्षेत्रों में पड़नेवाले प्रभावों का सही आकलन किया जा सकता है। इसी से पर्यटन गतिविधियों को सुनियोजित तरीके से कार्यान्वित किया जा सकता है।

आम तौर पर पर्यटन को सैर-सपाटे की गतिविधियों तक ही सीमित करने की भूल हम कर बैठते हैं। यह सही है कि पर्यटन सैर-सपाटे से संबद्ध उद्योग है परंतु इतना ही बड़ा सच यह भी है कि इसकी सीमाओं को भ्रमण तक ही बाँधा नहीं जा सकता। आज सामाजिक, आर्थिक, सांस्कृतिक, राजनीतिक, पर्यावरण आदि सभी स्तरों पर पर्यटन का प्रभाव परिलक्षित है।

1. आर्थिक प्रभाव

विश्वजनीन आर्थिक परिदृश्य से पर्यटन सीधा जुड़ा हुआ है। विश्व पर्यटन संगठन (W.T.O.) के अनुसार, पर्यटन आज विश्व का सबसे बड़ा उद्योग है। यात्रा एवं पर्यटन 'उद्योग' तथा यात्रा एवं पर्यटन 'अर्थव्यवस्था' का विश्व जी.डी.पी. में क्रमशः 4.2 प्रतिशत तथा 10.7 प्रतिशत का अंशदान है। यात्रा एवं पर्यटन अर्थव्यवस्था से कुल रोजगार का प्रतिशत प्रत्येक 12.2 नौकरियों में से एक होता है। पर्यटन को पिछली शताब्दी की एक अत्यधिक विलक्षण आर्थिक क्रिया के रूप में वर्णित किया जा रहा है। आर्थिक महत्त्व को देखते हुए विश्व के लगभग सभी देशों में अब पर्यटन को अर्थव्यवस्था के महत्त्वपूर्ण घटक के रूप में सम्मिलित कर इसके विकास पर विशेष रूप से ध्यान दिया जाने लगा है। विश्व पर्यटन तथा यात्रा परिषद् के हाल के एक आकलन के अनुसार, 655 अरब डॉलर का राजस्व पैदा करनेवाले पर्यटन उद्योग में कुल उपभोक्ता खर्च का 10.9 प्रतिशत, विश्व पूँजी निवेश का 10.7 प्रतिशत तथा सभी सरकारी खर्चों का 6.9 प्रतिशत खर्च किया जाता है।

वस्तुत: पर्यटन विदेशी मुद्रा आय-प्राप्ति, राष्ट्रीय आय-वृद्धि, उत्पादन-वृद्धि के साथ ही अंतरराष्ट्रीय व्यापार को बढ़ावा देने की दृष्टि से अत्यधिक महत्त्वपूर्ण है। मेजबान देश की आर्थिक गतिविधियों का स्तर बढ़ाने का सबसे बड़ा साधन पर्यटन ही है। इस रूप में पर्यटन के आर्थिक प्रभाव को किसी भी स्तर पर कम नहीं कहा जा सकता।

पर्यटन गुणक का आकलन बिक्री, उत्पादन, रोजगार, वेतन आदि अन्य परिवर्तनीय बातों के आधार पर किया जाता है। जब खरीदारी करनेवाले यात्रियों की संख्या बढ़ जाती है तो क्षेत्र विशेष में तैयार वस्तुओं और सेवाओं की माँग भी बढ़ जाती हैं। इससे वहाँ रोजगार के अवसरों में वृद्धि होने के साथ ही स्थानीय अर्थव्यवस्था को भी सीधे तौर पर लाभ होता है।

आज अधिकांश विकासशील देशों में आर्थिक विकास की अधिकतम दर प्राप्त करने के लिए पर्यटन का ही सहारा लिया जाने लगा है। मोटे तौर पर यह कहा जा सकता है कि किसी भी देश के संतुलित एवं सही आर्थिक विकास के जो साधारण उद्देश्य होते हैं, पर्यटन उन उद्देश्यों को प्राप्त करने का एक सशक्त माध्यम है। सामान्यतया पर्यटन से निम्नलिखित आर्थिक उद्देश्यों की पूर्ति होती है—

- निर्यात उद्योग के रूप में पर्यटन विदेशी मुद्रा प्राप्ति का बड़ा स्रोत है। इससे व्यापार संतुलन को सुधारने में सर्वाधिक मदद मिलती है।
- पर्यटकों द्वारा पर्यटन स्थल पर किया जानेवाला व्यय (आवास, खान-पान, परिवहन, मनोविनोद आदि पर) उस स्थान विशेष की आय का हिस्सा बन जाता है। ऐसे में क्षेत्रीय आर्थिक विकास को पर्यटन से बल मिलता है।
- पर्यटन से विदेशी एवं सार्वजनिक कोष का बोझ हलका होता है।
- पर्यटन उस पूँजी को अर्जित करता है, जिसके बारे में लोग विनियोग करने संबंधी निर्णय नहीं कर पाते हैं।
- पर्यटन से उन क्षेत्रों का भी विकास होता है जहाँ किसी प्रकार का उद्योग नहीं होता।

दरअसल पर्यटन अर्थतंत्र से जुड़ा ऐसा क्षेत्र है, जिसमें प्राकृतिक, मानव और तकनीकी परिसंपत्तियों तथा संसाधनों की उत्पादकता बढ़ाने की क्षमता विद्यमान है। इसमें सेवा क्षेत्र से जुड़ी सफलता से लाभ उठाने की क्षमता तथा घरेलू अथवा विश्व अर्थव्यवस्था या राजनीतिक परिस्थिति से जुड़े दूसरे आर्थिक क्षेत्रों की

कार्यक्षमता बढ़ाने के साथ-साथ सतत, आर्थिक विकास बनाए रखने की क्षमता है। दूसरे क्षेत्रों से घनिष्ठता के कारण पर्यटन में अधिकांश आर्थिक क्षेत्रों को प्रोत्साहित करने की संभावना विद्यमान है। इससे सर्वाधिक लाभ फुटकर व्यापार क्षेत्र को है, इसलिए राष्ट्रीय अर्थव्यवस्था के एकीकरण की दिशा में पर्यटन से होनेवाले व्यापक लाभ का आकलन नहीं किया जा सकता। फिर भी, यह स्पष्ट तौर पर कहा जा सकता है कि पर्यटन का आर्थिक प्रभाव सभी स्तरों पर होता है।

पर्यटकों द्वारा पर्यटन स्थलों पर जो व्यय किया जाता है, उससे स्थान विशेष की क्रय शक्ति में अत्यधिक वृद्धि होती है। दरअसल यही पर्यटन का सबसे आश्चर्यजनक आर्थिक प्रभाव है।

'80 के दशक से पर्यटन देश में विदेशी मुद्रा के अर्जन का बड़ा माध्यम बन गया है। सन् 2004 में देश में विदेशी पर्यटकों के आगमन से 21,828.25 करोड़ रुपए की विदेशी मुद्रा प्राप्त हुई थी। हालाँकि पिछले कुछ वर्षों में पर्यटन उद्योग पर विशेष ध्यान देने के प्रयास किए गए हैं, परंतु अब भी विश्व पर्यटन में भारत के हिस्से को बढ़ाने के लिए सभी स्तरों पर प्रभावी प्रयास किए जाने की आवश्यकता है।

विदेशी मुद्रा आय और भुगतान संतुलन : विदेशी पर्यटकों द्वारा किया गया व्यय किसी भी देश के भुगतान संतुलन की स्थिति को सकारात्मक रूप से प्रभावित करता है। किसी देश में पर्यटन से जो अधिक आय अर्जित होती है, उसकी गणना के निम्नलिखित आधार हैं—

- आनेवाले पर्यटकों की संख्या,
- उनके उस देश में ठहरने का औसत समय,
- उस समय में विभिन्न उत्पादों के मूल्यों का स्तर,
- पर्यटकों द्वारा किया जानेवाला व्यय।

यहाँ गौरतलब बात यह भी है कि विदेशी पर्यटकों से होनेवाली आय की गणना करते समय इस बात का भी ध्यान रखा जाए कि इसके लिए उस देश द्वारा पहले कितनी विदेशी मुद्रा खर्च की गई है—अर्थात् विदेशी पर्यटकों को देश में आकर्षित करने के लिए पर्यटन सुविधाओं के विकास हेतु जिन वस्तुओं का अन्य देशों से आयात किया गया है, उस पर कितना खर्च हुआ। इसी से पर्यटन से होनेवाली वास्तविक विदेशी मुद्रा की गणना की जा सकती है। किसी देश में पर्यटन की वास्तविक आय तभी सकारात्मक होती है जब उस देश में विदेशी पर्यटकों द्वारा किए जानेवाले खर्च की अपेक्षा स्वयं के निवासियों द्वारा विदेशों में

कम व्यय हो। इस अवस्था में विनिमय नियंत्रण आवश्यक है।

पर्यटन से विदेशी मुद्रा आय के अंतर्गत देश के भुगतान संतुलन पर भी गौर करना जरूरी है। इसके तहत विदेशों में किए जानेवाले भुगतान को कैसे कम किया जाए, इस पर विचार जरूरी है। इसके लिए—

- देश में विदेशी पर्यटकों की आवश्यकता के उत्पादों का विकास किया जाए। स्थानीय संसाधनों के उपभोग पर जोर दिया जाए।
- पर्यटकों से विदेशी मुद्रा में ही भुगतान लिया जाए।
- स्थानीय वस्तुओं को वैश्विक आवश्यकता के अनुरूप तैयार कर उनका विपणन किया जाए।
- पर्यटकों के देश में अधिक ठहराव के लिए वातावरण और नीतियाँ बनाई जाएँ।
- स्थानीय हस्तशिल्प, दस्तकारी आदि का प्रभावी प्रचार कर इनकी माँग को बढ़ाया जाए।

अकसर देखा गया है कि पर्यटकों के अधिक आगमन और बड़ी मात्रा में उनसे विदेशी मुद्रा प्राप्त होने के बावजूद देश में 'डॉलर' के मुकाबले पर्यटन आमदनी में कमी देखी जाती है। इसकी ठोस वजह देश के भुगतान संतुलन का गड़बड़ाना है। पर्यटकों से प्राप्त होनेवाली विदेशी मुद्रा का लाभ तभी मिलेगा जब उनके लिए किए जानेवाले देश के आयात को कम-से-कम किया जाए।

इसी से अर्थव्यवस्था पर पर्यटन का सकारात्मक प्रभाव होगा, अन्यथा बावजूद पर्यटकों के अधिक आगमन के देश को विदेशी मुद्रा-प्राप्ति का सकारात्मक लाभ नहीं मिलेगा।

राष्ट्रीय आय : घरेलू और विदेशी दोनों ही पर्यटन राष्ट्रीय आय का सृजन करते हैं। इसे ऐसे भी समझा जा सकता है कि पर्यटन ऐसी क्रिया है जिसके अंतर्गत सेवाओं और उपभोक्ता वस्तुओं की माँग की पूर्ति की जाती है। माँग बढ़ने पर उत्पादन बढ़ाना पड़ता है और उत्पादन बढ़ता है तो स्वाभाविक ही है कि आय का सृजन होता है। जैसे-जैसे उत्पादन क्षेत्रों को बढ़ावा मिलता है वैसे-वैसे राष्ट्रीय उपभोग में वृद्धि होती है। राष्ट्रीय उपभोग में वृद्धि राष्ट्रीय आय में वृद्धि का कारण बनती है।

राष्ट्रीय आय की कुल व्यय से तुलना की जा सकती है। भारत सहित विश्व के अधिकांश राष्ट्रों ने अपनी आय बढ़ाने के एक साधन के रूप में पर्यटन को अपनाना प्रारंभ कर दिया है। पर्यटन से आय का अनुमान पर्यटकों की प्रतिदिन की

संख्या, प्रति पर्यटक ठहरने के दिनों का औसत, प्रति पर्यटक प्रतिदिन औसत खर्च की गणना करके लगाया जाता है।

उदाहरणार्थ, जयपुर में कोई पर्यटक दल आता है। वह यहाँ तीन दिन रुकता है। इन तीन दिनों में उनके द्वारा किया खर्च केवल होटल मालिक, रेस्टोरेंट, स्थानीय परिवहन, मनोरंजन स्थलों तक ही सीमित नहीं रहता बल्कि टैक्स के रूप में इसका एक हिस्सा अप्रत्यक्ष रूप में राष्ट्र की आय का हिस्सा भी बनता है। यही नहीं, होटल, रेस्तराँ आदि को उपभोक्ता वस्तुएँ उपलब्ध करानेवाले, स्थानीय परिवहन उपलब्ध करानेवाले लोगों आदि के रूप में पर्यटकों द्वारा किया जानेवाला व्यय स्थानीय आय का अंग बन जाता है। वास्तव में पर्यटन ही वह उद्योग है, जो राष्ट्रीय आय को कुछ ही व्यक्तियों के हाथों में संचित होने से रोकता है। व्यय के जो अवसर पर्यटन द्वारा सृजित किए जाते हैं, उनसे रोजगार तो बढ़ता ही है, साथ ही अविकसित क्षेत्रों का विकास भी होता है।

पर्यटन से होनेवाली आय से विनियोजन को बढ़ावा मिलता है और अधिक विनियोजन राष्ट्रीय आय-वृद्धि का बड़ा कारण बनता है। मोटे तौर पर पर्यटन से होनेवाली आय का प्रमुख आधार इस प्रकार है—

- पर्यटकों द्वारा आवास, परिवहन, मनोविनोद के लिए किया जानेवाला खर्च।
- उपभोक्ता वस्तुओं के खरीदे जाने पर किया गया व्यय।
- स्थान विशेष पर भ्रमण के अंतर्गत किया जानेवाला व्यय, टैक्स आदि।

पर्यटकों द्वारा विभिन्न मदों पर किए जानेवाले व्यय को उस देश की राष्ट्रीय आय के रूप में देखा जा सकता है। राष्ट्रीय अर्थव्यवस्था में पर्यटन का स्थान भी तभी मालूम हो सकता है जब राष्ट्रीय आय में पर्यटक प्राप्तियों के योगदान को मालूम किया जाए। अधिकांश स्थितियों में विदेशी पर्यटकों से अर्जित आय का ही आकलन किया जाता है, स्वदेशी पर्यटन से अर्जित आय की सही सूचनाएँ प्राप्त नहीं होने से उसका मूल्यांकन समग्र राष्ट्रीय आय में कई बार हो ही नहीं पाता। इस दिशा में ध्यान दिए जाने की जरूरत है। भारत में यात्रा एवं पर्यटन उद्योग 4.2 प्रतिशत की विश्व औसत की तुलना में 2.5 प्रतिशत का जी.डी.पी. योगदान देता है।

अंतरराष्ट्रीय व्यापार : अंतरराष्ट्रीय व्यापार की दृष्टि से पर्यटन का विशेष महत्त्व है। अंतरराष्ट्रीय व्यापार का 30 प्रतिशत तथा विश्व के सकल घरेलू उत्पाद का 12 प्रतिशत पर्यटन के खाते में आता है।

पर्यटन के अंतर्गत विश्व स्तर पर यात्रा और भ्रमण सेवाओं का भी विपणन

किया जाता है। मुख्य रूप से पर्यटन के अंतर्गत अंतरराष्ट्रीय व्यापार की निम्नलिखित सेवाएँ आती हैं—

- बैंकिंग सेवाएँ,
- बीमा सेवाएँ,
- परिवहन सेवाएँ,
- आतिथ्य से संबंधित विभिन्न अन्य सेवाएँ।

जितना अधिक अंतरराष्ट्रीय व्यापार का आकार होगा उतना ही अधिक पर्यटन का आकार होगा; क्योंकि यह देशों के मध्य संपर्क का एक सशक्त माध्यम है। एक देश का व्यक्ति जब दूसरे देश जाता है और लौटकर जब अपने अनुभव अपने देश के मित्रों को बताता है तो वे भी वहाँ जाने के लिए लालायित होते हैं। ऐसे में पर्यटकों का जितना अधिक प्रवाह होगा उतना ही अंतरराष्ट्रीय व्यापार को प्रोत्साहन मिलेगा। विश्व पर्यटन संस्थान के एक अनुमान के अनुसार, वर्ष 2020 तक प्रति वर्ष 1.6 अरब पर्यटक विदेशों की सैर करेंगे और 2 ट्रिलियन से अधिक अमेरिकी डॉलर खर्च करेंगे। इसका अर्थ है प्रतिदिन 5 अरब डॉलर अंतरराष्ट्रीय स्तर पर पर्यटन के लिए खर्च होंगे। जिस गति से पर्यटन उद्योग का विकास हो रहा है उस हिसाब से आगामी कुछ दशकों में पर्यटकों की संख्या में प्रतिवर्ष 4.3 प्रतिशत की दर से वृद्धि होगी।

अंतरराष्ट्रीय व्यापार में पर्यटन के महत्त्व के दृष्टिगत ही भारत सरकार ने पर्यटन को 'एक्सपोर्ट हाउस' अर्थात् 'निर्यात गृह' का दर्जा प्रदान किया है। इसके तहत देश में होटल, ट्रेवल एजेंट, टूर ऑपरेटर्स, टूरिस्ट ट्रांसपोर्ट ऑपरेटर, निर्यात गृह के बतौर व्यापार, स्टॉक व्यापार, सुपर स्टार व्यापार गृह आदि के रूप में मान्यता के हकदार हैं और वे अन्य उद्योगों के समान ही विभिन्न लाभ प्राप्त कर सकते हैं। पर्यटन के क्षेत्र में निवेश आकर्षित करने के लिए होटल एवं पर्यटन संबंधी उद्योग को विदेशी निवेश हेतु एक उच्च प्राथमिकता प्राप्त उद्योग के रूप में घोषित किया गया है।

विभिन्न उद्योगों को प्रोत्साहन : पर्यटन स्वयं तो एक उद्योग है ही, यह अपने से संबंधित विभिन्न अन्य उद्योगों को भी प्रोत्साहन देता है। इस रूप में पर्यटन का आर्थिक रूप से विशेष महत्त्व भी है कि यह विभिन्न उद्योगों के समूह के रूप में पर्यटकों की माँगों की पूर्ति करता है। पर्यटन उन उद्योगों, कंपनियों, संस्थाओं को सहयोग देता है जिनका समान उद्देश्य पर्यटकों की आवश्यकता की पूर्ति करना होता है। बहुत से उद्योग तो वस्तुतः पर्यटन पर ही आश्रित होते हैं,

जैसे—

- होटल,
- रेस्टोरेंट,
- यात्रा अभिकर्ता,
- परिवहन।

इन सब उद्योगों के साथ ही पर्यटन पर आंशिक रूप से आश्रित भी बहुत सी सेवाएँ हैं। जैसे—बैंकिंग, बीमा, लॉण्ड्री एवं पर्यटन संबंधी वस्तुएँ बेचनेवाले फुटकर व्यापारी। कृषि, हस्तशिल्प, डेयरी, मुर्गीपालन, निर्माण, वास्तु, आंतरिक सज्जा, खाद्य प्रसंस्करण आदि उद्योग भी पर्यटन से जुड़े उद्योग हैं और इनसे पर्यटन का अप्रत्यक्ष संपर्क रहता है। पर्यटन स्थलों के विकास के अंतर्गत वहाँ होनेवाले निर्यात कार्यों, आधारभूत सुविधाओं आदि से संबद्ध उद्योगों के लिए भी पर्यटन सहायक के रूप में कार्य करता है। दरअसल पर्यटन अपने से संबंधित समस्त सहायक उद्योगों का उचित मार्गदर्शन ही नहीं करता बल्कि उन उद्योगों के विकास और उन्नति में भी योगदान देता है। किसी देश में अगर पर्यटकों की संख्या में वृद्धि होती है तो इससे स्वत: ही विभिन्न अन्य उद्योगों का विकास सुनिश्चित हो जाता है। पर्यटन के आकर्षण से नए उद्योगों को भी पनपने का मौका मिलता है।

उद्योग-विहीन क्षेत्रों का विकास : जहाँ पर उद्योग-धंधों का बाहुल्य होता है वहाँ तो वैसे भी विकास स्वत: ही होता है, परंतु जिन क्षेत्रों में उद्योग-धंधे नहीं होते वहाँ के विकास को भी पर्यटन द्वारा सुनिश्चित किया जा सकता है। पर्यटन उन क्षेत्रों पर विशेष रूप से अपना आर्थिक प्रभाव डालता है जहाँ उद्योग बिलकुल भी नहीं हैं।

उद्योग-विहीन क्षेत्रों में पर्यटन का प्रभाव कैसे सकारात्मक रूप में पड़ता है, इसे ऐसे समझा जा सकता है कि औद्योगिक विकासवाले क्षेत्रों में तो फिर भी धन का केंद्रीयकरण हो जाता है, परंतु पर्यटन क्षेत्र आय के वितरण के माध्यम से इस प्रभाव को अन्य क्षेत्रों में अग्रेषित करता है। वैसे भी पर्यटन आकर्षण के केंद्र अधिकतर वे ही स्थल होते हैं जहाँ उद्योग-धंधे बहुधा नहीं होते—अर्थात् पर्यटन सामान्यत: पर्वतीय, ग्रामीण, समुद्र-तटीय क्षेत्रों में ही होता है। ऐसे स्थानों पर वहाँ के लोगों की आय का जरिया वहाँ आनेवाले पर्यटक ही होते हैं। पर्यटक इन स्थलों पर जाते हैं और वहाँ विभिन्न क्रियाओं में खर्च करते हैं। यह खर्च ही वहाँ के लोगों की आय का जरिया बन जाता है।

प्राकृतिक संसाधनों, ऊर्जा के स्रोतों, कच्चे माल आदि से भरपूर क्षेत्रों व

उद्योग-धंधों के लिए भौगोलिक दृष्टि से अनुकूल स्थानों पर तो वहाँ की आर्थिक क्रियाएँ औद्योगिकीकरण से ही प्रारंभ होती हैं, परंतु हिमाच्छादित पहाड़ियों, सुंदर प्राकृतिक दृश्यों, असीमित समुद्र-तट, रेत के अथाह भंडार, बंजर भूमि, रेगिस्तानी क्षेत्र, राष्ट्रीय पार्क आदिवाले क्षेत्र राष्ट्रीय उद्योगों के लिए उत्पादनहीन होते हैं। उत्पादनहीन होने के बावजूद ऐसे क्षेत्र व स्थान पर्यटन की अथाह संपदा के स्रोत होते हैं। ऐसे में इन इलाकों का संपूर्ण विकास पर्यटन गतिविधियों पर ही केंद्रित होता है। उदाहरणार्थ कश्मीर, शिमला आदि इलाकों में अगर पर्यटक न जाएँ तो वहाँ विकास की कल्पना ही नहीं की जा सकती। वहाँ की अर्थव्यवस्था पूरी तरह से पर्यटन पर ही निर्भर है। ऐसे में पर्यटन को उद्योग-विहीन क्षेत्रों के विकास का सशक्त माध्यम कहा जाए तो कोई अतिशयोक्ति नहीं होगी। उद्योग-विहीन क्षेत्रों में स्थानीय लोगों की आय-वृद्धि, वहाँ आधारभूत सुविधाओं का विकास, बिजली, पानी, सड़क निर्माण आदि की सुविधाओं के विस्तार आदि के माध्यम से पर्यटन विभिन्न क्षेत्रों में विकास को बढ़ावा देता है।

2. सामाजिक प्रभाव

पर्यटन आरंभ से ही राष्ट्रों के मध्य सामाजिक आदान-प्रदान का महत्त्वपूर्ण साधन रहा है। परंपरागत तौर पर पर्यटन को विलासिता माना जाता रहा है; परंतु बदले वैश्विक परिदृश्य में पर्यटन अपेक्षाकृत बड़े सामाजिक, सांस्कृतिक-धार्मिक परिप्रेक्ष्य में आता है और उसकी रुचियाँ भी अलग-अलग होती हैं। आज पर्यटन 'विलासिता' नहीं रहकर आम व्यक्ति की पहुँच में है। यह सामान्य जीवन-प्रक्रिया का हिस्सा माना जाने लगा है। पर्यटन स्थल पर पर्यटक नए सामाजिक जीवन के संपर्क में आता है और दूसरे से सीखना चाहता है। इस रूप में लोगों के बीच बेहतर समझदारी पैदा करते हुए पर्यटन उनके सामाजिक विकास के एक साधन के रूप में गहरा प्रभाव डालता है।

पर्यटन किसी देश में रहनेवाले लोगों के जीवन-स्तर तथा रहन-सहन की स्थिति में महत्त्वपूर्ण सुधार लाए जाने के साथ ही रोजगार-सृजन का भी महत्त्वपूर्ण कार्य करता है। पर्यटन से स्थानीय कर-प्राप्तियों के रूप में अर्थव्यवस्था को जो लाभ होता है, उससे सामजिक निर्धनता उन्मूलन, शिक्षा, स्वास्थ्य सेवा, आवास, पेयजल तथा स्वच्छता, मनोरंजन के अधिक अवसरों आदि आधारभूत सेवाओं की व्यवस्था को वास्तविकता में साकार किया जा सकता है। यही नहीं, सामाजिक असमानताओं को दूर करने की दृष्टि से भी पर्यटन प्रभाव डालता है। पर्यटन से होनेवाले लाभों को उन ग्रामीण क्षेत्रों में लगाया जा सकता है, जहाँ अन्य आर्थिक

क्रिया-कलाप नहीं हैं। इसी प्रकार पर्यटन में महिलाओं, युवाओं, समाज के कमजोर वर्गों, विकलांगों, जनजातीय समुदायों को रोजगार पर लगाने की अपार क्षमता है और इससे इन समुदायों को सशक्त बनाकर सामाजिक न्याय एवं समानता उपलब्ध कराई जा सकती है। सामाजिक स्थिरता के लिए पर्यटन प्रत्यक्षत: सहायक है।

समाज में पर्यटन का प्रभाव व्यक्तियों के जीवन-स्तर में वृद्धि, रोजगार पैदा करने, गाँवों के विकास को बढ़ावा देने आदि के रूप में होता है तो दूसरी ओर पर्यटन के नकारात्मक प्रभाव भी समाज में कम नहीं होते हैं। यौन स्वच्छंदता से होनेवाली बीमारियों, भीख माँगने की प्रवृत्ति में बढ़ोतरी, नशाखोरी, ठगी और लूट-पाट के साथ ही सामाजिक मूल्यों एवं जीवन-मूल्यों और जीवन में देखा-देखी से सांस्कृतिक परंपराओं के हो रहे क्षरण को पर्यटन की ही देन कहा जा सकता है। पर्यटन ने विश्व की दूरियों को कम करके परस्पर मैत्री भाव को विकसित किया है तो पर्यटन सामाजिक संबंधों की टूटन के लिए भी कम दोषी नहीं है। भारतीय परिप्रेक्ष्य में तो पर्यटन का सामाजिक प्रभाव इस कदर आ रहा है कि यहाँ की जीवन-शैली, संस्कृति, परंपराओं आदि सभी में इधर के कुछ दशकों में जबरदस्त बदलाव आ गया है। मजेदार बात यह भी है कि पश्चिम के देशों में जहाँ पारंपरिक भारतीय मूल्यों को अपनाने की होड़ मच रही है वहीं विचारहीन पश्चिमी अंधानुकरण से यहाँ सांस्कृतिक मूल्यों की लगातार अनदेखी की जा रही है। परिणामत: सामाजिक रूप में पर्यटन के नकारात्मक प्रभाव भी सामने आने लगे हैं। इन सबके बावजूद पर्यटन विकास का बेहतर माध्यम है, अगर इसको प्रभावी नीति के तहत कार्यान्वित किया जाए।

ग्रामीण विकास को बढ़ावा : पर्यटन ग्रामीण क्षेत्र के विकास का सशक्त माध्यम है। यह सर्वविदित है कि भारत गाँवों का देश है। यहाँ की अधिकांश जनसंख्या गाँवों में निवास करती है। पर्यटन के निर्यात उत्पादों का सबसे बड़ा बाजार भारत के गाँव ही हैं; क्योंकि अधिकांश हस्तशिल्प, दस्तकारी आदि गाँवों में ही उत्पादित होते हैं। ऐसे में गाँवों के विकास और वहाँ के लोगों के लिए पर्यटन बेहद प्रभावकारी है। ग्रामीण लोक-कलाएँ पर्यटकों को विशेष रूप से प्रभावित करती हैं।

देश में होनेवाले विभिन्न पर्यटन मेलों, उत्सवों आदि में लोक-कलाओं की सांस्कृतिक प्रस्तुतियाँ देनेवाले कलाकार ग्रामीण समाज से ही होते हैं। इधर पिछले कुछ वर्षों से देश में ग्रामीण पर्यटन पर भी विशेष ध्यान दिया जाने लगा है। ग्रामीण पर्यटन के अंतर्गत पर्यटकों की चाह गाँवों को करीब से देखने, गाँव को महसूस

करने की रहती है। इस दृष्टि से ग्रामीण विकास को पर्यटन के जरिए मजबूत आधार प्रदान किया जा सकता है।

पर्यटन से होनेवाली आय को उन ग्रामीण क्षेत्रों में लगाए जाने से, जहाँ अन्य आर्थिक क्रियाकलाप कठिन हैं, नगरों तथा गाँवों के मध्य की विकास की असमानता को कम किया जा सकता है। ग्रामीण विकास में पर्यटन का प्रभाव इस प्रकार से है—

- भारत की ग्रामीण आबादी से कई पर्यटन उत्पादों की माँग की पूर्ति होती है।
- पर्यटन का 95 प्रतिशत व्यवसाय छोटे और मध्यम स्तर के उद्यम हैं, अत: पर्यटन विशेषकर ग्रामीण क्षेत्रों के उद्यमियों, कुटीर उद्योगों और आर्थिक गतिविधियों के लिए विशेष सहायक है।
- पर्यटन ग्रामीणों के पलायन को रोकता है।
- पर्यावरणीय जागरूकता, गाँवों को नजदीक से देखने की चाहत आदि के परिणामस्वरूप पिछले कुछ वर्षों में विकसित देशों में गाँवों की यात्रा की पर्यटन की नई शैली आई है। इसी अवधारणा से 'ग्रामीण पर्यटन' ने एक औपचारिक किस्म का आकार ले लिया है। पर्यटन मंत्रालय द्वारा अब तो राज्य सरकारों को ग्रामीण पर्यटन परियोजनाओं के लिए वित्तीय सहायता भी दी जाने लगी है।

पर्यटन के खतरे एवं बाधाएँ

मैड्रिड में सन् 1994 में हुई विश्व पर्यटन संगठन की राष्ट्रीय और क्षेत्रीय योजना बैठक में यह निष्कर्ष निकाला गया था कि सामान्यतया सभी पर्यटक ऐसे स्थानों का चुनाव पर्यटन के लिए करते हैं, जो पर्यावरण की दृष्टि से बेहतर होने के साथ ही स्वच्छ और कम आबादीवाले हों। इसके साथ ही यह ध्यान रखना भी जरूरी है कि कोई पर्यटक न तो वहाँ की सामाजिक समस्या का और न ही खराब पर्यावरण का शिकार हो।

इस परिप्रेक्ष्य में स्पष्ट है कि पर्यटन स्थलों पर स्वच्छता, सफाई के साथ ही स्वस्थ एवं सुरक्षित वातावरण विशेष रूप से आवश्यक है। खतरों एवं बाधाओं का अर्थ सामान्यतया इससे ही लिया जाता है कि वे तत्त्व, जिनसे भविष्य में किसी प्रकार का अवरोध उत्पन्न होने की आशंका हो। पर्यटन में भी खतरों एवं बाधाओं का यही अर्थ है। ऐसे जितने भी तत्त्व और कारण, जिनसे कि पर्यटक किसी स्थान पर जाने से कतराने लगें, पर्यटन पर जिनसे प्रतिकूल असर पड़े और जिनसे उस

स्थान विशेष पर पर्यटन के भविष्य पर प्रश्न-चिह्न लगे, वे ही पर्यटन के खतरे और बाधाएँ होंगी। इस अर्थ में पर्यटन स्थलों पर असुरक्षा का वातावरण, छेड़छाड़ की घटनाएँ, पर्यावरण प्रदूषण, यौन उत्पीड़न, जन-अपराध, सुविधाओं का अभाव आदि ही पर्यटन की सबसे बड़ी बाधाएँ एवं भविष्य के लिए खतरे हैं।

पर्यटन स्थलों पर स्थानीय समुदाय और पर्यटकों के बीच समन्वय का नहीं होना, स्थानीय लोगों का पर्यटन के प्रति जागरूक नहीं होना, विदेशी पर्यटकों को आकर्षित करने की होड़ में घरेलू या स्वदेशी पर्यटन की अनदेखी करना आदि बहुत से ऐसे पहलू हैं, जो प्रत्यक्ष एवं अप्रत्यक्ष रूप से पर्यटन को बाधित करते हैं।

अमेरिका में 11 सितंबर, 2001 को हुए बम विस्फोटों के बाद अधिकांश देशों ने अपने पर्यटकों को अमेरिका और आसपास के देशों में नहीं जाने की सलाह दे दी थी। पश्चिम में इससे पर्यटन उद्योग लगभग लड़खड़ा गया था। इसी प्रकार कश्मीर के आतंकवाद, अक्षरधाम मंदिर में हुए बम विस्फोट, राजधानी दिल्ली में संसद् पर हुए हमले आदि का प्रभाव केवल उस समय तक के लिए ही पर्यटन पर नहीं पड़ा बल्कि इसका पूरा खामियाजा लंबे समय तक देश के पर्यटन उद्योग को भुगतना पड़ा। स्थान विशेष पर पर्यटकों से ठगी, लूटपाट, उनके साथ यौन उत्पीड़न की घटनाएँ भी उनके वहाँ नहीं जाने का सबब बनती हैं।

हमारे यहाँ अब भी पर्यटन विकास का प्राथमिक क्षेत्र नहीं बन सका है। इसके मूल में पर्यटन की बहुत सी बाधाएँ एवं खतरे ही हैं। कमजोर इच्छा-शक्ति, लालफीताशाही, देश में होनेवाली आतंकवादी वारदातें, जन-अपराध, आम जन की उद्योगों के प्रति उदासीनता, केंद्र-राज्य संबंधों में अकसर होनेवाली कड़वाहट, अपर्याप्त सुविधाएँ, पर्यावरणीय दुष्प्रभाव आदि बहुत सी ऐसी अड़चनें, या यों कहें कि बाधाएँ, पर्यटन उद्योग में हैं जिनके कारण व्यापक संभावनाओं के बावजूद पर्यटन का विकास देश में पूरी तरह से नहीं हो सका है। पर्यटन उद्योग क्षेत्र की कुछ प्रमुख बाधाएँ एवं खतरे इस प्रकार हैं—

(1) आम जन की उदासीनता : पर्यटन उद्योग की सबसे बड़ी समस्या है कि यह अब भी व्यवहार में जन उद्योग नहीं बन पाया है। आम लोगों की भागीदारी नहीं होने का ही परिणाम है कि पर्यटन को विकास के एक साधन के रूप में अभी तक देश में अपनाया नहीं जा सका है। पर्यटन स्थलों पर गंदगी का साम्राज्य, ऐतिहासिक एवं सांस्कृतिक धरोहर स्थलों के संरक्षण के प्रति बेरुखी आदि परिस्थितियाँ आम जन की पर्यटन उद्योग के प्रति उदासीनता ही दरशाती हैं। इस उदासीनता के कारण ही पर्यटन स्थलों पर पर्यटकों के साथ कई बार बदसलूकी

की घटनाएँ घटित होती हैं।

दरअसल आम आदमी को इस बात का अहसास नहीं है कि पर्यटकों का आगमन स्थानीय अर्थव्यवस्था के लिए कितना लाभकारी होता है। स्थानीय अर्थव्यवस्था में पर्यटन के योगदान के अलावा पर्यटन उद्योग को दी जानेवाली रियायतों, समय-समय पर चलाई जानेवाली प्रोत्साहन योजनाओं आदि के संबंध में किसी प्रकार का प्रचार नहीं होने से आम जन का पर्यटन से सीधे तौर पर सरोकार नहीं हो पाता है। आम आदमी मात्र इतना समझता है कि पर्यटन का अर्थ घूमना-फिरना होता है।

(2) जन-अपराध : समाज में तेजी से बढ़ रहे अपराध भी पर्यटन विकास को बाधित करते हैं। डकैती, लूटपाट, गुंडागर्दी जैसी घटनाओं के समाचार जब मीडिया की सुर्खियाँ बनते हैं तो इससे उस स्थान विशेष के साथ पूरे देश की पर्यटन छवि को भी नुकसान पहुँचता है। बढ़ते जन-अपराध समाज के लिए तो चिंता का विषय बनते ही हैं, पर्यटन पर भी इनका बुरा प्रभाव घटती पर्यटकों की संख्या के रूप में सामने आता है।

बसों, ट्रेनों में नशीला पदार्थ खिलाकर यात्रियों से लूट-पाट, छीना-झपटी, पर्यटकों के प्रवेश करते ही पूर्व नियोजित योजना के तहत उन्हें ठगने की साजिश आदि अपराधों से पर्यटन स्थलों पर असुरक्षा का माहौल बनता है। ऐसे में बहुत से देशों की सरकारों द्वारा अपने निवासियों को भारत न जाने की सलाह दी जाने लगी है।

(3) हड़ताल एवं आंदोलन : विश्व में भारत ही ऐसा देश है, जहाँ पर हड़ताल होने पर काम रोक दिया जाता है; रेलें, बसें आदि रोकने का प्रयास किया जाता है। और तो और, हड़ताल में बाजार बंद होने के साथ सामान्य काम-काज को ठप करने की प्रवृत्ति भी भारत में ही सर्वाधिक है। परिवहन, बैंकिंग, बीमा आदि के कार्य भी हड़तालों के कारण ठप हो जाते हैं। बार-बार इस प्रकार के कार्य होने से पर्यटन उद्योग पूरी तरह से चरमरा जाता है। कई बार पर्यटक ऐसे में किसी स्थान पर फँस भी जाते हैं। बसें, रेलें आदि रोके जाने, बाजार बंद होने के कारण स्थान विशेष पर भ्रमण के लिए आनेवाले पर्यटकों को सबसे ज्यादा परेशानी झेलनी पड़ती है। इससे कालांतर में उस स्थान की ही नहीं बल्कि पूरे देश की छवि धूमिल होती है।

(4) यौन उत्पीड़न : पर्यटन स्थलों पर पर्यटकों के साथ छेड़छाड़ की घटनाएँ उद्योग के लिए विशेष रूप से खतरा बनकर सामने आ रही हैं। इसी का

एक पहलू पर्यटकों का यौन-उत्पीड़न भी है। ब्रिटेन, अमेरिका, कनाडा, जर्मनी आदि देशों ने तो विशेष रूप से अपने देश के पर्यटकों को भारत जाने के खतरे गिनाने प्रारंभ कर दिए हैं। विभिन्न देशों की सरकारों द्वारा वेबसाइट के जरिए अपने नागरिकों को दी जानेवाली सलाह में अब भारत में पर्यटकों के साथ होनेवाली यौन उत्पीड़न, शारीरिक प्रताड़ना, छेड़छाड़, गाली-गलौज, अश्लील हरकतों आदि का हवाला देते हुए सावधानी बरतने के लिए कहा जाने लगा है।

(5) केंद्र-राज्य समन्वय का अभाव : देश में पर्यटन की नीतियाँ बहुत पहले ही बनाकर लागू कर दी गई थीं; परंतु अब भी पर्यटन उद्योग को उनका परिणाम पूरी तरह से मिल नहीं पाया है। इसकी बड़ी वजह केंद्र व राज्य सरकारों के बीच समन्वय का नहीं होना है। भारतीय लोकतंत्र की यह विडंबना ही है कि देश में अकसर केंद्र और राज्य सरकारें अलग-अलग पार्टी की होती हैं। पार्टी एजेंडे पर चलने के कारण केंद्र में कोई निर्णय होता है तो राज्य सरकारें उसे मानती नहीं हैं। इसी प्रकार राज्य सरकार के स्तर पर यदि कोई महत्त्वपूर्ण निर्णय पर्यटन के बारे में लिया जाता है तो उसके लिए केंद्र से सहयोग नहीं मिल पाता है।

केंद्र एवं राज्य सरकारों के मध्य बेहतर समन्वय नहीं होने का परिणाम पर्यटन उद्योग को भुगतना पड़ता है। बहुत से मामलों में पर्यटन की किसी महत्त्वपूर्ण योजना के लिए केंद्र द्वारा राशि आवंटन किए जाने के बावजूद राज्यों द्वारा उसका समुचित उपयोग नहीं हो पाता। कई बार राज्य द्वारा विशेष पर्यटन परियोजना बनाकर भेजे जाने के बावजूद केंद्र द्वारा धन का आवंटन नहीं किया जाता। केंद्र और राज्य के बीच समन्वय नहीं होने से पर्यटन की आधारभूत सुविधाओं का प्रभावी रूप से विकास नहीं हो पाता। पर्यटन की शीर्ष स्तर पर बनी नीतियों का प्रभावी कार्यान्वयन भी इसी कारण से देश भर में समान रूप से नहीं हो पाता। राजनीतिक अज्ञानता और अस्थिरता के कारण भी पर्यटन नीतियों का लाभ व्यापक स्तर पर देश को नहीं मिल पाता।

(6) शिक्षण-प्रशिक्षण की अपर्याप्तता : पर्यटन विकास के अंतर्गत शिक्षण-प्रशिक्षण की गतिविधियों का कार्यान्वयन अकसर मात्र पर्यटन से जुड़े लोगों को ध्यान में रखकर किया जाता है। ऐसे में आम लोगों की पर्यटन के प्रति रुचि विकसित करने की दिशा में कोई प्रयास नहीं होता। इस क्रम में शिक्षण-प्रशिक्षण के जितने भी कार्यक्रम चलाए जा रहे हैं, वे या तो पर्यटन से जुड़े लोगों के लिए हैं या फिर विश्वविद्यालयों, प्रबंध संस्थानों के विद्यार्थियों के लिए होते हैं। आम जन को पर्यटकों से जोड़ने, पर्यटन स्थलों को साफ-सुथरा रखने, पर्यटकों को बेहतर

वातावरण देने, उनके साथ आत्मीयता से पेश आने, अपनी संस्कृति एवं सभ्यता के आत्मगौरव की अनुभूति कराने आदि के संबंध में आमुखीकरण कार्यक्रमों का हमारे यहाँ सर्वथा अभाव रहता है। इसका बड़ा नुकसान यह होता है कि एक ओर जहाँ पर्यटक स्थानीय लोगों से अपने को जुड़ा हुआ नहीं पाते, वहीं दूसरी ओर स्थानीय लोग भी अपने आपको पर्यटकों से जोड़ नहीं पाते।

हाल ही में इस दिशा में एक पहल जरूर केंद्र सरकार के स्तर पर हुई है। इसके तहत पूरे देश के प्रमुख पर्यटन स्थलों पर 'अतिथिदेवो भव' अभियान चलाया गया। इस अभियान के अंतर्गत अतिथि को देवता माने जाने की भारतीय परंपरा का स्मरण दिलाते हुए पर्यटकों के साथ भारतीय संस्कृति के अनुरूप मेजबान के रूप में पेश आने के संबंध में शिक्षण-प्रशिक्षण के कार्यक्रम आयोजित किए गए। परंतु ऐसा अभियान कभी-कभार न होकर निरंतर होता रहे, तभी उसकी सार्थकता है।

पर्यटन उद्योग के तहत सरकारी एवं निजी क्षेत्र में कार्यरत लोगों के लिए भी शिक्षण-प्रशिक्षण की दिशा में पर्याप्त प्रभावी प्रयास अभी तक नहीं हो पाए हैं। पर्यटन से जुड़े कर्मचारियों, अधिकारियों के साथ बड़ी समस्या यह भी होती है कि वे पर्यटन उद्योग को अकसर पर्यटन आमंत्रण की गतिविधि ही मान लेने की भूल कर बैठते हैं। केंद्र सरकार के क्षेत्रीय पर्यटन कार्यालय व राज्य सरकारों के पर्यटन कार्यालयों में कार्यरत कर्मचारियों एवं अधिकारियों द्वारा पर्यटन साहित्य का वितरण, पर्यटन मेलों के आयोजन के अलावा आम जन को पर्यटन से जोड़े जाने की दिशा में किसी प्रकार की पहल का नहीं होना इसी बात का सूचक है। स्थानीय समुदाय को पर्यटन से होनेवाले लाभों से अवगत कराने, पर्यटन उद्योग से संबद्ध नीतियों, योजनाओं आदि के बारे में आम लोगों को जानकारी देने की दिशा में पर्यटन संगठनों की ओर से गतिविधियाँ नहीं होतीं। इसका बड़ा कारण यही है कि उच्च स्तर पर पर्यटन के अंतर्गत इस दिशा में किसी प्रकार का शिक्षण-प्रशिक्षण नहीं होता या इसकी आवश्यकता नहीं समझी जाती।

रेलवे स्टेशन पर कुलियों का पर्यटकों से कैसा व्यवहार हो, टैक्सी ड्राइवर उनके साथ कैसे पेश आएँ, गाइड, यात्रा परिचालक, स्थानीय उत्पाद विक्रेता, होटल, रेस्टोरेंट के अंतर्गत पर्यटकों के साथ किए जानेवाले व्यवहार पर शिक्षण-प्रशिक्षण पर्यटन उद्योग की सबसे बड़ी चुनौती है। यही नहीं, आम लोगों को पर्यटन के प्रति इस रूप में जागरूक किए जाने की भी आवश्यकता है कि अधिक संख्या में अगर पर्यटक देश में आते हैं तो इससे पूरे देश को लाभ मिलता है। इसके साथ ही पर्यटन के प्रतिकूल प्रभावों के बारे में भी पहले से ही अगर शिक्षण-

प्रशिक्षण दिया जाए तो इन प्रभावों को कम-से-कम किए जाने में मदद मिलती है। वास्तव में पर्यटन को आरंभ से ही शैक्षिक पाठ्यक्रमों में सम्मिलित किया जाना चाहिए। चूँकि भारत पर्यटन की अपार संभावनाएँ रखता है, ऐसे में आरंभ से ही पर्यटन शिक्षा पर ध्यान दिया जाए तो इसके दूरगामी परिणाम प्राप्त हो सकते हैं।

(7) पर्यावरणीय दुष्प्रभाव : यह सही है कि पर्यटन विकास आज समय की सबसे बड़ी आवश्यकता है, परंतु इस परिप्रेक्ष्य में हमें इस बात को भी नहीं भूलना चाहिए कि पर्यटन पर्यावरण को बुरी तरह से नुकसान भी पहुँचा सकता है। विशेषकर पर्वतीय पर्यटन स्थलों पर पिछले कुछ दशकों में आबादी के विस्तार, पर्यटन गतिविधियों के अधिकाधिक फैलाव के साथ ही विकास गतिविधियाँ जैसे—आवास, उद्योग, कृषि, खनन, संचार आदि के बढ़ने से वहाँ प्राकृतिक ह्रास होने के साथ ही वनों का आकार तेजी से सिकुड़ रहा है। इसी का परिणाम हैं कि प्रकृति का संतुलन भी निरंतर गड़बड़ाता जा रहा है। इससे एक ओर तो देश को अकाल की विभीषिका का सामना करना पड़ता है, दूसरी ओर बाढ़ जैसी चुनौतियों का मुकाबला आम बात हो गई है। इस सब में पर्यटन उद्योग के लगातार दोहन को एक बड़ा कारण कहा जा सकता है। प्राकृतिक स्थलों पर बुनियादी नागरिक तथा स्वच्छता नियमों का पालन नहीं करने, पर्वतीय क्षेत्रों में ढेर सारा कचरा और वहाँ की पारिस्थितिकी को क्षति पहुँचानेवाली अन्य सामग्री छोड़ने से पर्यटन स्थल निरंतर दूषित होने लगे हैं।

(8) हवाई सेवाओं एवं सुविधाओं की अपर्याप्तता : हवाई सेवाओं के मामले में भारतीय पर्यटन अब भी बहुत पिछड़ा हुआ है। हाल के एक सर्वेक्षण के अनुसार, भारत आने के लिए देश में न तो पर्याप्त विमान सेवाएँ हैं और न ही अंतरराष्ट्रीय हवाई अड्डे एवं यात्री सुविधाएँ हैं। भारत आने के लिए अंतरराष्ट्रीय विमान सेवाएँ वर्ष 2007 के आकलन अनुसार सालाना 63 लाख से अधिक सीटें उपलब्ध कराती हैं, जबकि आवश्यकता इससे पाँच गुना अधिक की है। इसी प्रकार देश में 1 करोड़ 90 लाख यात्रियों के लिए अंतरराष्ट्रीय विमानपत्तन और यात्री सेवा सुविधाओं की आवश्यकता के विपरीत 97 लाख 90 हजार यात्रियों के लायक ही सेवा उपलब्ध है। घरेलू वायुमार्गों पर भी लगभग 2 करोड़ सीटों की आवश्यकता के मुकाबले उपलब्धता मात्र 1 करोड़ सीटों की ही है।

'मुक्त आकाश नीति' के कारण अंतरराष्ट्रीय विमान सेवा कंपनियों ने अपनी सीटों की क्षमता में इधर 25 से 50 प्रतिशत तक वृद्धि भी की है, परंतु देश के हवाई अड्डों की खराब हालत, वीजा की लंबी प्रकिया आदि से पर्यटन उद्योग पर

पड़नेवाले प्रतिकूल प्रभाव अब भी कम नहीं हुए हैं। विमान सेवाओं के विस्तार में अभी जो सबसे बड़ी बाधा देश में है, वह यह है कि हवाई अड्डों पर यात्रियों के उतरने-चढ़ने की क्षमता सीमित है। विदेशों से आकर जिन हवाई अड्डों पर विमान उतरते हैं वहाँ और अधिक यातायात को सँभालने की अब कतई गुंजाइश नहीं है।

अंतरराष्ट्रीय विमान सुविधाओं के विस्तार के साथ ही घरेलू विमान सेवाओं में भी अभी बहुत अधिक सुधार की आवश्यकता है। सार्वजनिक तथा निजी दोनों ही क्षेत्रों में विमानों का संचालन पर्यटन के हिसाब से व्यावसायिकता का रूप नहीं ले सका है। विमान ईंधन पर भी विभिन्न राज्यों में अलग-अलग शुल्क हैं। निजी विमानों के लिए हवाई अड्डों के किराए, आंतरिक वायु यात्रा करों तथा संचालन संबंधी अन्य खर्चों को देखते हुए घरेलू विमानन कंपनियाँ मौजूदा ढाँचे के सहारे अधिक समय तक टिक पाने की स्थिति में नहीं हैं। इस दृष्टि से घरेलू विमान सेवाओं का विकास समय की आवश्यकता है। वीजा जारी करने की लंबी प्रक्रिया भी पर्यटन को विशेष रूप से बाधित करती है। इस दिशा में उदार रवैया अपनाते हुए अगर समय रहते काररवाई नहीं की गई तो भारत आनेवाले पर्यटकों का रुख दूसरे देशों की ओर होने में देर नहीं लगेगी। हाँ, सुरक्षा की समस्या को देखते हुए विदेशी सैलानियों के प्रवेश-बिंदुओं पर उच्च तकनीकवाली सुरक्षा प्रणाली स्थापित की जा सकती है। ऐसी प्रणाली के अंतर्गत काली सूचीवाले लोगों के बारे में जानकारी देकर उनके लिए वीजा जारी करने पर पाबंदी लगाई जा सकती है। आतंकवाद से त्रस्त श्रीलंका जैसे देश ने भी जब 'वीजा ऑन अराइव' की व्यवस्था कर दी है तो भारत भी ऐसा कर सकता है। दरअसल इसके लिए भारतीय पर्यटन उद्योग और नागर विमानन क्षेत्र को विश्व के अन्य देशों की तरह ही रणनीति अपनाते हुए कार्य करना होगा। अब समय आ गया है कि पर्यटन क्षेत्र के संबंध में इस बात को गहराई से समझा जाए कि समस्या-रहित हवाई यात्रा से ही पर्यटन उद्योग का समुचित विकास किया जा सकता है। इसी से देश में पर्यटकों की आवक में निरंतर बढ़ोतरी के लक्ष्य को प्राप्त किया जा सकता है।

(9) पेशेवर अकुशलता एवं अन्य बाधाएँ : पर्यटन की सबसे बड़ी बाधा देश में यही है कि इतने वर्षों के बाद भी पर्यटन का प्रबंधन पेशेवर स्तर पर सुनिश्चित नहीं किया जा सका है। यह विडंबना की बात है कि पर्यटन को हमने उद्योग तो घोषित कर दिया, परंतु इस बारे में विचार अब भी नहीं किया जा सका है कि क्या दूसरे उद्योगों की ही तरह पर्यटन का प्रबंधन भी किया जा सका है?

वस्तुत: सिद्धांत में तो हमने पर्यटन को उद्योग घोषित करने की पहल कर दी, परंतु व्यवहार में अब भी पर्यटन उद्योग का रूप नहीं ले सका है। यही कारण है कि पर्यटन के अंतर्गत नियोजन, समन्वय, निर्देशन, नियंत्रण, मानव संसाधन विकास आदि को प्रभावी अमली जामा हम नहीं पहना सके हैं। विकास की नीतियाँ अगर दूरगामी परिप्रेक्ष्य में बन भी जाती हैं तो निर्देशन, नियंत्रण एवं समन्वय के अभाव में वे परिणाम नहीं दे पातीं। दरअसल ये सब समस्याएँ पेशेवर प्रबंधन को नहीं अपनाने की ही हैं। पर्यटन उद्योग का प्रभावी कार्यान्वयन तभी संभव है जब इसके प्रबंधन को बेहतर ही नहीं बल्कि पेशेवराना स्तर का किया जाए। ठीक वैसे ही जैसे अन्य उद्योगों में लाभ प्राप्त करने के लिए उसके प्रबंधन को सभी स्तरों पर प्रभावी किया जाता है।

विदेशी पर्यटकों के आगमन की संख्या को देखें तो यह स्पष्ट ही कहा जा सकता है कि भारत पर्यटन में प्रगति कर रहा है, परंतु ठोस एवं व्यावहारिक पर्यटन नीतियों के अभाव में पर्यटन का विकास वास्तव में नहीं हो सकता। नीतियाँ अगर बनती भी हैं तो एक अवधि के पश्चात् भुला भी दी जाती हैं। ऐसे में पर्यटन की अपार क्षमताएँ, पर्यटन का आकर्षक स्वरूप पूरी तरह से निखरकर सामने नहीं आ पाता है। विकास एवं विस्तार के लिए जो नीतियाँ केंद्र एवं राज्य सरकारों के स्तर पर बनाई जाती हैं, उनसे संबंधित ढुलमुल कानून एवं पर्यटन संबंधी ढीले-ढाले कार्यकलाप उनको पूरी तरह से अपने उद्देश्य में सफल नहीं होने देते। पर्यटन नीतियों संबंधी पेचीदगियों के कारण ही वे अंततः अव्यावहारिक एवं जटिल बन जाती हैं। भारतीय पर्यटन के परिप्रेक्ष्य में देखें तो अब भी एक ओर जहाँ विदेशों में पर्यटन विपणन को हम सही दिशा नहीं दे सके हैं वहीं दूसरी ओर पर्यटन कार्यकलापों में पेशेवर कुशलता का स्तर भी नहीं छू सके हैं।

पर्यटन व्यवसाय एवं मीडिया तथा विदेशी ऑपरेटरों के बीच संपर्क स्थापित करने के लिए कारगर नीति, शीर्ष स्तर पर बनी नीतियों का पूरी शक्ति से अनुपालन करवाने की इच्छा-शक्ति, निजी क्षेत्र की भागीदारी बढ़ाने के लिए बेहतर कार्ययोजना आदि का अब भी देश में अभाव है। लालफीताशाही के कारण पर्यटन से जुड़ी गतिविधियों में रुकावट आना, करों की ऊँची दरें, आधारभूत सुविधाओं एवं मानव संसाधन विकास के कार्यों में कम निवेश आदि कई ऐसी बाधाएँ हैं, जिनसे आज भी पर्यटन उद्योग को जूझना पड़ रहा है और जिन्हें बहुत पहले ही दूर कर लिया जाना चाहिए था। देश में पर्यटकों के एक स्थान से दूसरे स्थान तक पहुँचने और ठहरने की सुविधाओं की माँग की तुलना में आपूर्ति में आज भी भारी कमी है। इसके अलावा

पर्यटन ट्रेनों का पर्याप्त नहीं होना, प्रमुख पर्यटन केंद्रों का रेलमार्ग से नहीं जुड़ा होना तथा सड़कों की दशा अच्छी नहीं होना आदि भी कम बड़ी समस्याएँ नहीं हैं।

पर्यटन बने टिकाऊ विकास का आधार

पर्यटन का विकास करते समय इस बात का भी ध्यान रखा जाए कि यह विकास खुद कहीं अपने भविष्य के लिए तो खतरा नहीं बन रहा है। विकास के साथ संरक्षण की सोच भी रखी जाए। जो भी नीतियाँ पर्यटन के लिए बनाई जाएँ, वे दीर्घावधि सोच को ध्यान में रखते हुए बनाई जाएँ। यह सही है कि पर्यटन का विकास अर्थव्यवस्था के लिए अत्यंत आवश्यक है, परंतु इस परिप्रेक्ष्य में हमें इस बात को भी भुला नहीं देना चाहिए कि पर्यटन कहीं हमारे भविष्य के विनाश का सबब तो नहीं बन रहा।

पर्यटन के लिए हम अपना प्रचार करें, अपनी संस्कृति को दूसरे देशों तक पहुँचाएँ; परंतु इस प्रचार में भारतीय मूल्यों, परंपराओं की अनदेखी भी नहीं होनी चाहिए। पर्यटन मनोरंजन से आगे बढ़कर संस्कृति का संवाहक बने, तभी उसकी सार्थकता है। इसके लिए पर्यटन की व्यापक सोच रखते हुए ही हमें पर्यटन को कार्यान्वित करना है। विदेशी पर्यटक आएँ तो उनके साथ मित्रता से पेश आएँ परंतु ऐसा भी नहीं हो कि उनकी सभी उचित-अनुचित माँगों को पूरा कर दिया जाए। वे यहाँ आएँ, यहाँ की परंपराओं और संस्कृति को जानें-समझें, परंतु अपनी संस्कृति एवं परंपराओं को हम पर थोपें, ऐसा नहीं हो।

'अतिथिदेवो भव' की प्राचीन भारतीय परंपरा का अनुसरण करते हुए यहाँ आनेवाले पर्यटकों को अपनी लाजवाब मेहमाननवाजी हम प्रदान करें। पर्यटन को प्राथमिकता में रखकर अर्थव्यवस्था का अभिन्न अंग बनाने की पहल करते हुए इसके सभी नकारात्मक पहलुओं को सकारात्मक रूप दें, तभी पर्यटन विकास के रूप में भारत नई दिशाएँ प्राप्त कर सकेगा। इस दिशा में पहल किसी और को नहीं करनी है, हर उस व्यक्ति को करनी है जो इस देश में रहता है। विश्वव्यापी दृष्टिकोण रखने के साथ ही प्राचीन भारतीय मूल्यों, परंपराओं का निर्वहण करते हुए अगर पर्यटन के विकास को गति दी जाएगी तो निश्चित ही इसका दूरगामी परिणाम विश्व पर्यटन में भारत के सर्वाधिक हिस्से के रूप में हमारे सामने होगा। इसी से सिद्धांत में ही नहीं, व्यवहार में भी हम पर्यटन को उद्योग के रूप में विकसित कर पाएँगे।

□

पर्यटन : वैश्विक परिदृश्य

पर्यटन उद्योग के विकास, नीति-निर्धारण तथा पर्यटकों के हितों के संरक्षण की सोच के अंतर्गत पर्यटन संगठनों का जन्म हुआ। बड़ी मात्रा में विदेशी मुद्रा अर्जित करने और रोजगार-सृजन में प्रभावोत्पादक भूमिका निभानेवाले विश्व के तेजी से बढ़ते इस उद्योग ने आज अपनी विशिष्ट पहचान बना ली है। बहुत से राष्ट्रों की अर्थव्यवस्था का मूल आधार अब यह उद्योग ही हो गया है। ऐसे में पर्यटन प्रोत्साहन, नवीन नीतियों के निर्माण, आधारभूत सुविधाओं के विस्तार, पर्यटकों के हित-संरक्षण, उद्योग में कार्यरत लोगों के हितों की रक्षा आदि के लिए अंतरराष्ट्रीय और राष्ट्रीय स्तर पर पर्यटन संगठनों एवं संघों की स्थापना ने इस उद्योग को नई दिशाएँ भी दी हैं। सार्वजनिक एवं निजी क्षेत्रों के पर्यटन संगठन एवं संघ पर्यटन उद्योग पर्यटक और आम जन के हितों का संरक्षण ही नहीं करते बल्कि वैश्विक भाईचारे एवं सौहार्द के प्रसार का कार्य भी करते हैं।

विभिन्न देशों का प्रशासनिक तंत्र अलग-अलग होता है। ऐसे में वहाँ पर्यटन संगठन भी अलग-अलग रूपों में भूमिका निभाते हैं। अधिकांश देशों में राष्ट्रीय पर्यटन संगठन की भूमिका सार्वजनिक क्षेत्र की ही होती है।

पूरे विश्व में 15 ऐसे देश हैं, जहाँ पर्यटन के लिए स्वतंत्र मंत्रालय हैं। बाकी देशों में राष्ट्रीय पर्यटन संगठन संस्कृति और सूचना मंत्रालय, आर्थिक मामलों के मंत्रालय, शिक्षा मंत्रालय, विकास, वाणिज्य और उद्योग मंत्रालय, परिवहन और नागरिक उड्डयन मंत्रालय, दूरसंचार, परिवहन मंत्रालय आदि के अंतर्गत कार्य करते हैं।

भारत में पर्यटन मंत्रालय के अधीन काम करनेवाला पर्यटन विभाग राष्ट्रीय पर्यटन संगठन के रूप में कार्य करता है। यह पर्यटन के विकास हेतु राष्ट्रीय नीतियों और कार्यक्रमों के प्रतिपादन तथा देश में पर्यटन के विकास के लिए केंद्र

सरकार की विभिन्न एजेंसियों, राज्य सरकारों, संघ राज्यों और निजी क्षेत्र की पर्यटन गतिविधियों के समन्वय की नोडल एजेंसी के रूप में अपनी विशिष्ट भूमिका का निर्वहण करता है।

विभिन्न देशों में पर्यटन व्यवस्था वहाँ की स्थानीय सरकारों द्वारा की जाती है। विश्व के प्रमुख देशों में पर्यटन व्यवस्था इस प्रकार है—

अमेरिका

विश्व के अग्रणी पर्यटन देशों में अमेरिका का नाम प्रमुखता से लिया जाता है। अमेरिका में हर स्तर पर पर्यटन विकास का कार्य किया जाता है। पर्यटन विकास के लिए मुख्य रूप से अमेरिका का यात्रा-तंत्र और यात्रा प्रशासन जिम्मेदार है। वर्ष 1981 में वहाँ राष्ट्रीय पर्यटन नीति अधिनियम पारित किया गया और इसी के तहत पर्यटन नीति को निर्धारित किया गया है। अमेरिका की पर्यटन नीति के मुख्य बिंदु हैं—

- पर्यटन और मनोरंजन देश की अर्थव्यवस्था के महत्त्वपूर्ण उद्योग हैं।
- पर्यटन और मनोरंजन का महत्त्व उत्तरोत्तर बढ़ रहा है।
- संघ सरकार के लिए आवश्यक है कि पर्यटक-जरूरतों के बीच समन्वय बनाए रखे।

अमेरिकी राष्ट्रीय पर्यटन नीति अधिनियम के तहत हाल ही में वहाँ एक राष्ट्रीय पर्यटन नीति परिषद् का भी गठन किया गया है। यह परिषद् उन संघीय नीतियों, विषयों और कार्यक्रमों में समन्वय के लिए जिम्मेदार है जिनका संबंध पर्यटन, मनोरंजन और विरासत से है।

जापान

जापान में पर्यटन के विकास के लिए पाँच संगठन उत्तरदायी हैं। प्रमुख रूप से जापान का पर्यटन विभाग है, जो परिवहन मंत्रालय के सचिवालय में है। इसके अलावा बगैर लाभ के और सरकारी सब्सिडी से काम करनेवाला जापान राष्ट्रीय पर्यटन संगठन, घरेलू पर्यटन को बढ़ावा देनेवाले जापानी पर्यटन एसोसिएशन और संपर्क पर्यटन परिषद् कार्यरत हैं। पर्यटन नीति परिषद् भी जापान में पर्यटन संगठन के रूप में पर्यटन विकास का महत्त्वपूर्ण कार्य करती है। जापान में पर्यटन संगठन की स्थापना बहुत पहले सन् 1930 में ही हो गई थी।

फ्रांस

फ्रांस संभवतः विश्व का पहला ऐसा देश है, जहाँ पर राष्ट्रीय पर्यटन संगठन की स्थापना सन् 1910 में ही हो गई थी। सन् 1963 में विभिन्न प्रक्रियाओं से गुजरते हुए फ्रेंच राष्ट्रीय पर्यटन संगठन अस्तित्व में आया। फ्रांस सरकार ने 'मुक्त समय मंत्रालय' नाम से एक नया मंत्रालय बनाया, जिसके कार्यों में पर्यटन भी सम्मिलित था। इससे पहले वहाँ का पर्यटन सचिवालय जीवन गुणवत्ता मंत्रालय से संलग्न था।

मेक्सिको

मेक्सिको में पर्यटन सचिवालय वहाँ की मुख्य राष्ट्रीय संस्था है। राष्ट्रीय पर्यटन परिषद् और राष्ट्रीय पर्यटन संवर्द्धन कोष नामक दो अन्य संस्थाएँ भी संघीय पर्यटन तंत्र की अंगीभूत हैं। एक चौथा संगठन राष्ट्रीय होतेलेरा नामक सरकारी स्वामित्ववाली होटल कंपनी है, जो एक सरकारी पर्यटन निगम फोनातूर के साथ मिलकर काम करती है।

कनाडा

कनाडा में पर्यटन कार्यालय उद्योग, व्यापार और वाणिज्य विभाग के एक संगठन के रूप में कार्य करता है। यह संगठन ही वहाँ पर्यटन विकास के समस्त कार्य देखता है।

ब्रिटेन

यूनाइटेड किंगडम (यू.के.) यूरोप में पर्यटकों के सर्वाधिक आकर्षण का केंद्र है। वर्ष 1969 में संसद् के एक अधिनियम के जरिए ब्रिटिश टूरिस्ट अथॉरिटी (B.T.A.) की स्थापना की गई और इसको ब्रिटेन में पर्यटन विकास तथा इसके प्रोत्साहन को गति देने की जिम्मेदारी सौंपी गई। बी.टी.ए. पूरी तरह से वाणिज्य विभाग के अधीन है। ब्रिटिश पर्यटन प्राधिकरण के गठन से पहले ब्रिटेन में पर्यटन विकास का कार्य ब्रिटिश टूरिज्म ऐंड होलीडे एसोसिएशन द्वारा किया जाता था। इंग्लैंड, स्कॉटलैंड और वाल्स के लिए ब्रिटेन में पृथक् से पर्यटन बोर्ड बनाए हुए हैं।

जर्मनी

जर्मनी में पर्यटन विकास का कार्य 'जर्मन राष्ट्रीय पर्यटन संगठन' द्वारा

किया जाता है। इसको सभी प्रकार की वित्तीय सहायता संघ सरकार द्वारा दी जाती है। घरेलू पर्यटन विकास की जिम्मेदारी जर्मनी में 'जर्मन टूरिस्ट फेडरेशन' की है।

स्विट्जरलैंड

एक छोटा देश होते हुए भी स्विट्जरलैंड में पर्यटन विकास का कार्य त्वरित गति से किया गया है। आज इसे 'पर्यटकों का स्वर्ग' कहा जाता है। जर्मनी की तरह ही स्विट्जरलैंड में राष्ट्रीय पर्यटन संगठन है। 'स्विस राष्ट्रीय पर्यटन संगठन' देश में पर्यटन विकास का कार्य करता है, जबकि घरेलू पर्यटन विकास का कार्य 'स्विस टूरिस्ट फेडरेशन' द्वारा किया जाता है। पर्यटन विकास के लिए वित्तीय स्रोत स्विस संघीय सरकार है।

इटली

इटली में पर्यटन और मनोरंजन मंत्रालय के तहत एक महानिदेशालय पर्यटन विकास और प्रोत्साहन का कार्य करता है। मुख्य रूप से यह महानिदेशालय पर्यटन इकाइयों को लाइसेंस प्रदान करने, पर्यटन नीति के निर्माण तथा पर्यटन सेवाओं के विस्तार का कार्य करता है।

स्पेन

स्पेन में वर्ष 1962 में पर्यटन सचिवालय के अधीन सूचना और पर्यटन मंत्रालय की स्थापना हुई। यह मंत्रालय पर्यटन सूचनाओं के प्रसार, नीतियों के निर्माण, पर्यटन के सहायक उद्योगों की सहायता आदि के साथ ही पर्यटन के समग्र विकास को सभी स्तरों पर सुनिश्चित करता है।

पर्यटन संगठनों की भूमिका एवं कार्य

पर्यटन उद्योग में वैश्विक स्तर पर हो रहे परिवर्तनों एवं नए आयामों से संबंधित कार्य करने के साथ ही पर्यटन संगठन पर्यटकों की सभी जरूरतों की निगरानी करते हैं। सार्वजनिक एवं निजी क्षेत्र के मध्य प्रभावी समन्वय, प्रशिक्षण और शिक्षा के जरिए पर्यटन क्षेत्र के मानव संसाधन विकास में भी पर्यटन संगठनों की महत्त्वपूर्ण भूमिका होती जा रही है। पर्यटन के संबंध में नई-नई नीतियों के निर्माण, शोध करने, अधिसंरचनात्मक ढाँचा निर्धारित करने, सभी स्तरों पर पर्यटन और पर्यटकों को प्रोत्साहित करने की दिशा में पर्यटन संगठनों की महत्त्वपूर्ण

भूमिका से इनकार नहीं किया जा सकता।

पर्यटन उद्योग के साथ पर्यावरण संरक्षण, उद्योग के लिए नियम व नीतियाँ निर्धारित कर उन्हें नियंत्रित करने की दिशा में भी पर्यटन संगठन भूमिका निभाते हैं। वर्ष 1963 में रोम में हुए संयुक्त राष्ट्र संघ के अंतरराष्ट्रीय सम्मेलन में सरकारों को पर्यटन संगठनों के जरिए पर्यटन संबंधी राष्ट्रीय गतिविधियों के संयोजन, समन्वयन पर ध्यान देने की बात कही गई थी। इस सम्मेलन में राष्ट्रीय और अंतरराष्ट्रीय पर्यटन को बढ़ावा देने के कार्य में पर्यटन संगठनों की भूमिका पर विचार किया गया था।

पर्यटन संगठनों का कार्य केवल पर्यटन को प्रोत्साहित करने तक ही सीमित नहीं है बल्कि वे पर्यटकों के लिए पर्यटन स्थलों पर अधिकाधिक सुविधाओं के निर्माण और विकास के लिए भी कार्य करते हैं। निजी क्षेत्र को वित्तीय सहायता उपलब्ध कराने तथा पर्यटन विकास हेतु उनको संरक्षण प्रदान करने की दिशा में भी पर्यटन संगठनों की विशिष्ट भूमिका होती है। कुल मिलाकर पर्यटन प्रोत्साहन, पर्यटन उद्योग के निर्देशन, नियंत्रण और विभिन्न स्तरों पर समन्वय का कार्य पर्यटन संगठनों द्वारा किया जाता है। अधिकांश देशों में वहाँ के पर्यटन मंत्रालय ही पर्यटन संगठनों की भूमिका निभाते हैं। कहीं-कहीं सार्वजनिक एवं निजी दोनों ही क्षेत्रों में पर्यटन संगठन स्थापित हैं। पर्यटन संगठनों की भूमिका एवं उनके कार्यों को निम्नलिखित आधारों पर और अधिक स्पष्ट किया जा सकता है—

1. पर्यटन नीति और योजना निर्माण—पर्यटन संगठन पर्यटन संबंधी नीतियों और योजनाओं के निर्माण में महती भूमिका निभाते हैं। किसी स्थान पर पर्यटन संबंधी संभावनाओं की पहचान करने के बाद संगठन उस क्षेत्र के विकास के लिए तत्काल एवं दीर्घकालीन योजना बनाते हैं। योजना के आधार पर ही वहाँ पर्यटकों के लिए अधिकाधिक सुविधाएँ जुटाने, आकर्षण के केंद्र विकसित करने तथा आधारभूत सुविधाओं के निर्माण आदि के कार्य किए जाते हैं। पर्यटन संगठन इस बात को भी देखते हैं कि कैसे पर्यटन स्थल पर इस प्रकार से सुविधाओं का विकास किया जाए कि वहाँ के पर्यावरण पर कोई प्रतिकूल असर नहीं हो। इस दृष्टि से पर्यटन उद्योग की नीतियों और योजनाओं के कार्यान्वयन में पर्यटन संगठन महत्त्वपूर्ण भूमिका निभाते हैं।

2. पर्यटन वातावरण निर्माण— पर्यटन संबंधी नीतियों और योजनाओं के निर्माण के साथ ही पर्यटन संगठनों द्वारा पर्यटन के लिए बेहतर वातावरण बनाने की दिशा में भी कार्य किया जाता है। आगंतुकों और पर्यटन स्थल पर रहनेवाले

स्थानीय लोगों के बीच सकारात्मक और मैत्रीपूर्ण संबंधों की स्थापना के लिए भी पर्यटन संगठन कार्य करते हैं। ये संगठन पर्यटन के हित में संप्रेषण इकाइयों की तरह भी कार्य करते हैं। लोगों तक पर्यटन के लाभ पहुँचाकर इसके लिए मनोवैज्ञानिक संरचना तैयार करना इसी का एक पहलू है।

3. नियम-कानूनों का पालन—पर्यटकों के साथ लूट-पाट, ठगी और सेवाओं के बदले मनमानी वसूली को रोके जाने के संबंध में निर्धारित नियम-कानूनों के पालन करवाने में भी पर्यटन संगठनों की भूमिका अत्यंत महत्त्वपूर्ण होती है। पर्यटन स्थलों पर पर्यावरण संरक्षण, स्मारकों, महलों के आस-पास अतिक्रमण, गंदगी नहीं करने देने के साथ ही पर्यटन उद्योग को नियम-कानूनों के जरिए नियंत्रित निर्देशित करने में भी पर्यटन संगठन भूमिका निभाते हैं।

4. पर्यटन उद्योग का समन्वय—पर्यटन उद्योग बहुत सारे उद्योगों का एक बड़ा संगठन है। ऐसे में इसके तहत कार्यरत विभिन्न ट्रेवल एजेंसियाँ, होटल, टूर ऑपरेटर, सरकारी व गैर-सरकारी संस्थाओं आदि के मध्य समन्वय की दिशा में भी पर्यटन संगठन विशिष्ट भूमिका निभाते हैं। पर्यटन संगठन सार्वजनिक व निजी क्षेत्र की विभिन्न पर्यटन गतिविधियों का अंतरराष्ट्रीय, राष्ट्रीय और क्षेत्रीय स्तर पर समन्वय करते हैं। इसी से पर्यटन उद्योग की एकरूपता सुनिश्चित होती है और पर्यटन उद्योग को बेहतर रूप में प्रोत्साहित करने में मदद मिलती है।

5. स्वदेशी पर्यटन प्रोत्साहन—विश्व पर्यटन संगठन के अनुसार अंतरराष्ट्रीय घरेलू पर्यटन 10:1 के अनुपात में विश्व अंतरराष्ट्रीय पर्यटन से अधिक है। इस दृष्टि से स्वदेशी पर्यटन का विकास आज पर्यटन उद्योग की सबसे बड़ी आवश्यकता है। पर्यटन संगठनों की महत्त्वपूर्ण भूमिका स्वदेशी पर्यटन को प्रोत्साहन की भी होती है। वे एक देश, राज्य और स्थान विशेष में लोगों को घूमने-फिरने के लिए प्रेरित करने की दिशा में भी विभिन्न गतिविधियों के तहत कार्य करते हैं।

6. शिक्षण-प्रशिक्षण के जरिए मानव संसाधन विकास—आतिथ्य क्षेत्र के मानव संसाधन विकास अर्थात् पर्यटक उद्योग से जुड़े समस्त स्तरीय कार्मिकों के प्रशिक्षण का कार्य भी इन संगठनों का है। गाइडों, परिवहन कर्मियों, कुलियों आदि के लिए प्रशिक्षण कार्यशालाएँ आयोजित की जाती हैं। हाल ही में केंद्र सरकार के पर्यटन मंत्रालय द्वारा संचालित 'अतिथिदेवो भव' अभियान इसी का एक रूप था।

7. विपणन एवं प्रचार—पर्यटन स्थलों पर पर्यटकों को अधिकाधिक रूप में आकर्षित करने, उन्हें पर्यटन के लिए प्रोत्साहित करने का महत्त्वपूर्ण कार्य

पर्यटन संगठनों द्वारा ही किया जाता है। इसके लिए बाजार प्रोत्साहन की व्यूह रचना के निर्माण के साथ ही पर्यटन स्थलों के आकर्षण संबंधी सूचना साहित्य का प्रकाशन और वितरण का महत्त्वपूर्ण कार्य किया जाता है।

विपणन एवं प्रचार के तहत पर्यटन स्थलों की वीडियो फिल्मों, फोल्डर, ब्रोशर आदि के निर्माण के साथ ही पत्र-पत्रिकाओं और इलेक्ट्रॉनिक मीडिया में विज्ञापन प्रसारित कर पर्यटन प्रोत्साहन के कार्य को प्रभावी रूप में अंजाम दिया जाता है। मेले, उत्सव, सांस्कृतिक कार्यक्रमों आदि के माध्यम से पर्यटन स्थल की स्थानीय विशेषताओं को उजागर कर वहाँ आने के लिए पर्यटकों को प्रेरित करने की दिशा में भी पर्यटन संगठन भूमिका निभाते हैं। राष्ट्रीय और अंतरराष्ट्रीय स्तर पर पर्यटन प्रवाह के बारे में सर्वे, पर्यटकों के रुझान के लिए बाजार सर्वेक्षण आदि के आधार पर बाजार व्यूह-रचना बनाकर कार्य किया जाता है।

8. वित्तीय सहायता—पर्यटन से जुड़ी विभिन्न संस्थाओं, एजेंसियों आदि को वित्तीय सहायता प्रदान कर पर्यटन गतिविधियों को बढ़ावा देने में भी पर्यटन संगठन महत्त्वपूर्ण भूमिका निभाते हैं। चूँकि पर्यटन को लगभग सभी देशों में एक उद्योग के रूप में मान्यता प्रदान कर दी गई है, ऐसे में इससे संबंधित विभिन्न सहायक उद्योगों को वित्तीय आधार पर सहायता और सहयोग प्रदान करके ही इसके प्रभावी विकास को सुनिश्चित किया जा सकता है। पर्यटन संगठन राष्ट्रीय और अंतरराष्ट्रीय स्तर पर पर्यटन इकाइयों को करों में राहत, इसमें निवेश के प्रोत्साहन आदि के जरिए वित्तीय रूप में मदद करते हैं।

9. प्रबंधन एवं प्रशासन—पर्यटन उद्योग का प्रभावी विकास इसके प्रबंधन पर निर्भर करता है। यह ठीक वैसे ही है जैसे किसी उद्योग की रीढ़ उसका प्रबंधन और प्रशासन होता है। पर्यटन के तहत केंद्र और राज्य स्तर पर किए जानेवाले निर्णयों, नीतियों आदि का बेहतर समन्वय; उनमें परस्पर सामंजस्य के जरिए पूरे पर्यटन उद्योग के नियोजन, नियंत्रण, निर्देशन आदि का कार्य राष्ट्रीय पर्यटन संगठनों द्वारा ही किया जाता है। सार्वजनिक और निजी क्षेत्र के बीच बेहतर समन्वय और प्रबंधन भी इसी उद्देश्य की एक महत्त्वपूर्ण कड़ी है।

इस प्रकार यह स्पष्ट है कि पर्यटन संगठन पर्यटन उद्योग के विकास को सभी स्तरों पर सुनिश्चित करते हैं। वे पर्यटन प्रोत्साहन की योजना के निर्माण से लेकर वातावरण निर्माण और समन्वय आदि सभी कार्यों को प्रभावी रूप से अंजाम देते हैं।

अंतरराष्ट्रीय पर्यटन संगठन

अंतरराष्ट्रीय स्तर पर पर्यटन सांख्यिकी तैयार करने, पर्यटन के भावी विकास की रणनीति तय करने, पर्यटकों के प्रवाह के बारे में अनुमान लगाने के साथ ही विकासशील देशों में पर्यटन के विकास के लिए अंतरराष्ट्रीय पर्यटन संगठन विशेष रूप से कार्य करते हैं।

अंतरराष्ट्रीय स्तर पर आज सार्वजनिक एवं निजी क्षेत्रों में बहुत से संगठन स्थापित होकर कार्य कर रहे हैं। इन सबका उद्‌देश्य यही है कि पर्यटन को विश्वव्यापी गतिविधि के रूप में सभी स्तरों पर प्रोत्साहन दिया जाए। विश्व पर्यटन की एकरूपता में भी अंतरराष्ट्रीय पर्यटन संगठनों की महत्त्वपूर्ण भूमिका है।

प्रमुख अंतरराष्ट्रीय पर्यटन संगठन इस प्रकार हैं—

विश्व पर्यटन संगठन (World Tourism Organisation)

संयुक्त राष्ट्र के विशेष अभिकरण के रूप में विश्व पर्यटन संगठन (World Tourism Organisation) को विधिवत् रूप सन् 1975 में दिया गया। इससे पहले 1949 में भी एक अंतरराष्ट्रीय संघ स्थापित किया गया था। इसे इंटरनेशनल यूनियन ऑफ ऑफिशियल ट्रेवल ऑर्गेनाइजेशन (International Union of Official Travel Organisation) यानी (IUTO) नाम से संबोधित किया जाता था। आई.यू.टी.ओ. को ही बाद में विश्व पर्यटन संगठन (WTO) के रूप में परिवर्तित कर दिया गया।

आज पूरे विश्व में 113 देश इस संगठन के सदस्य हैं। कुल मिलाकर यात्रा और पर्यटन उद्योग से जुड़े 170 अंतरराष्ट्रीय और प्रांतीय पर्यटन संगठन इसके सदस्य हैं। विश्व पर्यटन संगठन का मुख्यालय या सचिवालय मैड्रिड (स्पेन) में है। दो वर्ष में एक बार इसकी आम सभा होती है तथा एक वर्ष में दो बार इसकी कार्यकारी परिषद् की बैठकें होती हैं।

उद्‌देश्य एवं लक्ष्य

संयुक्त राष्ट्र विकास कार्यक्रम के एक कार्यान्वयन अभिकरण के रूप में विश्व पर्यटन संगठन पर्यटन तथा भ्रमण उद्योग का सुव्यवस्थित ढाँचा ही निर्मित नहीं करता बल्कि तेजी से विकसित हो रहे इस उद्योग को सशक्त बनाने में भी महत्त्वपूर्ण भूमिका निभाता है। विश्व पर्यटन संगठन का आधारभूत लक्ष्य अंतरराष्ट्रीय स्तर पर शांति-सद्‌भाव निर्माण और किसी स्तर पर भेदभाव नहीं होने देना भी है। संक्षेप में इसके उद्‌देश्य एवं लक्ष्य इस प्रकार हैं—

- बहुराष्ट्रीय निकाय के रूप में पर्यटन का आर्थिक, सामाजिक एवं सांस्कृतिक विकास सभी स्तरों पर सुनिश्चित करना।
- अंतरराष्ट्रीय शांति, समृद्धि, सद्भाव और सहयोग के दृष्टिगत सभी सदस्य देशों में एक-दूसरे के प्रति आदर, मानवाधिकारों और मौलिक स्वतंत्रता के प्रति सम्मान-भाव को बनाए रखना।
- यह सुनिश्चित करना कि कहीं पर किसी प्रजाति, लिंग, भाषा या धर्म के नाम पर किसी के साथ भेदभाव न हो।
- इन उद्देश्यों की प्राप्ति के लिए उचित कदम उठाना, निर्णय लेना और उनको कार्यान्वित करना।
- उद्देश्यों की पूर्ति के लिए कदम उठाते समय विशेष रूप से विकासशील देशों में पैर जमा रहे पर्यटन उद्योग को प्रोत्साहन और प्रेरणा देना।

विश्व पर्यटन संगठन के कार्य

विश्व पर्यटन संगठन विश्व का एकमात्र बहुराष्ट्रीय संगठन है। इसके तहत विश्व स्तर पर पर्यटन को प्रोत्साहन, पर्यटन के दीर्घजीवी विकास हेतु तकनीकी सहयोग, शिक्षण-प्रशिक्षण, पर्यावरण संरक्षण, विपणन के साथ ही प्रकाशन के महत्त्वपूर्ण कार्य किए जाते हैं। विश्व पर्यटन संगठन द्वारा किए जानेवाले कार्य इस प्रकार हैं—

• **शिक्षण और प्रशिक्षण**—पर्यटन उद्योग में मानव संसाधन के विकास के लिए शिक्षण-प्रशिक्षण की आवश्यकताओं की पूर्ति के लिए विश्व पर्यटन संगठन अनेक कार्यक्रम कार्यान्वित करता है। विभिन्न अंतरराष्ट्रीय शिक्षण संस्थाओं से सहयोग लेकर संगठन नियमित शिक्षण-प्रशिक्षण के साथ 'दूरस्थ शिक्षा' के माध्यम से भी अपने कार्यक्रम चलाता है। विश्व भर में पर्यटन शिक्षा और प्रशिक्षण केंद्रों की स्थापना के साथ-साथ इनके लिए निर्देशिका और सूचना साहित्य भी यह संगठन उपलब्ध कराता है। पर्यटन में उभर रही नई प्रवृत्तियों, नई सोच और पर्यटकों की आवश्यकता के अनुरूप उन्हें आतिथ्य दिए जाने के संबंध में वातावरण निर्माण का कार्य भी यह संगठन करता है।

• **शोध, अनुसंधान एवं सहायता**—पर्यटन संबंधी विभिन्न समस्याओं के समाधान के साथ ही पर्यटकों को अधिकाधिक सुविधाएँ प्रदान करने के तरीकों पर शोध एवं अनुसंधान का कार्य भी विश्व पर्यटन संगठन करता है। पर्यटकों की स्वास्थ्य सुरक्षा, उनके लिए विभिन्न स्थलों पर आरक्षण व्यवस्थाओं को सुलभ

करने, विभिन्न बाधाओं के निराकरण आदि में मदद करने की दिशा में विश्व पर्यटन संगठन बहुआयामी भूमिका निभाता है।

• **विपणन और प्रोत्साहन**—विश्व स्तर पर पर्यटन और भ्रमण प्रवृत्तियों पर नजर रखते हुए पर्यटन बाजार व्यूह-रचना के निर्माण, पर्यटकों के संभावित रुझान आदि के बारे में समय-समय पर मार्गदर्शन करने का कार्य भी विश्व पर्यटन संगठन करता है। विश्व की सैर पर निकले पर्यटकों की संख्या संबंधी आँकड़ों को जारी करने, पर्यटकों के प्रोत्साहन हेतु घोषणाएँ करने और पर्यटन व्यापार को प्रोत्साहित करने हेतु दिशा-निर्देश जारी करने से पर्यटन की एकरूपता को बल मिलता है। संगठन अपने सभी सदस्य देशों के साथ अन्य पर्यटन आकर्षणवाले देशों में पर्यटन प्रवृत्तियों पर नजर रखकर उनका विश्लेषण करता है। इससे ही पर्यटन प्रवाह के माप में एकरूपता लाने के ठोस आधारों का निर्माण होता है।

• **परियोजनाओं का निर्माण और सहयोग**—विश्व के विभिन्न देशों की सरकारों को पर्यटन के विकास, प्रोत्साहन और पर्यटन संवर्द्धन के लिए परियोजनाएँ प्रदान करने का महती कार्य भी विश्व पर्यटन संगठन करता है। संगठन पर्यटन की निवेश जरूरतों, विपणन, दीर्घजीवी विकास के लिए तकनीकी स्थानांतरण संबंधी विषयों पर सहयोग और परामर्श प्रदान करता है।

• **प्रकाशनों के जरिए विश्व पर्यटन सूचनाएँ जारी करना**—अपने प्रकाशनों के जरिए संगठन विश्व में हो रहे पर्यटन परिवर्तनों, बदलाव, पर्यटन सांख्यिकी, पर्यटन शिक्षण-प्रशिक्षण केंद्रों की जानकारी व्यापक स्तर पर पहुँचाने का कार्य करता है। पर्यटन की क्षमता, अर्थव्यवस्था में पर्यटन का योगदान, पर्यटन की संभावित दिशा, पर्यटकों के प्रवाह, स्थानीय स्तर पर पर्यटन प्रोत्साहन के लिए अपनाई जानेवाली नीतियाँ आदि के बारे में भी विश्व पर्यटन संगठन अपने प्रकाशनों के जरिए सहायता करता है। विश्व पर्यटन सांख्यिकी के वार्षिक प्रकाशन के साथ संगठन के त्रैमासिक के रूप में 'ट्रेवल ऐंड टूरिज्म बैरोमीटर' नाम से एक नियमित प्रकाशन भी करता है।

विश्व यात्रा एवं पर्यटन परिषद् (World Travel and Tourism Council)

विश्व यात्रा एवं पर्यटन परिषद् पर्यटन के क्षेत्र में पूर्वानुमान, सर्वे, सर्वेक्षण, अनुसंधान, विश्लेषण करने के साथ ही पर्यटन उद्योग का विभिन्न स्तरों पर संयोजन करती है। वर्ष 1990 में इसका गठन जेम्स रॉबिंसन-III की अध्यक्षता में किया गया।

इसका कार्यालय ब्रुसेल्स में खोला गया। WTTC पर्यटन व्यवसाय का अर्थव्यवस्था पर प्रभाव, पर्यटन विकास पर पड़नेवाले नकारात्मक प्रभावों को कम करने संबंधी शोध, सर्वे उत्पन्न कराता है। इसके अलावा विश्व में पर्यटन के क्षेत्र में आए उतार-चढ़ावों के बारे में भी संबद्ध सदस्य देशों को जानकारी प्रदान करती है। परिषद् के विश्व के विभिन्न देशों में 100 के करीब सदस्य हैं। पर्यटन आवास, खान-पान एवं यात्रा की दृष्टि से परिषद् करोड़ों पर्यटकों से सीधे तौर पर जुड़ी हुई है।

अंतरराष्ट्रीय वायु परिवहन संगठन (International Air Transport Association)

अंतरराष्ट्रीय जगत् में पर्यटन की सबसे महत्त्वपूर्ण कड़ी वायु परिवहन ही है। वायु परिवहन के जरिए ही एक देश से दूसरे देश की यात्रा आसानी से संभव हो पाती है। वैसे भी, विश्व स्तर पर देशों का परस्पर जुड़ाव वायु परिवहन के जरिए ही होता है। इसे ध्यान में रखते हुए ही सरकारी संगठन के रूप में 'अंतरराष्ट्रीय वायु परिवहन संगठन' की स्थापना हवाना, क्यूबा में अप्रैल 1945 में की गई। आरंभ में 31 देशों के 57 सदस्य इन संगठन से जुड़े थे। आज 126 देशों के 240 सदस्योंवाला यह विश्व वायु परिवहन का सबसे बड़ा संगठन है।

अंतरराष्ट्रीय वायु परिवहन संगठन सभी वायु सेवाओं के लिए अंतरराष्ट्रीय मार्गों पर टिकट निर्धारण, अंतरराष्ट्रीय उड़ानों के लिए समय तालिका नियोजन, सामान जाँच, आरक्षण आदि सुविधाओं के मानकीकरण और संयोजन की दिशा में महत्त्वपूर्ण सेवाएँ प्रदान कर विशिष्ट भूमिका निभाता है। अंतरराष्ट्रीय स्तर पर वायु यात्रा की सांख्यिकी प्रस्तुत करने का कार्य भी 'अंतरराष्ट्रीय वायु परिवहन संगठन' द्वारा ही किया जाता है। सभी वायु वाहक देश संगठन के सदस्य हैं। इसके सक्रिय सदस्य अंतरराष्ट्रीय क्षेत्र को देखने के साथ सहयोगी सदस्य घरेलू उड़ानों से संबद्ध होते हैं।

कार्य एवं उद्देश्य : अंतरराष्ट्रीय वायु परिवहन संगठन पर्यटन उद्योग के विकास के लिए निम्नलिखित उद्देश्य लेकर कार्य करता है—

- वायु वाणिज्य को प्रोत्साहित करना।
- पर्यटन उद्योग में वायु परिवहन से संबंधित मसलों एवं समस्याओं पर शोध कर उनके समाधान निकालना।
- पर्यटकों की सुविधा के लिए भरोसेमंद और नियमित उड़ानों को सुनिश्चित करना।

- पर्यटकों के बजट को ध्यान में रखते हुए हवाई उड़ानों में सुविधाओं का विकास कर अधिकाधिक वायु परिवहन को प्रोत्साहित करना।

अंतरराष्ट्रीय यात्रा प्रचालक संघ (International Federation of Tour Operators)

विभिन्न देशों में स्थापित यात्रा प्रचालक संघों का अंतरराष्ट्रीय स्तर पर प्रतिनिधित्व करनेवाले इस संघ का वर्ष 1970 में गठन किया गया। मुख्यालय यू.के. (U.K.) में है। यह संघ विश्व यात्राओं को सुगम, सुरक्षित और सुविधाजनक बनाने की दिशा में कार्य करता है।

प्रशांत एशिया यात्रा संगठन (Pacific Asia Travel Association)

प्रशांत एशिया यात्रा संगठन का मुख्यालय सैनफ्रांसिस्को, कैलिफोर्निया (संयुक्त राज्य अमेरिका) में है। यह संगठन सभी प्रकार की पर्यटन योजनाओं का निर्माण करने के साथ ही सामुदायिक दृष्टिकोणों, सांस्कृतिक मूल्यों और चिंताओं तथा स्थानीय गतिविधियों एवं प्रभावों को ध्यान में रखकर कार्य करता है। संगठन के अंतर्गत पर्यटन की नियोजन प्रक्रिया में स्थानीय, क्षेत्रीय और राष्ट्रीय नीतियों को सम्मिलित करते हुए पर्यटन उद्योग में पर्यावरण संबंधी गतिविधियों के निरीक्षण और परिवर्तन से संबद्ध कार्य भी किए जाते हैं।

'पाटा' (PATA) पर्यटन अध्ययन, प्रशिक्षण और नियोजन में पेशेवर संरक्षण नीतियों का समावेश करते हुए सही सूचना और व्याख्या द्वारा पर्यटकों की पर्यावरण संबंधी दृष्टि विकसित करने में भी मदद करता है।

इनके अलावा अंतरराष्ट्रीय स्तर पर और भी अनेक संगठन जैसे—जापान स्थित यूरोपियन ट्रेवल कमीशन, डेनमार्क स्थित फेडरेशन ऑफ इंटरनेशनल यूथ ट्रेवल ऑर्गेनाइजेशन, बेल्जियम स्थित यूनिवर्स फेडरेशन ऑफ ट्रेवल एजेंट्स एसोसिएशन आदि पर्यटन उद्योग संबंधी विविध गतिविधियों के प्रभावी कार्यान्वयन में विश्व स्तर पर कार्यरत हैं। इनके तहत पर्यटन की विभिन्न गतिविधियों को समन्वित, नियंत्रित और नियमित किए जाने का कार्य किया जाता है।

भारत में पर्यटन संगठन

भारत में पर्यटन मंत्रालय के अधीन काम करनेवाला पर्यटन विभाग प्रमुख रूप से देश के पर्यटन संगठन का कार्य करता है। पर्यटन मंत्री पर्यटन संगठन के

प्रमुख के रूप में काम करते हैं। मंत्रालय के प्रशासनिक प्रमुख पर्यटन सचिव हैं। पर्यटन सचिव पर्यटन महानिदेशक के रूप में भी कार्य करते हैं। पर्यटन महानिदेशक कार्यालय विभिन्न नीतियों व कार्यक्रमों के कार्यान्वयन हेतु निर्देश जारी करता है। पर्यटन के संगठन ढाँचे के रूप में देश में 20 कार्यालय व विदेश में 13 कार्यालय कार्यरत हैं।

प्रशिक्षण, प्रबंधन के अंतर्गत इंडियन इंस्टीट्यूट ऑफ स्कीइंग एवं माउंटेनिंग (I.I.S.M.), गुलमर्ग विंटर स्पोर्ट्स प्रोजेक्ट भी पृथक् से कार्यरत हैं।

क्षेत्रीय पर्यटन कार्यालय पर्यटकों को जानकारी प्रदान करने व फील्ड प्रोजेक्ट की समीक्षा करने के लिए उत्तरदायी हैं। पर्यटन संबंधी मानव संसाधन विकास एवं विभिन्न अन्य गतिविधियों के लिए देश में पर्यटन मंत्रालय के तहत ही अलग से इंडियन इंस्टीट्यूट ऑफ टूरिज्म ऐंड ट्रेवल मैनेजमेंट, नेशनल इंस्टीट्यूट ऑफ वाटर स्पोर्ट्स, नेशनल कौंसिल फॉर होटल मैनेजमेंट ऐंड कैटरिंग टेक्नोलॉजी तथा इंस्टीट्यूट ऑफ होटल मैनेजमेंट भी स्वायत्तशासी निकाय के रूप में कार्यरत हैं।

पर्यटन मंत्रालय के कार्य एवं कर्तव्य :

पर्यटन मंत्रालय पर्यटन के विकास को देश में बढ़ावा देने और राष्ट्रीय नीतियों व कार्यक्रमों को लागू करनेवाली मुख्य एजेंसी है। यह राज्य सरकारों व संघ-शासित प्रदेशों में पर्यटन में निजी निवेश, विकास व बाजार प्रयासों को बढ़ावा देने व प्रशिक्षित मानव-श्रम उपलब्ध कराने में सहायता प्रदान करता है। मुख्य तौर पर पर्यटन मंत्रालय व इससे संबद्ध कार्यालयों के प्रमुख कार्य इस प्रकार हैं—

1. समस्त नीति संबंधी मामले तथा अभिप्रेरण संबंधी कार्य।
2. पर्यटन संबंधी योजनाओं का व्यापक स्तर पर निर्माण।
3. आधारभूत ढाँचा निर्माण एवं उत्पाद विकास के लिए केंद्रीय स्तर पर सहायता।
4. मानव संसाधन विकास।
5. प्रचार और विपणन के अंतर्गत प्रचार साहित्य, श्रव्य-दृश्य सामग्री निर्माण।
6. अनुसंधान, विश्लेषण, मॉनीटरिंग और मूल्यांकन।
7. अंतरराष्ट्रीय स्तर पर सहयोग एवं समन्वय।
8. पर्यटन संबंधी विधेयक एवं संसदीय कार्य।
9. क्षेत्रीय कार्यालयों की समीक्षा।

पर्यटन विकास निगम लिमिटेड

पर्यटन मंत्रालय के अंतर्गत स्वायत्तशासी निकाय के रूप में भारतीय पर्यटन विकास निगम की स्थापना सन् 1966 में की गई। पर्यटन की आधारभूत संरचना का विकास तथा विस्तार करने और उसके द्वारा भारत को एक पर्यटन गंतव्य के रूप में संवर्द्धित करने के उद्देश्य से स्थापित पर्यटन विकास निगम आवास, खान-पान, परिवहन आंतरिक ट्रेवल एजेंसी, मनोरंजन, शुल्क-मुक्त खरीदारी, प्रचार आदि जैसी समस्त पर्यटक सेवाएँ उपलब्ध कराता है। वाणिज्यिक आधार पर भारत पर्यटन विकास निगम सामाजिक उद्देश्यों, सरकारी नीतियों, पिछड़े क्षेत्रों के विकास, क्षेत्रीय संतुलन को बनाए रखने आदि के भी महत्त्वपूर्ण कार्य करता है।

भारत पर्यटन विकास निगम के निदेशक बोर्ड में 4 निदेशक कार्यरत हैं। एक सरकारी निदेशक अध्यक्ष एवं प्रबंध निदेशक पद का अतिरिक्त कार्यभार भी सँभालते हैं। वर्तमान संगठनात्मक ढाँचे में अध्यक्ष व प्रबंध निदेशक, कार्य निदेशक तथा व्यावसायिक समूहों जैसे—होटल एवं खान-पान, अशोक अंतरराष्ट्रीय व्यापार, अशोक ट्रेवल्स ऐंड टूर्स, अशोक आरक्षण विपणन सेवा आदि के प्रभागाध्यक्ष हैं। इसके अलावा मानव संसाधन प्रबंध, वित्त व लेखा, जनसंपर्क आदि भी सहायक सेवा प्रभाग हैं।

सेवाओं का नेटवर्क—18 होटलों के विनिवेश के बाद भारत पर्यटन विकास निगम के वर्तमान सेवा नेटवर्क में अशोक होटल समूह के 8 होटल, अभी तक कमीशन नहीं किए गए एक होटल सहित 7 संयुक्त उद्यम होटल, 2 रेस्टोरेंट (1 एयरपोर्ट रेस्टोरेंट सहित), 12 परिवहन एकक, 1 पर्यटक सेवा केंद्र, अंतरराष्ट्रीय एवं घरेलू सीमा-शुल्क एयरपोर्टों पर स्थित 37 शुल्क-मुक्त दुकानें, 1 ध्वनि व प्रकाश प्रदर्शन और 4 खान-पान केंद्र शामिल हैं। इसके अतिरिक्त भरतपुर स्थित एक होटल और कोसी स्थित एक पर्यटक कॉम्प्लेक्स का प्रबंधन भी भारत पर्यटन विकास निगम कर रहा है।

भारत पर्यटन विकास निगम लिमिटेड के अंतर्गत आतिथ्य, यात्रा एवं पर्यटन उद्योग के लिए प्रशिक्षण की अभिकल्पना तैयार करने एवं प्रशिक्षण प्रदान करने के लिए अशोक आतिथ्य एवं पर्यटन प्रबंध संस्थान महत्त्वपूर्ण व्यावसायिक एकक के रूप में कार्य कर रहा है। संस्थान ने अठारह माह के क्राफ्ट प्रमाण-पत्र पाठ्यक्रमों के साथ ही हाल में कुरुक्षेत्र विश्वविद्यालय, हरियाणा के साथ किए एक समझौता ज्ञापन के तहत अंतरराष्ट्रीय आतिथ्य व्यवसाय प्रबंधन पाठ्यक्रम में चार वर्षीय स्नातक डिग्री भी प्रदान करने की पहल की है।

भारतीय यात्रा परिचालक संघ

भारतीय यात्रा परिचालक संघ का मुख्यालय दिल्ली में है तथा यह यात्रा परिचालकों का देश का बड़ा संगठन है। यह संगठन देश के सभी टूर ऑपरेटरों के लाभ, भविष्य एवं मार्गदर्शन से संबंधित कार्य करता है। इसकी स्थापना सन् 1981 में हुई थी। सरकार द्वारा पर्यटन के संबंध में उदार नीतियाँ लागू करने एवं उचित सुविधाएँ देने के लिए भी संगठन अपनी महती भूमिका निभाता है। पर्यटन के क्षेत्र में विकास एवं अंतरराष्ट्रीय सद्भाव बढ़ाने हेतु उच्च शिक्षा प्राप्त करने तथा शोध के लिए छात्रवृत्ति प्रदान करना, गोष्ठियों, बैठकों आदि के आयोजन, पर्यटन उद्योग में उच्च स्तरीय आचार-संहिता की पालना भी भारतीय टूर ऑपरेटर संघ के प्रमुख उद्देश्य हैं।

पर्यटन उद्योग के लिए अच्छा कार्य करनेवाले टूर ऑपरेटर इसके सदस्य हैं। संगठन में सक्रिय एवं संबद्ध दो प्रकार के सदस्य बनाए जाते हैं। कम-से-कम एक वर्ष के लिए पर्यटन विभाग द्वारा टूर ऑपरेटर या ट्रेवल एजेंट के रूप में मान्यता प्राप्त ऐसी फर्म या कंपनी को सक्रिय सदस्यता दी जाती है, जो पर्यटन प्रोत्साहन से संबद्ध हो तथा कम-से-कम 10 लाख की विदेशी मुद्रा का प्रतिवर्ष का व्यवसाय करती हो। इसी प्रकार संबद्ध सदस्य के अंतर्गत पर्यटन यात्रा उद्योग से नियमित रूप से जुड़ी सभी प्रकार की फर्मों एवं कंपनियों को सदस्यता दी जाती है।

भारतीय ट्रेवल एजेंट संघ

यात्रा उद्योग को संगठित करने के उद्देश्य से वर्ष 1951 में भारतीय ट्रेवल एजेंट संघ की स्थापना की गई। यह यात्रा एवं पर्यटन उद्योग के विभिन्न अंगों का मिला-जुला पेशेवर संयोजक निकाय है। पर्यटन उद्योग के प्रमुख निकाय के रूप में मान्यता प्राप्त इस संघ का उद्देश्य पर्यटन के व्यवस्थित विकास को बढ़ावा देने के साथ ही बेईमान और पर्यटकों का शोषण करनेवाले टूर संचालकों से यात्रियों को सुरक्षा प्रदान करना है।

देश में यात्रा और पर्यटन को प्रोत्साहित करने, यात्रा उद्योग के विभिन्न अंगों के बीच बेहतर समझ को बढ़ावा देने के लिए संघ समय-समय पर गोष्ठियों, सम्मेलनों आदि के आयोजन भी करता है।

भारतीय पर्यटक संघ

यह भारतीय पर्यटकों का ऐसा संगठन है, जो देश-विदेश जानेवाले यात्रियों

की सुख-सुविधाओं एवं नागरिक अधिकारों के लिए कार्य करता है। संघ के अंतर्गत पर्यटन उद्योग के प्रभावी कार्यान्वयन एवं पर्यटकों के सभी स्तरों पर हित-संरक्षण के लिए विश्व स्तर पर जनमत बनाने का महत्त्वपूर्ण कार्य भी किया जाता है।

भारतीय होटल और रेस्तराँ फेडरेशन

भारतीय कंपनी अधिनियम के तहत सन् 1955 में बना यह फेडरेशन अंतरराष्ट्रीय होटल संघ का सदस्य है। फेडरेशन का सचिवालय दिल्ली में है तथा इसका कार्य-संपादन 24 सदस्यों की कार्यकारिणी समिति द्वारा किया जाता है। देश में इसके 4 क्षेत्रीय संघ हैं। यह फेडरेशन प्रांतीय संघों के प्रतिनिधि राष्ट्रीय संगठन के रूप में पूरे भारत में स्थित होटल और रेस्तराँ उद्योग के हितों से जुड़े विषयों पर विचार कर निर्णय लेता है। होटल और रेस्तराँ उद्योग के अंतरराष्ट्रीय विपणन का कार्य भी इसके द्वारा किया जाता है।

राज्य सरकारों एवं केंद्र-शासित प्रदेशों के संगठन

देश में केंद्र सरकार की तर्ज पर राज्यों में भी पर्यटन विकास एवं निगमों की स्थापना पर्यटन संगठनों के रूप में की गई है। पर्यटन उद्योग से संबंधित विभिन्न समस्याओं, गतिविधियों के प्रभावी कार्यान्वयन, राज्य स्तर पर पर्यटन नियोजन, नियंत्रण, निर्देशन आदि के तहत पर्यटकों को पर्यटन के लिए प्रोत्साहित करने की दिशा में राज्य एवं केंद्र-शासित प्रदेशों के इस प्रकार के संगठन महती भूमिका निभा रहे हैं।

यद्यपि देश में पर्यटन विकास के लिए विभिन्न स्तरों पर कार्य किए जा रहे हैं और पर्यटन को सैद्धांतिक रूप से उद्योग भी घोषित किया जा चुका है, तथापि पर्यटन के प्रबंधन को अभी भी सुदृढ़ नहीं किया जा सका है। उद्योग घोषित किए जाने के बावजूद अन्य उद्योगों की तरह पर्यटन का प्रबंध नहीं किए जाने का ही परिणाम है कि पर्यटन में अपार संभावनाओं के बावजूद देश को इसका यथोचित लाभ नहीं मिल पाया है। पर्यटन उद्योग के प्रबंधन में केंद्र एवं राज्य सरकारों के साथ ही निजी क्षेत्र के संगठन भी महती भूमिका निभा सकते हैं। इस दृष्टि से सोच का विकास सभी स्तरों पर किए जाने की आवश्यकता है कि कैसे पर्यटन के नकारात्मक प्रभावों को कम-से-कम करके इसे एक जन-उद्योग के रूप में सिद्धांत में ही नहीं बल्कि व्यवहार में भी परिणत किया जाए।

□

पर्यटन : नीति एवं विकास

'अतिथिदेवो भव' की हमारी परंपरा में देशाटन से पर्यटन तक का सफर सदियों पुराना है। इस सफर में पर्यटन ने सामाजिक, आर्थिक, सांस्कृतिक क्षेत्रों में क्रांतिकारी बदलावों की दिशा में महत्त्वपूर्ण पहल की है। इसमें अब किसी प्रकार का संदेह नहीं रह गया है कि रोजगार-सृजन और विदेशी मुद्रा अर्जन का बड़ा माध्यम पर्यटन ही है। पर्यटन का प्रमुख उद्‌देश्य भी यही है कि कैसे इसके माध्यम से अधिकाधिक विदेशी मुद्रा अर्जन करते हुए और रोजगार-सृजन किया जाए। इस उद्‌देश्य की पूर्ति के लिए पर्यटन का सुनियोजित विकास सभी स्तरों पर आवश्यक है। सुव्यवस्थित विकास निर्भर करता है पर्यटन की स्पष्ट नीति पर। स्पष्ट नीति का अर्थ है पर्यटन के सभी पहलुओं का विषद अध्ययन कर सभी क्षेत्रों में समान विकास के अवसर उपलब्ध कराने की रणनीति तैयार करना और उसे लागू करना।

पर्यटन नीतियों की आवश्यकता

किसी भी क्षेत्र के समुचित विकास के लिए यह जरूरी है कि एक निश्चित लक्ष्य और योजना के तहत कार्य किया जाए। पर्यटन चूँकि जन-उद्योग है, अतः यह जरूरी है कि इसमें आम जन, उद्यमी, राष्ट्रीय अर्थव्यवस्था, पर्यटक आदि सभी के हितों के दृष्टिगत सुनियोजित लक्ष्य के तहत कार्य किया जाए। वैश्वीकरण के इस दौर में पर्यटन ने तेजी से बढ़ते विश्व उद्योग के रूप में अपनी पहचान बना ली है। ऐसे में यह जरूरी हो जाता है कि पर्यटन का विकास इस प्रकार से किया जाए कि इसके नकारात्मक प्रभावों को कम-से-कम करके सभी स्तरों पर लाभ प्राप्त किया जा सके। इस हेतु यह जरूरी है कि देश में पर्यटन की एक प्रभावी नीति के तहत कार्य किया जाए। पर्यटन नीति की आवश्यकता इन कारणों से पड़ती है—

- पर्यटन में विकास के सभी क्षेत्रों की पहचान करने तथा निजी एवं सार्वजनिक क्षेत्र में पर्यटन की भूमिका के निर्धारण हेतु।
- देश में पर्यटन की विभिन्न गतिविधियों के प्रभावी समन्वय हेतु।
- पर्यटन के नकारात्मक प्रभावों को कम करने के समन्वित उपाय ढूँढ़ने के लिए।
- पर्यटन विकास के समुचित निर्देशन हेतु।
- राष्ट्रीय योजनाओं की एकरूपता हेतु।
- पर्यटन संबंधी नियमों एवं कानूनों को बनाने तथा उन्हें लागू करवाने हेतु।
- पर्यटन में अधिकाधिक जन-भागीदारी सुनिश्चित करने हेतु।

पर्यटन विकास का अर्थ है—पर्यटकों की आवश्यकता की पूर्ति के साथ ही पर्यटन स्थलों पर रहनेवाले लोगों, उद्यमियों आदि सभी के हितों का संरक्षण। पर्यटन संबंधी विभिन्न बुनियादी सुविधाओं में वृद्धि तथा व्यवस्था में सुधार पर्यटन विकास के ही पहलू हैं। पर्यटन सुविधाओं की उपलब्धता तथा उनके संचालन के लिए यह आवश्यक है कि विभिन्न स्तरों पर पूरी तरह तालमेल बना रहे। पर्यटन के ढाँचे और जन-सुविधाओं का समन्वित विकास सुनियोजित नीति के तहत ही हो सकता है। इस रूप में पर्यटन की एक सुव्यवस्थित नीति किसी भी देश के लिए जरूरी है। इससे इनकार नहीं किया जा सकता।

पंचवर्षीय योजनांतर्गत पर्यटन नीतियाँ

पंचवर्षीय योजनाएँ सामाजिक-आर्थिक विकास की दिशा में देश की सोच का प्रतिबिंब होती हैं। हमारे देश में पर्यटन की शुरुआत तो बहुत पहले ही हो गई थी, परंतु पर्यटन का योजनागत विकास शनैः-शनैः ही हो पाया है। देश में पंचवर्षीय योजनाओं के अंतर्गत पर्यटन के विकास के लिए बनाई गई कार्ययोजनाएँ, विशेष नीतियों आदि का संक्षिप्त वर्णन यहाँ किया जा रहा है—

देश की पहली पंचवर्षीय योजना में पर्यटन के लिए राशि का आवंटन नहीं किया गया था और न ही पर्यटन विकास संबंधी किसी भी प्रकार की चर्चा की गई थी। दूसरी पंचवर्षीय योजना में विदेशी पर्यटकों के लिए सीमित गंतव्य स्थलों पर सुविधाओं के विकास तथा धार्मिक एवं स्थानीय महत्त्व के स्थानों पर निम्न एवं मध्यम आय वर्ग के घरेलू पर्यटकों को सुविधाएँ उपलब्ध कराने की बात कही गई। हालाँकि पर्यटन विकास के लिए इसमें सुझाव दिए गए थे, परंतु अलग से पर्यटन क्षेत्र के लिए राशि इस योजना में भी आवंटित नहीं की गई।

तीसरी पंचवर्षीय योजना में मुख्य रूप से आवास तथा यातायात सुविधाओं के प्रावधान पर ध्यान केंद्रित किया गया। इसके अनुसार एक ओर जहाँ केंद्र सरकार का ध्यान विदेशी पर्यटकों की दृष्टि से महत्त्वपूर्ण योजनाओं की तरफ दिलाया गया वहीं दूसरी ओर राज्य की योजनाओं में घरेलू पर्यटकों पर विशेष ध्यान दिए जाने पर भी जोर दिया गया।

पर्यटन को विदेशी मुद्रा अर्जन का बड़ा स्रोत मानते हुए चौथी पंचवर्षीय योजना में पर्यटन विकास से रोजगार-क्षमता बढ़ाने की बात कही गई। योजना में कहा गया कि विदेशी मुद्रा पर्यटन का मुख्य उद्देश्य है, परंतु रोजगार प्रदान करने की अपार क्षमता इसका एक अतिरिक्त लाभ है। इस योजना के अंतर्गत पर्यटन को अंतरराष्ट्रीय संबंध तथा समझ-बूझ विकसित करने में भी विशेष कारगर बताते हुए इसके विकास पर अधिक ध्यान देने की बात कही गई। पहली बार पर्यटन सुविधाओं के विकास के लिए निजी क्षेत्र को वित्तीय सहायता देने की शुरुआत भी इसी योजना से हुई।

पाँचवीं पंचवर्षीय योजना में पर्यटन पर विशेष कुछ नहीं कहा गया। कुछेक पर्यटन योजनाओं के अलावा पर्यटन में वित्तीय सहायता तक सीमित इस पंचवर्षीय योजना के बाद छठी पंचवर्षीय योजना में भारत में पर्यटन के बारे में नए विचार की शुरुआत हुई। पर्यटन के क्षेत्र में योजनाओं को रणनीतियों में तथा विदेशी मुद्रा अर्जन को आर्थिक विकास के विस्तृत मुद्दे में परिवर्तित करने का महत्त्वपूर्ण कार्य इसी योजना के तहत किया गया। इस योजना के दस्तावेज में पर्यटन से सामाजिक व आर्थिक लाभ के साथ ही राष्ट्रीय एकता तथा अंतरराष्ट्रीय समझ-बूझ के विकास, रोजगार निर्माण, क्षेत्रीय असंतुलन में कमी जैसी बातें कही गईं। इसके अलावा पर्यटन से देश के आंतरिक हिस्सों में नए पर्यटन केंद्रों की स्थापना, विदेशी मुद्रा भंडार में वृद्धि, स्थानीय हस्तशिल्पियों तथा सांस्कृतिक गतिविधियों को सहायता, केंद्र तथा राज्य सरकारों को कर राजस्व की प्राप्ति आदि की बातों को योजना के दस्तावेज में विशेष रूप से सम्मिलित किया गया।

सातवीं पंचवर्षीय योजना पर्यटन विकास की दृष्टि से विशेष महत्त्व की रही। इस योजना के तहत पहली बार पर्यटन की परिभाषा को स्पष्ट तौर से निरूपित किया गया। इस योजना में पर्यटन विकास की समीक्षा कर पर्यटन क्षेत्र के लक्ष्य भी तय किए गए। इन लक्ष्यों के अंतर्गत पर्यटन का तेजी से विकास, पर्यटन को उद्योग का दर्जा प्रदान करने की बातें कही गईं। पर्यटन में सार्वजनिक तथा निजी क्षेत्र की भूमिका दोबारा परिभाषित करना जरूरी समझा गया, ताकि यह

सुनिश्चित किया जा सके कि पर्यटन विकास में निजी क्षेत्र का निवेश हो तथा सार्वजनिक क्षेत्र मुख्यत: बुनियादी सुविधाओं के विकास पर ध्यान केंद्रित करे। स्थानीय हस्तशिल्पियों तथा अन्य कलाओं एवं कलाकारों को मदद देने तथा राष्ट्रीय एकता को प्रोत्साहित करने में पर्यटन की संभावनाओं का पता लगाने के विस्तृत उद्‌देश्यों के मद्‌देनजर सातवीं योजना में कार्य के कुछ विशेष क्षेत्रों की पहचान की गई। पहचाने गए क्षेत्रों में से कुछ इस प्रकार हैं—

- पर्यटन मंडलों का विकास।
- पर्यटन उत्पादों में विविधता का समावेश तथा सांस्कृतिक पर्यटन के साथ-साथ 'होली डे पर्यटन' को भी बढ़ावा।
- गैर-परंपरागत क्षेत्रों जैसे ट्रेकिंग, सर्दियों के खेल, वन्य-जीव पर्यटन, बीच रिसोर्ट्स (तटीय सैरगाह) आदि का विकास।
- राष्ट्रीय विरासतों का रख-रखाव तथा संतुलित विकास।
- पर्यटन से जुड़े नए बाजारों का रख-रखाव तथा संतुलित विकास।
- पर्यटन से जुड़े नए बाजारों की खोज।
- निजी क्षेत्र के साथ मिलकर मुख्य बाजारों में नेशनल इमेज बिल्डिंग (राष्ट्रीय छवि निर्माण) तथा मार्केटिंग योजना की शुरुआत।

आठवीं पंचवर्षीय योजना में सातवीं योजना को देश में 'पर्यटन विकास में वाटरशेड' कहा गया। आठवीं योजना के दस्तावेज में भविष्य की रणनीति के बारे में बहुत कम सार्थक तथा वैध टिप्पणियाँ की गईं। इन मुद्‌दों का संक्षिप्त विवरण इस प्रकार है—

- भविष्य में पर्यटन विकास मुख्यत: निजी प्रोत्साहन के जरिए किया जाए।
- राज्य अपनी भूमिका विकास की विस्तृत रणनीति की योजना बनाने, निजी क्षेत्र की सक्रिय भागीदारी के लिए कर संबंधी छूट तथा वित्तीय प्रोत्साहन देने एवं पर्यवेक्षण तंत्र विकसित करने तक सीमित रखे।
- विकास रणनीति व्यय-निपुणता, उच्च-उत्पादकता तथा बुनियादी ढाँचे की दक्षता एवं गुणवत्ता पर आधारित हो।
- संसाधनों की कमी को ध्यान में रखते हुए पर्यटन विकास के लिए चयनात्मक प्रस्ताव अपनाए जाएँ, जैसा कि पिछली योजनाओं में किया गया। आठवीं योजना विशेष पर्यटन क्षेत्र की अवधारणा का आरंभ करेगी, जिससे तात्पर्य ऐसे क्षेत्रों से होगा जहाँ पूर्ण विकसित बुनियादी सुविधाएँ उपलब्ध कराई जाएँगी।

- पर्यटन मार्केटिंग तथा प्रचार सही तरह से केंद्रित और मजबूत हो तथा 'प्रचार खोज, कल्पनाशीलता, नई तकनीक तथा समन्वय की दृष्टि से प्रभावी हो।'
- सूचना तक पहुँच और सूचना तकनीक का सही उपयोग भविष्य में विकास का आधार हो।
- पिछड़े हुए क्षेत्रों के लिए पर्यटन विकास कार्यक्रम बनाए जाएँ, जिन्हें क्षेत्रीय विकास कार्यक्रमों से जोड़ा जाए।
- बुनियादी ढाँचे के संतुलित विकास के लिए सभी राज्यों को मास्टर योजनाएँ बनाने हेतु प्रोत्साहित किया जाए।
- पर्यटन विकास के लिए मानव संसाधन विकास को अत्यधिक महत्त्व दिया जाए।

नौवीं पंचवर्षीय योजना में पर्यटन के विशिष्ट घटकों की रूपरेखा निर्धारित की गई। इन घटकों के तहत अधिसंरचना विकास, मेगा पर्यटन रिसॉर्टों के विकास सहित उत्पाद विकास व विविधीकरण, उद्यम विकास तथा स्वतः रोजगार के अवसरों में वृद्धि, बढ़ी पर्यटक सुविधाएँ, मानव संसाधन विकास, अनुसंधान एवं कंप्यूटरीकरण, संवर्द्धन एवं विपणन, पर्यावरणीय सुरक्षा एवं सांस्कृतिक परिरक्षण, प्रोत्साहनों का प्रावधान आदि पर जोर दिया गया। घरेलू पर्यटकों के लिए बुनियादी ढाँचे के विकास पर जोर देने के साथ ही योजना में राज्यों को अपनी भूमिका निभाने को कहा गया। योजना में खासतौर पर भारत के उत्तर-पूर्वी क्षेत्र के विकास के लिए विशेष कदम उठाने का प्रावधान भी किया गया। नौवीं योजना में यह भी स्पष्ट तौर पर कहा गया कि पर्यटन विकास एक मिश्रित विषय है और इसका अर्थ अनिवार्य रूप से केवल पर्यटक सुविधाओं जैसे—होटलों, रेस्टोरेंटों, मनोरंजक गतिविधियों आदि के विकास से नहीं है बल्कि वास्तव में पर्यटन अधिसंरचना का सृजन तभी अर्थवान् होगा, जब उस क्षेत्र में न्यूनतम आधारभूत सुविधाएँ जैसे सड़कें, पानी, बिजली, सीवरेज और दूरसंचार सुविधाएँ हों। राज्यों को भी इसी संकल्पना पर आधारित पर्यटन के विकास के लिए मास्टर प्लान तैयार करने की बात नौवीं पंचवर्षीय योजना में ही कही गई।

दसवीं पंचवर्षीय योजना का दृष्टिकोण पर्यटन में निवेश को बढ़ावा देने एवं पर्यटन उत्पादों को विकसित करने में राज्य सरकारों को प्रोत्साहित करने पर आधारित है। इस योजना में पर्यटन क्षेत्र में रोजगार संभावना को बढ़ाने के साथ-साथ अन्य क्षेत्रों के साथ बेहतर संपर्क बनाकर आर्थिक एकीकरण को बढ़ाने पर भी जोर दिया

गया। योजना में कहा गया कि अन्य देशों की तुलना में भारत में कुल रोजगार में यात्रा एवं पर्यटन का हिस्सा 2.9 प्रतिशत है, जो बहुत कम है। यात्रा एवं पर्यटन के माध्यम से नई नौकरियों की बड़ी संख्या सृजित करने की व्यापक संभावना है। पर्यटन उद्योग का देश की सामाजिक-आर्थिक प्रगति के साथ बड़ा घनिष्ठ संबंध है। इसका राजस्व पूँजी अनुपात बहुत अधिक है। दसवीं योजना में अपनाया गया पर्यटन विकास का दृष्टिकोण इस प्रकार है—

- पर्यटन को आर्थिक विकास के एक साधन के रूप में प्रतिष्ठित करना।
- अंतरराष्ट्रीय पर्यटन के विकास और विस्तार के प्रमुख संचालक के रूप में घरेलू पर्यटन पर ध्यान दिया जाना।
- रोजगार-सृजन, आर्थिक विकास तथा ग्रामीण पर्यटन को प्रोत्साहन प्रदान करने के लिए पर्यटन के प्रत्यक्ष तथा बहुआयामी प्रभावों का दोहन।
- विश्व के फलते-फूलते यात्रा-व्यवसाय तथा एक गंतव्य के रूप में भारत की अपार पर्यटन संभावना का लाभ उठाने के लिए भारत को विश्व ब्रांड के रूप में प्रतिष्ठित करना।
- निजी क्षेत्र की महत्त्वपूर्ण भूमिका और सरकार की सक्रिय उत्प्रेरक की भूमिका पर बल।
- भारत की सभ्यता, धरोहर तथा संस्कृति पर आधारित एकीकृत पर्यटन परिपथों का राज्यों, निजी क्षेत्रों तथा अन्य एजेंसियों के साथ मिलकर सृजन व विकास।
- यह सुनिश्चित करना कि भारत आनेवाला पर्यटक 'शारीरिक रूप से अनुप्राणित, मानसिक रूप से संतुष्ट, सांस्कृतिक रूप से समृद्ध एवं आध्यात्मिक रूप से प्रमुदित' हो तथा 'वह अपने आपको भारतमय महसूस करे'।

ग्यारहवीं पंचवर्षीय योजनांतर्गत पर्यटन के वैश्विक सरोकारों पर ध्यान देते हुए लक्ष्य रखा गया है कि देश में सभी स्तरों पर पर्यटन एक प्रमुख आर्थिक एवं सामाजिक गतिविधि बने। विशेष बात यह भी रखी गई है कि पर्यटन टिकाऊ विकास का आधार बने। ग्रामीण पर्यटन और विश्व पर्यटन की नई उभरती प्रवृत्तियों के दृष्टिगत पर्यटन का समग्र विकास इस योजनांतर्गत तय किया गया है; परंतु साथ ही पर्यटन के खतरों एवं बाधाओं के मद्देनजर पर्यटन के दुष्प्रभावों को ध्यान में रखकर विकास को गति दिए जाने पर जोर दिया गया है।

ईको टूरिज्म

नई पर्यटन नीति 2001 के तहत औद्योगिक विकास में गति लाने, निवेशकों का विश्वास बढ़ाने और अतिरिक्त रोजगार का सृजन करने की दृष्टि से जम्मू-कश्मीर, सिक्किम, हिमाचल प्रदेश एवं उत्तराखंड राज्यों में विकास हेतु एक उद्योग के रूप में 'ईको टूरिज्म' की घोषणा की गई है।

राष्ट्रीय पर्यटन नीति

आर्थिक विकास के एक साधन के रूप में पर्यटन के महत्त्व को स्वीकार करते हुए नवंबर 1982 में पहली बार देश में एक विस्तृत पर्यटन नीति घोषित की गई। इस नीति का का मुख्य उद्देश्य पर्यटन का सभी स्तरों पर इस प्रकार से विकास किया जाना रहा है कि भारत विश्व के आकर्षक पर्यटन स्थल के रूप में अपनी विशिष्ट पहचान बनाए। नीति में पर्यटन के लिए भारत के कई आकर्षणों को सुनियोजित, सुपरिभाषित तथा पूरी तरह से एकीकृत राष्ट्रीय कार्यक्रम के माध्यम से वास्तविकता में बदलना शामिल रहा। इसमें लोक एवं निजी क्षेत्र उपक्रमों, एयरलाइनों, रेलवे और सड़क परिवहन प्रणालियों, नगरपालिका व स्थानीय निकायों के साथ-साथ सांस्कृतिक व शैक्षणिक संस्थानों सहित केंद्रीय और राज्य स्तरों पर पर्यटन के साथ सक्रिय रूप से संबंधित सभी एजेंसियों को एक सामूहिक प्रयास के रूप में उल्लिखित किया गया।

पर्यटन के हितों को उच्चतम सीमा तक बढ़ाने के लिए 'यात्रा परिपथ' की संकल्पना पर आधारित एक कार्ययोजना भी राष्ट्रीय पर्यटन नीति के तहत तैयार की गई। इस योजना के तहत चुनिंदा पर्यटक परिपथों का विकास, मात्र शहरी पर्यटन केंद्रों की ओर ध्यान केंद्रित करने की प्रवृत्ति को कम करने, पर्यटन आकर्षणों के प्रचार-प्रसार को प्रोत्साहित करने तथा आर्थिक रूप से पिछड़े क्षेत्रों के पर्यटन आकर्षणों से लोगों को अवगत कराए जाने के उद्देश्य शामिल किए गए हैं।

राष्ट्रीय पर्यटन नीति 2002 में ग्रामीण पर्यटन, पारिस्थितिकी पर्यटन, स्वास्थ्य पर्यटन, समुद्री यात्रा पर्यटन, सांस्कृतिक पर्यटन, हैरिटेज पर्यटन और विषय विशेष पर्यटन जैसे नए विषय भी सम्मिलित किए गए। नीति की कुछ प्रमुख विशेषताएँ इस प्रकार हैं—

- पर्यटन के विकास और इससे जनता को लाभ की भागीदारी का प्रावधान करना।
- पर्यटन उद्योग में सक्रिय निजी क्षेत्र के विकास को सरल बनाना।

- भारत को एक पर्यटन अनुकूल देश बनाने और अपेक्षित अधिसंरचना प्रदान करने में विभिन्न सरकारी विभागों एवं एजेंसियों के प्रयासों को समन्वित करना।
- मध्यम वर्गीय पर्यटकों के लिए सुविधाओं का संवर्द्धन करके घरेलू पर्यटन को सरल बनाना।
- सभी अधिसंरचनात्मक विभागों, राज्य सरकारों तथा निजी क्षेत्र को सम्मिलित करके अभिनिर्धारित पर्यटक गंतव्य का एकीकृत विकास करना।
- क्षेत्रों के आर्थिक विकास की समग्र नीति के एक भाग के रूप में पूर्वोत्तर, हिमालय क्षेत्र, जम्मू व कश्मीर तथा अंडमान एवं निकोबार द्वीप समूह और लक्षद्वीप में पर्यटन का विकास करना।
- अधिसंरचना के लिए परिव्यय में वृद्धि करना।
- पर्यटकों के बचाव एवं सुरक्षा के लिए यात्रा व्यवसाय, पर्यटक पुलिस पर उपयुक्त विधान अधिनियमित करना।
- वीजा प्रणाली का उदारीकरण करना।
- कर संरचना में एकरूपता एवं तर्कसंगतता लाना।
- संकेंद्रित एवं लागत प्रभावी विपणन नीति।

पर्यटन नीति के आधारभूत सिद्धांत

पर्यटन विकास की राष्ट्रीय नीति में समय के अनुसार निरंतर परिवर्तन करते हुए इसके जरिए देश को पर्यटन-समृद्ध बनाने का महती प्रयास किया जा रहा है। देश की नई राष्ट्रीय पर्यटन नीति निम्नलिखित आधारभूत सिद्धांतों पर आधारित है—

• पिछले चार दशकों से पर्यटन क्रांति विश्व को प्रभावित कर रही है। पूरे विश्व में अपने घर छोड़नेवाले पर्यटकों की संख्या में वृद्धि हो रही है और उनकी संख्या 1.5 अरब तक होने तथा इसके द्वारा प्राप्तियाँ 2,000 अरब डॉलर को पार करने की संभावना है। यदि भारत को सही रूप में इस क्रांति में हिस्सा लेना है तो वर्ष 2001 तक 0.38 प्रतिशत से पर्यटक आगमनों में अपनी हिस्सेदारी बढ़ाने के लिए तकनीक के साथ-साथ अपनी रणनीतियों में परिवर्तन करना होगा।

- संस्थागत स्तर पर सरकार के नेतृत्ववाली, निजी क्षेत्र द्वारा संचालित, समुदाय कल्याणोन्मुख रूपरेखा तैयार करनी होगी। निजी क्षेत्र को कार्यकलापों के एक मुख्य स्प्रिंग के रूप में कार्य करना होगा और विकास

के साथ-साथ संरक्षण की प्रक्रिया को सक्रियता तथा गति प्रदान करनी होगी।

- संरक्षित स्मारकों और उनके आस-पास के क्षेत्रों के सुधार और पर्यावरण के स्तर के उन्नयन को पर्यटन उद्योग की धुरी के रूप में माना जाए।
- नागर विमानन, पर्यावरण, वन, रेलवे, गृह आदि मंत्रालयों के साथ प्रभावी संबंध तथा घनिष्ठ समन्वय स्थापित करना चाहिए।
- न्यूनतम नकारात्मक प्रभाव के साथ सतत पर्यटन विकास जारी रखना तथा इस बात को सुनिश्चित करना कि पर्यटन एक स्वच्छ उद्योग के रूप में कार्य करे। न तो प्राकृतिक संसाधनों का अधिक संदोहन करने की अनुमति दी जाए और न ही पर्यटन स्थलों की वहन क्षमता को अनदेखा किया जाए।
- गरीबी दूर करने एवं रोजगार सृजित करने के उद्‌देश्य से प्राकृतिक पर्यटन विकसित करने के लिए ईको-टूरिज्म पर अधिक बल देना चाहिए। महिलाओं की स्थिति में सुधार करने के लिए स्थानीय और जनजाति शिल्प को प्रोत्साहन देने के प्रयत्न भी किए जाएँगे।
- ग्रामीण पर्यटन और लघु पर्यटन पर विशेष बल देना चाहिए, जहाँ हमारी सांस्कृतिक और प्राकृतिक संपदा बड़ी मात्रा में उपलब्ध है।
- घरेलू पर्यटन, विशेष कर तीर्थयात्रा पर्यटन, को पर्याप्त महत्त्व देना चाहिए ताकि घरेलू पर्यटन के लिए सृजित अधिसंरचना का प्रयोग हो सके। यह आनेवाले समय में अंतरराष्ट्रीय पर्यटन के आधार के रूप में कार्य कर सकती है।
- साहसिक पर्यटन को प्रोत्साहित किया जाना चाहिए, क्योंकि दूरस्थ गंतव्यों, पहाड़ों, गुफाओं तथा वनों के लिए चिह्नित वरीयता के साथ युवा पर्यटकों की एक नई श्रेणी उभर रही है। इस श्रेणी के पर्यटक ठहरने के लिए पाँच सितारा आवास नहीं देखते बल्कि केवल सादे और स्वच्छ स्थान देखते हैं। पंचायतों और स्थानीय निकायों को पर्यटकों की इस श्रेणी की आवश्यकताओं को पूरा करने के लिए प्रोत्साहित करना चाहिए।
- योग, आयुर्वेद सहित भारतीय भोजन के लिए पर्यटकों के विशेष आकर्षण का उपयोग करना चाहिए तथा प्रभावी तौर पर प्रोत्साहन करना चाहिए।
- पर्यटन उद्योग और यात्रा एजेंटों को स्वयं अपने लिए आचार-संहिता तैयार करनी चाहिए और स्वैच्छिक तौर पर इसका पालन करना चाहिए

तथा टूर एवं यात्रा संघों द्वारा इसे तोड़नेवालों से कड़ाई से निपटना चाहिए।

- राज्य पुलिस को पर्यटन पुलिस के रूप में कार्य करने के लिए प्रशिक्षण देना।
- विश्व पर्यटन संगठन, विश्व पर्यटन एवं यात्रा परिषद् तथा भू-परिषद् में भारत की सक्रिय भागीदारी, ताकि इन अंतरराष्ट्रीय संगठनों का भारतीय पर्यटन को बढ़ाने में उपयोग हो सके।
- सभ्यता मामलों के साथ-साथ नागरिक प्रशासन एवं उत्तम प्रशासन से संबंधित पहलुओं पर भी ध्यान देना चाहिए और उन्हें पर्यटन नीति का प्रभावी अंग बनाना चाहिए।

पारिस्थितिकी पर्यटन नीति

पर्यटन उद्योग एवं गैर-सरकारी संगठनों आदि के परामर्श से सन् 1998 में भारत के पारिस्थितिकी पर्यटन पर नीति एवं दिशा-निर्देश तैयार किए गए। इस नीति का उद्देश्य हमारे प्राकृतिक संसाधनों का संरक्षण, सुरक्षा और इन्हें समृद्ध बनाने तथा पर्यावरण संरक्षण एवं समुदाय विकास के सकारात्मक प्रभावों के साथ पारिस्थितिकी पर्यटन की विनियमित वृद्धि सुनिश्चित करना है। पारिस्थितिकी पर्यटन पर नीति दिशा-निर्देशों के कार्यान्वयन हेतु एक कार्य-योजना भी इस दौरान बनाई गई। इसके तहत देश में पारिस्थितिकी पर्यटन के विकास एवं विभिन्न योजनाओं के कार्यान्वयन हेतु राज्य सरकारों को वित्तीय सहायता भी प्रदान की जाती है।

पारिस्थितिकी पर्यटन नीति के तहत देश के प्रत्येक राज्य में राज्य वन विभाग या राज्य पर्यटन विकास निगमों अथवा फिर होटल शृंखलाओं की भागीदारी से कैंप स्थल विकास, ईको कैंप तथा अन्य संबंधित कार्यकलापों के साथ पारिस्थितिकी पर्यटन केंद्रों, लॉजों, सैरगाहों को स्थापित करने की योजना के कार्यान्वयन की बात कही गई थी।

अप्रैल 2001 में हिमालयीय पर्यटन परामर्शी बोर्ड ने पारिस्थितिकी पर्यटन को ऐसे तरीके से विकसित करने का संकल्प लिया कि यह हिमालयीय पर्वतीय क्षेत्र में आर्थिक, सामाजिक एवं पर्यावरण संरक्षण में योगदान दे। इसी प्रकार की सिफारिश अन्य राज्यों के पर्वतीय पर्यटन स्थलों से भी की गई, ताकि पर्वतीय स्थलों पर प्राकृतिक पर्यटन को प्रोत्साहन देकर वहाँ आर्थिक, सामाजिक एवं पर्यावरण संरक्षण की गतिविधियों को सभी स्तरों पर बढ़ावा दिया जा सके। पर्यटन विकास द्वारा देश में तेजी से अपनी विशिष्ट पहचान बनानेवाले राज्य केरल ने

पारिस्थितिकी पर्यटन को अपनी पर्यटन नीति 'टूरिज्म विजन 2025' में 'प्रकृति और संस्कृति के संरक्षण के साथ पर्यटन विकास' शीर्षक से प्राथमिकता में रखा है। इसके अलावा हिमाचल प्रदेश द्वारा भी पारिस्थितिकी पर्यटन विकास की नीति घोषित की गई तथा उतराखंड और पश्चिम बंगाल के वन निगमों द्वारा भी पारिस्थितिकी पर्यटन गतिविधियाँ प्रारंभ की गई हैं।

पर्यटन के लिए राष्ट्रीय कार्य-योजना

मई 1992 में पर्यटन के लिए एक राष्ट्रीय कार्य-योजना तैयार की गई और इसमें पर्यटकों के आगमन में असाधारण वृद्धि, पर्यटन के माध्यम से विदेशी मुद्रा अर्जन, रोजगार देनेवाली नीतियों जैसे बिंदुओं को सम्मिलित किया गया। इन कार्य-नीतियों में निम्नलिखित प्रस्ताव शामिल हैं—

- पर्यटन अधिसंरचना में सुधार।
- विद्यमान अधिसंरचना का सर्वोत्तम उपयोग सुनिश्चित करने के लिए गंतव्यों के विपणन के साथ-साथ एकीकृत वृद्धि के लिए चयनात्मक आधार पर क्षेत्रों का विकास करना।
- मानव संसाधनों के विकास के लिए संस्थानों की पुनर्संरचना करना और उन्हें मजबूत बनाना।
- विदेशी पर्यटकों के आगमन और विदेशी मुद्रा अर्जन को बढ़ाने के लिए एक उपयुक्त नीति तैयार करना।

राष्ट्रीय कार्य-योजना के तहत देश में पर्यटन के विकास में सरकारी तथा गैर-सरकारी दोनों क्षेत्रों की भूमिका को महत्त्वपूर्ण माना गया। इसके अंतर्गत ही सरकार ने निजी क्षेत्र के सहयोग से समन्वित विकास के लिए विशेष पर्यटन क्षेत्रों का चयन किया। निजी स्वामित्ववाले महलों और पुराने किलों, हवेलियों को होटलों में परिवर्तित करके आवास सुविधाओं के विस्तार के लिए एक प्रोत्साहन योजना भी इस दौरान प्रारंभ की गई। इसके अलावा सरकार ने कुछ द्वीपों का चयन कर उन्हें पर्यटन की दृष्टि से विकसित करने के लिए निजी क्षेत्र को सौंपा। राष्ट्रीय कार्ययोजना में अपनाई गई कार्यनीतियों के अंतर्गत बुनियादी सेवाओं में सुधार, मानव संसाधन विकास, पर्यटन संबंधी विपणन प्रयासों को मजबूत करने तथा पर्यटन उत्पादों में विविधता लाने जैसे महत्त्वपूर्ण उपायों को सम्मिलित कर पर्यटन विकास के प्रभावी प्रयास किए जाने पर जोर दिया गया।

राष्ट्रीय पर्यटन परामर्शदात्री परिषद्

देश में पर्यटन के विकास एवं संवर्धन को और अधिक प्रोत्साहन देने के लिए पर्यटन मंत्रालय ने हाल ही में एक राष्ट्रीय परामर्शदात्री परिषद् (एन.टी.ए.सी.) का गठन किया है। राष्ट्रीय पर्यटन परामर्शदात्री परिषद् का अध्यक्ष केंद्रीय पर्यटन मंत्री व सदस्य भारत सरकार के वित्त सचिव, प्रधान सलाहकार (पर्यटन), योजना आयोग, सचिव नागर विमानन और सचिव, संस्कृति विभाग को बनाया गया है।

परिषद् के अन्य सदस्यों में यात्रा और पर्यटन प्रबंध के क्षेत्र के विशेषज्ञों को सम्मिलित किया गया है। इसके अलावा फेडरेशन ऑफ इंडियन चैंबर्स ऑफ कामर्स ऐंड इंडस्ट्री (एफ.आई.सी.सी.आई.), पी.एच.डी. चैंबर्स ऑफ कॉमर्स ऐंड इंडस्ट्री (पी.एच.डी.सी.सी.आई.), एसोसिएटेड चैंबर्स ऑफ कॉमर्स ऐंड इंडस्ट्री (एसोचेम), कॉन्फेडरेशन ऑफ इंडियन इंडस्ट्री (सी.आई.आई.), ट्रेवल एजेंट्स एसोसिएशन ऑफ इंडिया (टी.ए.ए.आई.), इंडियन एसोसिएशन ऑफ टूर ऑपरेटर्स (आई.ए.टी.ओ.), फेडरेशन ऑफ होटल ऐंड रेस्टोरेंट एसोसिएशंस ऑफ इंडिया (एफ.एच.आर.ए.आई.), होटल एसोसिएशन ऑफ इंडिया (एच.ए.आई.) के सभापति राष्ट्रीय पर्यटन परामर्शदात्री परिषद् के सदस्य होते हैं। इस परिषद् के सचिव का कार्य भारत सरकार के पर्यटन सचिव के जिम्मे होता है।

दरअसल पर्यटन उद्योग एवं व्यापार से संबंधित मुद्दों पर सर्वानुमति के साथ तालमेल बनाए रखने के लिए ही इस परिषद् का गठन किया गया है। इसी के मद्देनजर सरकार ने इसमें प्राय: सभी संबंधित मंत्रालयों को प्रतिनिधि सदस्यता देना अनिवार्य किया है। यह परिषद् भारत में पर्यटन विषयक नीतिगत मामलों में एक 'थिंक टैंक' की भूमिका निभाने के लिए बनाई गई है।

□

पर्यटन : नियमन और कानून

संचार साधनों के विकास के साथ भारत के पर्यटन स्थलों का विदेशों में भरपूर प्रचार होने लगा है। विदेशों से आनेवाले सैलानियों को भारत में किस प्रकार से प्रवेश मिल सकता है, कैसे व कितनी अवधि के लिए उन्हें वीजा प्राप्त होता है, भारत आने के लिए जल, थल, वायु आदि मार्गों पर पर्यटकों के लिए क्या और कैसी सुविधाएँ हैं आदि विभिन्न नियम-कायदों के साथ ही भारत में पर्यटन के विभिन्न अन्य पहलुओं के बारे में जानना नितांत आवश्यक है। पर्यटन से जुड़े लोगों के अतिरिक्त इसके अध्ययन से जुड़े विद्यार्थियों तथा भविष्य में इसे अपना रोजगार बनाने जा रहे युवाओं के लिए भी यह जानकारी आवश्यक है।

विदेश स्थित भारत पर्यटन कार्यालय

भारत में पर्यटन के आकर्षक स्थलों, पर्यटन पैकेजों, विभिन्न मेलों, उत्सवों आदि के बारे में विदेश स्थित भारत पर्यटन कार्यालय विशेष रूप से मददगार हैं। वर्तमान में विदेशों में भारत के 13 पर्यटन कार्यालय अमेरिका, यू.के., यूरोप, पश्चिमी एशिया, ऑस्ट्रेलिया तथा पूर्वी एशिया में इस प्रकार कार्यरत हैं—

- **अमेरिका :** अमेरिका में भारत के पर्यटन कार्यालय न्यूयॉर्क, लॉस एंजेल्स एवं टोरंटो में हैं। न्यूयार्क कार्यालय के अंतर्गत अमेरिका के पूर्वी समुद्र-तट, कोलंबिया, वेनेजुएला तक दक्षिण अमेरिका के सभी राज्य आते हैं। लॉस एंजेल्स के अंतर्गत अमेरिका के पश्चिमी समुद्र-तट के सभी राज्यों से पनामा तक तथा टोरंटो के क्षेत्राधीन कनाडा और ग्रीनलैंड देश आते हैं।
- **यू.के. :** यू.के. में भारत का पर्यटन कार्यालय लंदन में है। इसके क्षेत्राधीन यू.के., आयरलैंड और आइसलैंड आते हैं।
- **यूरोप :** यूरोप में भारत के पर्यटन कार्यालय फ्रैंकफर्ट, पेरिस, एम्सटरडम

तथा मिलान में हैं। फ्रैंकफर्ट के क्षेत्राधीन जर्मनी, पोलैंड, चेक गणराज्य, स्लोवाकिया, ऑस्ट्रिया, रोमानिया, बुल्गारिया, सी.आई.एस. तथा इजराइल आते हैं। एम्सटरडम के अंतर्गत नीदरलैंड्स, लक्जमबर्ग, बेल्जियम तथा स्केनडेनेवियन देश आते हैं। पेरिस के क्षेत्राधीन फ्रांस, स्विट्जरलैंड, स्पेन, पुर्तगाल देश आते हैं तो मिलान कार्यालय के क्षेत्राधीन इटी, ग्रीस एवं माल्टा देश आते हैं।

- **पश्चिमी एशिया :** पश्चिम एशिया में भारत के पर्यटन कार्यालय दुबई एवं जोहान्सबर्ग में हैं। दुबई के क्षेत्राधीन के.एस.ए., यू.ए.ई., ईरान, सीरिया, कुवैत, कतर, बहरीन, जोर्डन, यमन, लेबनान, इराक, मिस्त्र, टर्की देश आते हैं तो जोहान्सबर्ग के क्षेत्राधीन दक्षिण अफ्रीका, केन्या, मोजांबिक, तंजानिया, जिंबाब्वे, मॉरीशस तथा मेडागास्कर देश आते हैं।
- **ऑस्ट्रेलिया :** ऑस्ट्रेलिया में भारत का पर्यटन कार्यालय सिडनी में है। इसके क्षेत्राधीन ऑस्ट्रेलिया, न्यूजीलैंड, फिजी और द पैसेफिक देश आते हैं।
- **पूर्वी एशिया :** पूर्वी एशिया में भारत के पर्यटन कार्यालय सिंगापुर तथा टोक्यो में हैं। सिंगापुर के क्षेत्राधीन सिंगापुर, मलेशिया, थाइलैंड, इंडोनेशिया एवं वियतनाम देश तथा टोक्यो के क्षेत्राधीन जापान, दक्षिणी व उत्तरी कोरिया, चीन, हांगकांग, लाओस एवं फिलीपींस देश आते हैं।

विदेश स्थित इन कार्यालयों के अलावा भारत सरकार की पर्यटन वेबसाइट से भी आवास, यात्रा, पर्यटन स्थलों, पर्यटन पैकेजों आदि के बारे में सूचना और जानकारी प्राप्त की जा सकती है। भारत सरकार की पर्यटन वेबसाइट—http/www.tourindia.com है। इसके अलावा भारत में पर्यटन से संबंधित जानकारी भारत सरकार के पर्यटन ई-मेल से भी प्राप्त की जा सकती है। इसका पता—Tourism@x400.nicgw.nic.in है। अंतरराष्ट्रीय समय से भारतीय समय पाँच घंटे सर्दियों में तथा चार घंटे गरमियों में आगे है। पूरे भारत में सर्दी और गरमी के हिसाब से समय का मानक एक समान है। स्पष्ट है कि भारत में एक मानक समय के हिसाब से ही कार्य किया जाता है।

पासपोर्ट व वीजा संबंधी नियम

भारत में किसी भी मार्ग से पर्यटकों का प्रवेश उनके अपने देश से जारी किए हुए पासपोर्ट के आधार पर ही हो सकता है। पासपोर्ट के आधार पर ही पर्यटन संबंधी वीजा जारी होता है। बगैर वीजा के किसी भी स्तर पर देश में विदेशी पर्यटकों का प्रवेश संभव नहीं है। पड़ोसी देश नेपाल और भूटान के नागरिकों

को पासपोर्ट या वीजा की आवश्यकता नहीं है; पर उनके पास पहचान के लिए दस्तावेज होने चाहिए। विभिन्न देशों में स्थित भारतीय दूतावासों से संपर्क कर निर्धारित शुल्क के आधार पर वीजा प्राप्त किया जा सकता है। वीजा प्राप्त करने के लिए वैध पासपोर्ट का होना आवश्यक है। विदेशी नागरिकों को भारत में प्रवेश के लिए विभिन्न प्रकार के वीजा जारी किए जाते हैं, जैसे—

पर्यटन वीजा : पर्यटन उद्देश्य के लिए दिए जानेवाले इस प्रकार के वीजा की अवधि सामान्यतया 180 दिनों के लिए ही वैध है। जारी किए जाने के छह महीने के भीतर इस वीजा से भारत में प्रवेश किया जा सकता है।

सामूहिक वीजा : चार या चार से अधिक पर्यटकों के समूह को दिए जानेवाले इस प्रकार के वीजा के लिए जरूरी है कि भ्रमण कार्यक्रम भारत सरकार द्वारा मान्यता प्राप्त किसी ट्रेवल एजेंसी ने प्रायोजित किया हो। भारत पहुँचने के बाद ऐसे समूह विभिन्न जगहों पर घूमने के लिए अलग-अलग हो सकते हैं। इसके लिए उन्हें आप्रवास अधिकारियों से घूमने का लाइसेंस लेना होगा; लेकिन वापसी के समय इन्हें एक साथ ही लाइसेंस लौटाना जरूरी है।

पारगमन वीजा : विदेशों में भारतीय मिशन पारगमन वीजा अधिकतम 15 दिनों के लिए जारी कर सकता है।

बिजनेस वीजा : पाँच वर्षों के अंतराल में बार-बार भारत आने के लिए विदेशी नागरिक बहुआगमन बिजनेस वीजा प्राप्त कर सकता है।

छात्र वीजा : अध्ययन के उद्देश्य से जारी किया जानेवाला इस प्रकार का वीजा छात्र भारत स्थित संस्था विशेष में प्रवेश और देश में जीवन-यापन के माध्यम का प्रमाण-पत्र प्रस्तुत कर प्राप्त कर सकते हैं। सामान्यतया इस प्रकार के वीजा की अवधि एक साल के लिए होती है; परंतु पाठ्यक्रम की अवधि के अनुरूप इसमें विस्तार करवाया जा सकता है।

सम्मेलन वीजा : भारत में आयोजित होनेवाले किसी अंतरराष्ट्रीय सम्मेलन में प्रतिनिधि की हैसियत से भागीदारी के लिए सम्मेलन वीजा प्राप्त किया जा सकता है। इसकी अवधि सम्मेलन की अवधि के अनुसार होती है। आजकल सम्मेलन पर्यटन के अंतर्गत इस प्रकार के वीजा काफी संख्या में जारी किए जाने लगे हैं।

पर्वतारोहण के लिए वीजा : भारत में पदयात्रा, पर्वतारोहण या वानस्पतिक संपदा को देखने के इच्छुक पर्यटक निजी या समूह के तौर पर यह वीजा हासिल कर सकते हैं। इस प्रकार के वीजा की अवधि जरूरत के अनुसार या फिर विवरण

पर निर्भर होती है।

मीडिया वीजा : भारतीय दूतावास के समक्ष जरूरी औपचारिकताएँ पूरी करने पर विदेशी पत्रकारों, मीडिया के लोगों को वृत्तचित्र या फीचर फिल्म निर्माण के लिए इस प्रकार का वीजा दिया जाता है।

पर्यटक वीजा अधिकतम 180 दिनों के लिए प्रदान किया जाता है। नियमानुसार वीजा की अवधि का विस्तार संभव नहीं है, परंतु विशेष परिस्थितियों में वीजा की अवधि समुचित कारणों के आधार पर बढ़ाई भी जा सकती है। वीजा के नवीनीकरण के लिए सभी राज्यों की राजधानियों और जिला मुख्यालयों में जिला पुलिस अधीक्षक, पुलिस आयुक्त आदि के पास आवेदन किया जा सकता है। दिल्ली, मुंबई, कोलकाता में वीजा नवीनीकरण और सीमा अवधि बढ़ाने का कार्य क्षेत्रीय विदेशी पंजीकरण कार्यालयों में किया जाता है। चेन्नई में मुख्य आप्रवासन अधिकारी के द्वारा यह कार्य किया जाता है।

पंजीकरण एवं आवासीय प्रमाण-पत्र

भारत में रुकने का वीजा 90 दिनों से अधिक अवधि का हो तो उस स्थिति में आगमन के 7 दिन के भीतर करीबी विदेशी पंजीकरण कार्यालय से पंजीकरण प्रमाण-पत्र और आवासीय परमिट प्राप्त कर लेना चाहिए। कानून के मुताबिक पंजीकरण, उसके विस्तार या प्रस्थान के समय व्यक्तिगत रूप से उपस्थित होना आवश्यक है। 15 दिन से अधिक की अनुपस्थिति की स्थिति में पंजीकरण कार्यालय को सूचना देनी होती है।

ऐसे विदेशी पर्यटक जो पर्यटन वीजा पर 180 दिन या उससे कम अवधि के लिए भारत आते हैं, उन्हें पंजीकरण कराने की आवश्यकता नहीं है। संरक्षित और निषिद्ध क्षेत्रों के अलावा वे देश में कहीं भी मुक्त रूप से घूम सकते हैं। बँगलादेश के निवासी को छह महीने तक पंजीकरण की छूट है। इसके बाद उनके लिए पंजीकरण कराना आवश्यक है। बिना राष्ट्रीयता या अनिर्धारित राष्ट्रीयतावाले व्यक्तियों के पास वैध पासपोर्ट और दस्तावेजों के लिए हलफनामा होना चाहिए। वीजा के लिए इस प्रकार के सैलानियों को अपने आगमन के दो महीने पहले आवेदन करना पड़ता है।

लैंडिंग परमिट सुविधा

वायु मार्ग, जहाज, चार्टर या सामान्य उड़ानों से भारत आनेवाले पर्यटक

समूहों को आप्रवास अधिकारी 30 दिनों के लिए सामूहिक लैंडिंग परमिट जारी कर सकता है। इसके लिए इस समूह के कार्यक्रम का किसी मान्यता प्राप्त ट्रैवल एजेंसी से प्रायोजित होना आवश्यक है। इस हेतु संबंधित ट्रैवल एजेंसी द्वारा पर्यटक समूह के सदस्यों के पासपोर्ट संबंधी विवरण भ्रमण तालिका सहित पेश किए जाने जरूरी हैं। ट्रैवल एजेंसी को समूह की देखभाल करने का दायित्व लिखित रूप में लेना होता है।

बगैर वीजा के आनेवाले किसी पर्यटक को लैंडिंग परमिट की सुविधा नहीं दी जाती। भारतीय मूल के बारह साल से कम उम्र के बच्चों के लिए अपने रिश्तेदारों से मिलने हेतु 90 दिन का लैंडिंग परमिट देने का प्रावधान भी है।

कस्टम औपचारिकताएँ

कस्टम के अनुसार विदेशी पर्यटक ऐसा व्यक्ति है, जो सामान्य तौर पर भारत का नागरिक नहीं है और जो किन्हीं भी बारह महीनों के अंतराल के दौरान छह महीने की अवधि के लिए वैध आप्रवास के उद्देश्य से जैसे—भ्रमण, मनोरंजन, खेल, पारिवारिक वजह और तीर्थ वगैरह के लिए भारत में प्रवेश करता है। कस्टम मंजूरी के लिए दो चैनल हैं—

(1) ग्रीन चैनल : ग्रीन चैनल उन यात्रियों के लिए है, जिनके पास ऐसी कोई वस्तु नहीं है जिस पर ड्यूटी लगाई जाए।

(2) रेड चैनल : उन यात्रियों के लिए है, जिनके पास ड्यूटी लगाने योग्य या ऐसी कीमती वस्तुएँ हैं, जिन्हें 'टूरिस्ट बैगेज रिएक्सपोर्ट फॉर्म' में घोषित करना होता है। प्रस्थान के समय इन वस्तुओं को वापस साथ ले जाना होता है। फॉर्म में दी गई सूची के अनुसार पुनः निर्यात न होने की स्थिति में उस वस्तु पर लगनेवाली ड्यूटी का भुगतान करना होता है। कस्टम के संबंध में पर्यटक किसी भी प्रकार की शिकायत या सुझाव हेतु निम्नलिखित स्थानों पर संपर्क कर सकते हैं—

—कस्टम शाखा में कस्टम उपायुक्त से। अंतरराष्ट्रीय एयरपोर्टों में कस्टम की यह शाखा 24 घंटे खुली रहती है।

—द कमिश्नर ऑफ कस्टम, न्यू कस्टम हाउस, न्यू कस्टम हाउस रोड, इंदिरा गांधी टर्मिनल—दो के पास, नई दिल्ली-110037।

स्वयं के वाहन से भ्रमण

विदेशी पर्यटक भारत में अपनी स्वयं की कार, कोच या अन्य मोटर वाहन

से भी भ्रमण कर सकते हैं। इस प्रकार विदेश से भारत लाए जानेवाले वाहनों को 6 माह के लिए आयात कर से मुक्त रखे जाने का प्रावधान है। कस्टम नियमों के अंतर्गत आयात कर से मुक्त केवल उन्हीं वाहनों को रखा जाता है, जो जिनेवा स्थित एलायंस इंटरनेशनल डी टूरिज्म से मान्यता-प्राप्त किसी अंतरराष्ट्रीय संस्थान या क्लब से अधिकृत हों तथा जिनका उद्देश्य वाहन से पर्यटन करना हो। इस प्रकार के आयात कर से मुक्त वाहनों को कस्टम से छुड़ाने के लिए कस्टम कारनेट को कागजात दिखाने के अलावा पर्यटक को स्वयं मौजूद रहकर आयात किए वाहन के विदेशी रजिस्ट्रेशन दस्तावेजों को कस्टम अधिकारी को दिखाना होता है। ऐसे वाहनों का 6 माह के भीतर पुन: उस देश में निर्यात आवश्यक है।

आई.सी.एन.बी.—देश में अपना वाहन लेकर आनेवाले विदेशी पर्यटकों को आई.सी.एन.बी. यानी मोटर वाहन अंतरराष्ट्रीय प्रमाण-पत्र लेना अनिवार्य है। इसकी वैधता की अवधि एक वर्ष है। भारत के विभिन्न राज्यों में आसानी से घूमने-फिरने के लिए यह प्रमाण-पत्र लेना जरूरी है।

इस प्रमाण-पत्र के साथ स्वयं के वाहन को चलाने के लिए विदेशी पर्यटक के पास अंतरराष्ट्रीय ड्राइविंग परमिट भी आवश्यक है। एक साल की वैधतावाला ऐसा परमिट दरअसल ड्राइविंग लाइसेंस ही होता है, जिसे लाइसेंस अधिकारी या अपने देश की किसी ऑटोमोबाइल संस्था या क्लब से प्राप्त किया जा सकता है।

मुद्रा, आय कर एवं बीमा संबंधी नियम

विदेश से आनेवाले पर्यटकों को मुद्रा एवं बीमा संबंधी विभिन्न औपचारिकताओं की पूर्ति करनी जरूरी है। इन औपचारिकताओं की पूर्ति से न केवल पर्यटकों के हितों की रक्षा होती है बल्कि उनकी यात्रा भी सुगम और तनाव-रहित हो पाती है। मुद्रा एवं बीमा संबंधी विभिन्न नियम इस प्रकार हैं—

मुद्रा विनिमय—विदेशी पर्यटकों को देश में भारतीय मुद्रा लाने या इसे देश से बाहर ले जाने की अनुमति नहीं है; परंतु विदेशी पर्यटक देश के भीतर किसी भी सीमा तक विदेशी मुद्रा या ट्रेवलर चेक लेकर घूम सकता है। पर्यटक यदि अपने साथ किसी भी प्रकार की राशि—1,000 अमेरिकी डॉलर मूल्य से अधिक की—लेकर आता है तो इसकी जानकारी उसे आगमन के समय कस्टम विभाग को देकर इसका प्रमाण-पत्र लेना आवश्यक है।

सरकारी बैंकों, सरकारी मुद्रा परावर्तन केंद्रों, प्राधिकृत डीलरों, कुछ अनुमति प्राप्त होटलों से विदेशी मुद्रा को भारतीय मुद्रा में परावर्तित कराया जा सकता है।

मुद्रा विनिमय के लिए पर्यटक को मुद्रा विनिमय फॉर्म भरना होता है। यह फॉर्म पर्यटकों के लिए इसलिए भी महत्त्वपूर्ण होता है कि जब पर्यटक भारत से अपने देश के लिए प्रस्थान करते हैं तो पुनः उन्हें भारतीय मुद्रा को अपने देश की मुद्रा में बदलने के लिए इसकी आवश्यकता पड़ती है। अंतरराष्ट्रीय क्रेडिट कार्ड के जरिए भी विदेशी पर्यटक भारत में अपने भ्रमण संबंधी खर्चों की एक हद तक व्यवस्था कर सकता है।

आय कर समाशोधन प्रमाण-पत्र—भारत में 120 दिन से ज्यादा रहनेवाले आप्रवासी व्यक्ति को देश छोड़कर जाने के लिए आय कर समाशोधन प्रमाण-पत्र पेश करना जरूरी है। यह दस्तावेज इस बात का सबूत होता है कि अपने प्रवास के दौरान संबंधित व्यक्ति ने अपने पैसों से खुद का खर्च चलाया है, न कि किसी प्रकार की नौकरी या कार्य करके या फिर अपनी वस्तुएँ बेचकर अपना काम चलाया है।

'आय कर समाशोधन' प्रमाण-पत्र आय कर विभाग की दिल्ली, चेन्नई, कोलकाता, मुंबई स्थित विदेश शाखा द्वारा जारी किया जाता है। इस प्रकार के प्रमाण-पत्र के जारी करने से पहले पर्यटक का पासपोर्ट, वीजा विस्तार फॉर्म तथा मुद्रा विनिमय की रसीदें देखी जाती हैं।

बीमा—पर्यटकों की सुरक्षा और विभिन्न जोखिमों से बचाव के लिए बीमा कंपनियाँ उनकी यात्रा का बीमा करती हैं। पर्यटकों की यात्रा के दौरान बीमा सुविधा से पर्यटन एजेंसियाँ, अभिकर्ताओं, यात्रा प्रचालकों को भी संरक्षण मिलता है। बीमा कंपनियाँ व्यक्तिगत और समूह का बीमा करती हैं।

बीमा के अंतर्गत पर्यटक की भ्रमण के दौरान स्थान विशेष की परिस्थितियों के कारण होनेवाली बीमारी, मानवीय जोखिम या प्राकृतिक दुर्घटना को कवर किया जाता है। सामान्यतया पर्यटक को अपनी पर्यटन संबंधी बीमा का दावा दो माह के भीतर पेश करना होता है। पर्यटकों के लिए यह जान लेना जरूरी है कि उनकी बीमा की शर्तें क्या हैं, बीमा के दावे कितनी अवधि में पेश करने की व्यवस्था है, बीमा कंपनी बीमा के तहत क्या-क्या कवर कर रही है आदि। इसके बाद पर्यटक विभिन्न प्रकार की समस्याओं से निजात पा सकता है।

स्वास्थ्य अधिनियम

अंतरराष्ट्रीय स्वास्थ्य संबंधी नियमों के तहत विदेशी पर्यटकों के पास 'येलो फीवर वैक्सीनेशन' प्रमाण-पत्र होना जरूरी है। विश्व स्वास्थ्य संगठन विश्व भर

के यात्रियों के लिए नियमित रूप से टीकाकरण से संबंधित सुझाव प्रकाशित करता है। इन सुझावों के आधार पर विभिन्न देशों में टीकाकरण की उचित व्यवस्था होती है। यदि किसी देश में अचानक किसी प्रकार की बीमारी फैलती है और उसका टीका वहाँ उपलब्ध नहीं है तो उस देश के पर्यटक को वीजा देने से पहले स्वास्थ्य संबंधी पूरी जाँच की जाती है और यह सुनिश्चित किया जाता है कि वह पूरी तरह से स्वस्थ है या नहीं। सामाजिक सुरक्षा के तहत प्रवासी और निवासी दोनों के ही स्वास्थ्य संरक्षण को आज प्राथमिकता के क्षेत्र में लिया जाने लगा है। विश्व पर्यटन संगठन के एक महत्त्वपूर्ण सुझाव के तहत जिन देशों में सरकारी बीमा कंपनियाँ हैं वहाँ पर पर्यटक और स्थानीय निवासियों के स्वास्थ्य बीमे की समुचित व्यवस्था होनी चाहिए। इस सुझाव के आधार पर ही अब अधिकांश पर्यटन देशों में स्वास्थ्य बीमा एवं संरक्षण की दिशा में कदम उठाए जाने लगे हैं।

एक वर्ष से अधिक की अवधि के लिए भारत आनेवाले विदेशी पर्यटक के लिए निकटतम केंद्र में एड्स परीक्षण कराना आवश्यक है। यदि कोई पर्यटक एड्स वायरस से संक्रमित मिलता है तो उसे उसके देश वापस भेज दिया जाता है। जिन विदेशी पर्यटकों के पास व्यापार संगठन की मान्य लेबोरेटरी का एच.आई.वी. मुक्त प्रमाण-पत्र, हो उन्हें अलग से एड्स परीक्षण की आवश्यकता नहीं होती।

कानून-व्यवस्था संबंधी नियम

किसी देश में भ्रमण करने पर उस देश के कानून एवं व्यवस्था के नियम लागू होते हैं। भारत में पर्यटन की विविधता है। पर्यटकों के लिए पर्यटन के दौरान भारतीय कानून व्यवस्था संबंधी नियमों की पालना करना जरूरी है। कुछ कानून-नियम ऐसे भी हैं जिनसे उनके अपने हितों का संरक्षण होता है। अपने साथ दुर्व्यवहार, लूट-पाट, ठगी, किसी प्रकार के उत्पीड़न आदि के बारे में वे भारतीय कानून के तहत शिकायत दर्ज करा सकते हैं। पर्यटक जिस क्षेत्र, जिले में भ्रमण कर रहे हों वहाँ पुलिस, प्रशासनिक अधिकारियों को अपनी शिकायत दर्ज करा सकते हैं। कुछ स्थानों पर पर्यटक पुलिस की भी व्यवस्था हाल के वर्षों में की गई है, उनसे भी पर्यटक संपर्क कर अपनी किसी भी प्रकार की शिकायत दर्ज करा सकते हैं। पर्यटक उपभोक्ता अधिकारों के अंतर्गत देश में क्रय की जानेवाली चीजों में मिलावट, उपभोक्ता उत्पाद के निर्धारित मूल्य से अधिक वसूलने, गुणवत्ता आदि के आधार पर भी दावा कर मुआवजा प्राप्त कर सकते हैं।

पर्यटकों की विभिन्न प्रकार की शिकायतों के आधार पर उनकी समस्याओं

के निराकरण की दृष्टि से पर्यटन विभाग, भारत सरकार द्वारा उप-महानिदेशक, पर्यटन की अध्यक्षता में शिकायत कक्ष की स्थापना भी की गई है। इसके अलावा भारत सरकार के क्षेत्रीय पर्यटन कार्यालयों में भी पर्यटक शिकायत कक्ष स्थापित किए गए हैं। भारत सरकार की पर्यटन वेबसाइट पर भी शिकायत प्राप्त करने की एक प्रणाली विकसित की गई है। राज्य सरकारों के स्तर पर भी पर्यटन शिकायत कक्ष स्थापित कर विभिन्न स्तरों की पर्यटक समस्याओं के निराकरण की प्रणाली विकसित की जा रही है।

पर्यटकों को अपने साथ हुई किसी वारदात की जहाँ शिकायत करने की स्वतंत्रता और समय पर न्याय प्राप्त करने की व्यवस्था है वहीं दूसरी ओर भ्रमण के लिए भारत आनेवाले पर्यटकों को यहाँ के विभिन्न कानून-नियमों का पालन करना भी जरूरी है। इनकी पालना नहीं करने पर उनके विरुद्ध कारवाई की जा सकती है। कुछ प्रमुख कानून एवं नियम इस प्रकार से हैं—

फोटोग्राफी प्रतिबंध—सैन्य दृष्टि से महत्त्वपूर्ण स्थानों, पुलों, एयरपोर्टों और दूसरे सैन्य ठिकानों में फोटोग्राफी करना मना है। ऐसा करने पर पर्यटकों के खिलाफ भारतीय दंड संहिता के अंतर्गत कारवाई की जा सकती है।

प्राचीन या दुर्लभ वस्तुओं का निर्यात—प्राचीन सामग्री, जैसे—मूर्तियाँ, कला या हस्तशिल्प का कोई नमूना, विज्ञान, कला, शिल्प या प्राचीन धर्म का प्रतीक, सौ साल से अधिक पुरानी ऐतिहासिक महत्त्व की वस्तुएँ, पांडुलिपियाँ और वैज्ञानिक, ऐतिहासिक, साहित्यिक या 75 वर्ष से अधिक पुरानी सौंदर्य से संबद्ध वस्तुओं का निर्यात नहीं किया जा सकता है। भारत की पुरानी कलाकृतियों पर पुरातन कलाकृति और कला निधि अधिनियम, 1972 लागू होता है।

जानवरों के शरीर से बनी वस्तुओं के निर्यात संबंधी नियम—भारत सरकार अपने दुर्लभ और संकटापन्न जीवों के संरक्षण के लिए प्रयासरत है। इसलिए देश में पाए जानेवाले सभी वन्य जीवों और उनके अंगों से बननेवाली वस्तुओं के निर्यात पर पूर्ण प्रतिबंध है। इनमें जानवरों की खाल, सरीसृप, फर, हाथीदाँत, गैंडे के सींग से निर्मित ट्रॉफी आदि शामिल हैं।

निषिद्ध इलाके—सैन्य ठिकाने, रक्षा संस्थाएँ एवं शोध संस्थान संरक्षित क्षेत्र समझे जाते हैं और विदेशियों को इन जगहों में प्रवेश के परमिट नहीं दिए जाते हैं।

पर्यावरण सुरक्षा संबंधी नियम

प्राकृतिक वनस्थलियों, सौंदर्य-स्थलों एवं जैविक विविधता से परिपूर्ण क्षेत्रों

पर पर्यटकों का मानवीय दबाव बढ़ने से प्रदूषण की भारी समस्या उत्पन्न हो गई है। फ्रांस की राजधानी पेरिस स्थित यूनेस्को का प्राकृतिक धरोहर विभाग गत कुछ दशकों से विश्व प्राकृतिक धरोहरों का पता लगाकर उन्हें संरक्षित तथा विकसित करता है।

भारत में पारिस्थितिकी पर्यटन की ओर पिछले कुछ वर्षों से विशेष ध्यान दिया जा रहा है। इसके तहत पर्यटकों को पर्वतीय इलाकों पर कचरा फैलाने से रोकने, होटलों एवं पर्यटन से संबंधित अन्य उद्योगों को पर्यावरण नियमों का पालन करने संबंधी प्रशिक्षण के प्रयास किए जा रहे हैं। इसी प्रकार वन्य जीव संरक्षण अधिनियम, 1972 के तहत वन्य जीवों को मारने पर देश में प्रतिबंध लगा हुआ है। ऐसा करने पर इस अधिनियम के अंतर्गत जुर्माने के साथ-साथ कड़ी सजा का प्रावधान है।

विशेष अनुमतिवाले पर्यटन स्थल

आम तौर पर पासपोर्ट और वीजा के आधार पर पर्यटकों को देश में कहीं भी आने-जाने की छूट है; परंतु देश की सीमाओंवाले राज्यों, संघ-शासित प्रदेशों आदि के लिए विशेष अनुमति पर ही पर्यटन की स्वीकृति प्रदान की जाती है। देश में विशेष अनुमतिवाले प्रतिबंधित, संरक्षित क्षेत्रों में भ्रमण के लिए गृह मंत्रालय, संबंधित प्रशासन, विदेश स्थित भारतीय मिशन आदि से अनुमति लेना अनिवार्य है। यह अनुमति सामान्यतया 15 दिनों से अधिक की नहीं मिलती। समूह में जानेवालेवाले पर्यटक दलों के मामले में पर्यटन से दो सप्ताह पूर्व आवेदन दे दिया जाना चाहिए। भारत में विशेष अनुमतिवाले पर्यटन स्थल इस प्रकार हैं—

अंडमान-निकोबार द्वीप समूह—अंडमान-निकोबार द्वीप समूह के अंतर्गत पोर्ट ब्लेयर का पालिका क्षेत्र, हैवलॉक द्वीप, लांग व नी द्वीप, माया बंदर, साउथ सिंक, माउंट हेरियट और मधुबन क्षेत्रों को प्रतिबंधित एवं संरक्षित किया हुआ है। इन क्षेत्रों में पर्यटन के लिए गृह मंत्रालय, एफ.आर.आर.ओ., विदेश स्थित सभी भारतीय दूतावास स्थित अधिकारी अनुमति देनेवाले प्राधिकरण हैं। पोर्ट ब्लेयर पहुँचकर वहाँ आप्रवासन अधिकारी से भी विदेशी पर्यटक प्रतिबंधित एवं संरक्षित इलाकों में घूमने की विशेष अनुमति प्राप्त कर सकते हैं।

लक्षद्वीप—लक्षद्वीप का बंगारम क्षेत्र विदेशी पर्यटकों के लिए प्रतिबंधित घोषित है। यहाँ भ्रमण के लिए पर्यटक लक्षद्वीप प्रशासन, गृह मंत्रालय के कोच्चि कार्यालय से अनुमति प्राप्त कर सकते हैं।

अरुणाचल प्रदेश—अरुणाचल प्रदेश के ईटानगर, झिरो, आलोंग, पासीघाट मियाओ और नामदफा प्रतिबंधित एवं संरक्षित क्षेत्र हैं। यहाँ जाने के लिए विदेशी पर्यटक अरुणाचल प्रदेश शासन के गृह आयुक्त, ईटानगर तथा दिल्ली, मुंबई, चेन्नई, कोलकाता स्थित क्षेत्रीय कार्यालयों से अनुमति प्राप्त कर सकते हैं। गौरतलब है कि पर्यटक समूह यहाँ केवल निर्धारित पर्यटन-वृत्तों में ही यात्रा कर सकते हैं।

मिजोरम—मिजोरम के वैरांगत्से, थिंगडाल और आइजोल क्षेत्रों को प्रतिबंधित एवं संरक्षित किया हुआ है। इन क्षेत्रों में भ्रमण के लिए पर्यटक मिजोरम शासन के गृह आयुक्त, दिल्ली, मुंबई, कोलकाता स्थित मिजोरम रेजिडेंट कमिश्नर और विदेश स्थित भारतीय मिशन से अनुमति प्राप्त कर सकते हैं। पर्यटक समूह केवल निर्धारित पर्यटन वृत्तों में यात्रा कर सकते हैं। किसी अकेले पर्यटक को अनुमति नहीं दी जाती। अनुमति-पत्र भी केवल 10 दिनों के लिए ही जारी किया जाता है।

मणिपुर—मणिपुर की लोकनायक लेक, इंफाल, मोइरैंग, केईबुल मृग अभयारण्य और बठे झील प्रतिबंधित एवं संरक्षित क्षेत्र हैं। यहाँ के लिए विदेश स्थित सभी भारतीय दूतावासों, दिल्ली स्थित मणिपुर रेजिडेंट कमिश्नर और मणिपुर शासन के गृह विभाग से अनुमति प्राप्त की जा सकती है।

मेघालय—मेघालय के शिलांग, बारापानी, चेरापूँजी, मौसिनरम जकेरान, रानीकोर, थडलास्किन, नरतियांग, तूरा और सिजू प्रतिबंधित क्षेत्र हैं। यहाँ जाने के इच्छुक विदेशी पर्यटकों को गृह मंत्रालय, विदेश स्थित भारतीय दूतावासों और मेघालय के गृह आयुक्त से अनुमति लेना जरूरी है।

असम—असम के काजीरंगा एवं मानस राष्ट्रीय उद्यान, गुवाहाटी और कामाख्या मंदिर, शिवसागर, जटिंगा पक्षी अभयारण्य को प्रतिबंधित एवं संरक्षित क्षेत्र घोषित किया हुआ है। इनमें भ्रमण के लिए असम के गृह आयुक्त, नई दिल्ली एवं विभिन्न अन्य स्थानों पर असम राज्य पर्यटन सूचना केंद्रों से अनुमति प्राप्त की जा सकती है।

सिक्किम—सिक्किम के गंगटोक, रूमटेक, फोडांग, पेमयांगत्से, पश्चिमी सिक्किम में झोंगरी, पूर्वी सिक्किम में छांगू झी, मुगन, टोंग, सिंधिक, चुंगथांग, रोगडांग, नाथुला आदि इलाके प्रतिबंधित क्षेत्र हैं। यहाँ विदेशी सैलानियों को विशेष अनुमति से ही प्रवेश मिल सकता है। अकेले पर्यटक को अनुमति नहीं दी जाती। अनुमति केवल 15 दिनों के लिए ही दी जाती है। विशेष अनुमति गृह मंत्रालय, विदेश स्थित भारतीय दूतावास, मुंबई, कोलकाता, चेन्नई, दिल्ली के विमानपत्तनों में आव्रजन अधिकारी, गृह एवं पर्यटन सचिव, सिक्किम शासन आदि से प्राप्त की

जा सकती है।

हिमाचल प्रदेश—हिमाचल प्रदेश के पूखाब-सुमधो, धंकर-ताबो, गोंपा-काझा, मारेंग-डबलिंग क्षेत्रों को प्रतिबंधित घोषित किया हुआ है। यहाँ विदेशी पर्यटक विशेष अनुमति से ही जा सकते हैं। इसके लिए हिमाचल प्रदेश शासन के गृह मंत्रालय, संबंधित जिला मजिस्ट्रेट, भारत-तिब्बत सीमा पुलिस, विशेष आयुक्त—पर्यटन, हिमाचल प्रदेश के नई दिल्ली स्थित स्थानीय आयुक्त आदि से अनुमति प्राप्त की जा सकती है। पर्यटकों को संबंधित क्षेत्रों में अनुमति के बावजूद केवल पदयात्रा की ही अनुमति मिल सकती है।

उत्तराखंड—उत्तर प्रदेश में नंदा देवी अभयारण्य, नीति घाटी और चमोली में रानीखेत, उत्तर काशी जिला, मिलम हिमनद से लगा क्षेत्र प्रतिबंधित है। यहाँ भ्रमण के लिए गृह मंत्रालय, दिल्ली, उत्तर प्रदेश शासन के गृह मंत्रालय अथवा संबंधित जिला मजिस्ट्रेट से विशेष अनुमति प्राप्त करनी आवश्यक है।

पर्यटन संबंधी नियमों एवं कानूनों का पालन कर पर्यटक अपनी यात्रा को न केवल सुगम और सुखद बना सकते हैं बल्कि विभिन्न समस्याओं से भी निजात पा सकते हैं। पर्यटन के लिए वैध पासपोर्ट और वीजा का होना तो जरूरी है ही, साथ ही कस्टम की औपचारिकताओं की पूर्ति एवं अन्य बताए गए नियमों का पालन भी जरूरी है।

□

पर्यटन : प्रबंधन

पर्यटन स्थान विशेष की अर्थव्यवस्था के साथ ही वहाँ के सामाजिक और सांस्कृतिक परिवेश पर भी गहरा असर डालता है। विश्व में जिस तेजी से पर्यटन उद्योग विकसित हो रहा है, यह कहा जा सकता है कि भविष्य में टिकाऊ विकास की अवधारणा को पर्यटन से ही साकार किया जा सकेगा। पर्यटन के प्रभाव सकारात्मक होने के साथ-ही-साथ नकारात्मक भी होते हैं। इन प्रभावों का मूल्यांकन कर अन्य उद्योगों की भाँति पर्यटन का प्रबंधन भी अगर बेहतर तरीके से किया जाए तो न केवल इसके नकारात्मक प्रभावों को न्यूनतम किया जा सकता है, बल्कि यह बहुआयामी विकास का एक बेहतर साधन बन सकता है। इसके लिए जरूरी है कि पर्यटन क्षेत्र के आदि से अंत तक के समग्र परिदृश्य एवं उसके प्रभावों का सही-सही आकलन किया जाए। इस आकलन के आधार पर नकारात्मक प्रभावों की बारीकी से पड़ताल कर उन्हें न्यूनतम करने के साथ ही पर्यटन के समग्र विकास की व्यूह-रचना बनाई जाए। यह तभी संभव है, जब पर्यटन के प्रबंधन को सभी स्तरों पर सुदृढ़ किया जाए।

प्रबंधन की विभिन्न क्रियाओं के अंतर्गत पर्यटन का नियोजन, संगठन, समन्वय, नियंत्रण, निर्देशन आदि को व्यवहार में परिणत किया जाए तो फिर कोई वजह नहीं रहेगी कि पर्यटन उद्योग को टिकाऊ विकास का आधार नहीं बना सकें। इस दृष्टि से पर्यटन प्रभाव, मूल्यांकन एवं प्रबंधन पर गहन विचार किए जाने की आवश्यकता है।

पर्यटन उद्योग एवं उसका प्रबंधन

अन्य आर्थिक क्रियाओं की तरह इसमें भी माँग की उत्पत्ति होती है तथा यह भी अन्य उद्योगों के लिए बाजार का निर्माण करता है।

इस संबंध में श्री जी. जनता का कथन महत्त्वपूर्ण है। उनके अनुसार, पर्यटन को दो मुख्य क्षेत्रों में विभाजित किया जा सकता है—प्रथम स्थिर क्षेत्र एवं द्वितीय अस्थिर क्षेत्र। स्थिर क्षेत्र के अंतर्गत वे समस्त आर्थिक क्रियाएँ हैं, जो समुदाय के निर्माण, माँग को आकर्षित करने, परिवहन व्यवस्था आदि से संबंधित हैं। इनमें परिवहन-प्रचालकों, यात्रा अभिकर्ताओं, परिवहन संस्थाओं व अन्य सहायक सेवाओं की क्रियाएँ सम्मिलित हैं। द्वितीय अस्थिर क्षेत्र के अंतर्गत अल्पकालीन प्रवास, आवास सुविधा, खान-पान की माँग आदि क्रियाएँ शामिल की जा सकती हैं। हालाँकि 'उद्योग' शब्द के सीमित अर्थ में पर्यटन को उद्योग नहीं कहा जा सकता, परंतु आर्थिक दृष्टि से पर्यटन से माँग की उत्पत्ति होती है। यह विभिन्न उद्योगों के लिए बाजार का निर्माण करता है। इसलिए वे समस्त क्रियाएँ, जो पर्यटन से संबंधित हैं, पर्यटन उद्योग के अंतर्गत आती हैं। व्यापक दृष्टिकोण से पर्यटकों द्वारा किया गया समस्त व्यय राष्ट्रीय पर्यटन या पर्यटन उद्योग के तहत आता है। लोगों में बढ़ती हुई समृद्धि तथा तीव्र गति से यात्रा करनेवाले साधनों के विकास के साथ ही अन्य बुनियादी सुविधाओं के विस्तार के फलस्वरूप पर्यटन में तेजी से प्रगति हो रही है।

चूँकि प्रबंधन के तहत समाज के प्रत्येक कार्य जैसे—उत्पादन, व्यवसाय, शिक्षा, धर्म, राजनीति, सामाजिक उत्थान आदि सामूहिक प्रयासों को सुचारु बनाने के कार्य किए जाते हैं, अतः पर्यटन भी इन सबसे जुड़ी क्रिया है। 'पर्यटन' भी 'प्रबंधन' की तरह व्यापक शब्द है। प्रबंधन की परिभाषा देते हुए लॉरेंस ने कहा है कि प्रबंधन व्यक्तियों का विकास है, न कि वस्तुओं का निर्देशन। पर्यटन में भी इसी पर जोर दिया जाता है। पर्यटन से सभी स्तरों पर व्यक्तियों का विकास होता है। ऐसे भी कहा जा सकता है कि पर्यटन न केवल एक महत्त्वपूर्ण आर्थिक क्रिया है, बल्कि विश्व के विभिन्न राष्ट्रों में सांस्कृतिक परिवर्तन लाने का माध्यम भी है। पर्यटन के तहत तीन मुख्य अंगों को सम्मिलित किया जाता है—

1. स्थान,
2. परिवहन,
3. आवास।

इन तीन तत्त्वों के तहत किसी भी स्थान या गंतव्य तक पहुँचने के लिए पर्यटकों को यात्रा अभिकर्ता, यात्रा संचालक, सामान वाहक आदि की सेवाओं की आवश्यकता होती है। पर्यटन स्थल पर पहुँचने पर पर्यटक के ठहरने संबंधी एवं अन्य सुविधाओं व सेवाओं की पूर्ति होटल एवं खान-पान उद्योग द्वारा की जाती

है। इनमें प्रबंधन के जो तत्त्व हैं अथवा प्रबंधन की जो क्रियाएँ हैं, वे सभी जैसे—नियोजन, संगठन, समन्वय, निर्देशन व नियंत्रण आदि पर्यटन में भी अपनानी होती हैं। इस आधार पर 'पर्यटन' और 'प्रबंधन' जुड़े हुए शब्द हैं।

पर्यटन के अंतर्गत वे सभी तत्त्व सम्मिलित हैं, जो किसी भी आर्थिक क्रिया के सफल संचालन के लिए जरूरी होते हैं। इसे इस रूप में समझा जा सकता है कि जब भी किसी व्यक्ति के मन में पर्यटन का विचार आता है, वह उसके लिए तैयारी प्रारंभ कर देता है। इस तैयारी में पहले वह नियोजन करता है कि कौन सा ऐसा स्थान होगा जो पर्यटन के लिए उचित है। इसके तहत उस स्थान पर पहुँचने के लिए व्यय, उपलब्ध सुविधाओं, खान-पान, मनोरंजन, दर्शनीय स्थानों पर भ्रमण, वहाँ की जानेवाली खरीदारी, वित्तीय सामान की उपलब्धता आदि के बारे में सोचना होता है, तब पर्यटन की सोच बनती है। इसके बाद पर्यटन स्थल पर सुविधा प्रदान करनेवाले लोगों, संगठनों की बारी आती है कि वे पर्यटकों को वहाँ कैसी सुविधा व वातावरण प्रदान करें, जिससे कि वे वहाँ आएँ और अन्यों को भी आने के लिए प्रेरित करें। पर्यटक स्थलों के रख-रखाव, अन्य पर्यटक स्थलों से उस पर्यटन स्थल के जुड़ाव तथा वहाँ उपलब्ध सुविधाओं आदि सभी में प्रबंधन की महती आवश्यकता होती है। बगैर प्रबंधन के पर्यटन किया ही नहीं जा सकता, क्योंकि पर्यटन करने की सोच से लेकर पर्यटन-स्थल पर पहुँचने, वहाँ पर्यटन करने तथा वहाँ से वापसी तक की सभी की जानेवाली क्रियाएँ प्रबंधन से ही जुड़ी होती हैं। अतः यह तो कहा ही नहीं जा सकता कि पर्यटन और प्रबंधन आपस में जुड़े हुए नहीं हैं।

प्रबंधन के कार्य एवं पर्यटन

प्रो. एडविन एस. रॉबिंसन ने कहा है कि कोई भी व्यवसाय स्वयं नहीं चल सकता, चाहे वह संवेग की स्थिति में ही क्यों न हो। उसे नियमित उद्दीपन की जरूरत पड़ती है। यह उद्दीपन उसे अपने मस्तिष्क-प्रबंधन से प्राप्त होता है। प्रबंधन विद्वानों व विचारकों द्वारा प्रबंधन के पाँच प्रमुख तत्त्व या कार्य बतलाए गए हैं—

1. पूर्वानुमान तथा योजना बनाना,
2. संगठन बनाना,
3. आदेश देना,
4. समन्वय करना,

5. नियंत्रण करना।

पर्यटन में भी ये ही सारे कार्य किए जाते हैं। प्रत्येक पर्यटक को आवागमन के नियमों का पालन करना होता है। साथ ही देश के कानूनों का पालन करने, पर्यटन में संलग्न सरकारी व निजी संस्थाओं द्वारा पर्यटन प्रोत्साहन के कार्य तथा पर्यटकों को पर्यटन-स्थलों पर विभिन्न सुविधाएँ प्रदान करने जैसे कार्य किए जाते हैं। ये सभी कार्य बगैर नियोजन, संगठन, आदेश, समन्वय, नियंत्रण के नहीं हो सकते। इसलिए पर्यटन में भी प्रबंधन के सभी तत्त्व सम्मिलित होते हैं। भिन्न अर्थों में प्रबंधन की बजाय पर्यटन प्रबंधन के तहत ये सभी कार्य किए जाते हैं। इस रूप में पर्यटन प्रबंधन प्रबंधन से पृथक् नहीं है। हाँ, इसी अर्थ में समझकर समुचित प्रबंधन के जरिए विकास किया जाए तो निकट भविष्य में पर्यटन देश की महत्त्वपूर्ण आर्थिक क्रिया होकर अधिकाधिक लोगों को रोजगार प्रदान करने के साथ-साथ अर्थव्यवस्था में लाभ का मार्ग प्रशस्त कर सकता है।

पर्यटन प्रबंधन का उद्देश्य

पर्यटन प्रबंधन के तहत न केवल पर्यटन के लाभों को असीमित किया जा सकता है बल्कि पर्यटन उद्योग का तेजी से विकास किया जा सकता है। पर्यटन प्रबंधन को पर्यटन उद्योग के सुव्यवस्थित विकास का आधार कहा जाए तो कोई अतिशयोक्ति नहीं होगी।

संक्षेप में, पर्यटन प्रबंधन के उद्देश्य निम्नलिखित हैं—

- यद्यपि पर्यटन को उद्योग मान लिया गया है तथापि पर्यटन का उद्योग के रूप में विकास नहीं हो पा रहा है। पर्यटन उद्योग का कार्यान्वयन अभी औद्योगिक एवं व्यावसायिक दृष्टिकोण से नहीं हो पा रहा है। इस दृष्टि से व्यवहार में पर्यटन को उद्योग के रूप में इस प्रकार से स्पष्ट करना कि इसे एक औद्योगिक इकाई के रूप में स्वीकार किया जा सके तथा धीरे-धीरे इसी रूप में इसे स्थायी मान्यता प्राप्त हो सके।
- उद्योग के रूप में पर्यटन की व्यावहारिक व्याख्या करना, साथ ही उद्योग तथा व्यवसाय के मानदंडों पर भी पर्यटन को परखना।
- पर्यटन का अभी जो स्वरूप है, उसके अंतर्गत किन-किन गतिविधियों का संचालन किया जाता है और कैसे किया जाता है—का विश्लेषण करना। इस दृष्टिकोण से पर्यटन उद्योग की वर्तमान प्रबंधकीय संरचना की व्याख्या करना।

- वर्तमान में पर्यटन को एक मनोरंजन माध्यम के रूप में अथवा सहायक व्यापारिक कार्य के रूप में देखा जाता है, जो इसके व्यावसायिक स्वरूप को अस्थायी सिद्ध करता है। पर्यटन प्रबंधन पर्यटन को एक स्थायी व्यावसायिक कार्य के रूप में स्थापित कर सकता है।
- पर्यटन उद्योग वर्तमान समय में सबसे अधिक सामयिक है। इसमें निवेश और कार्य की भी अच्छी संभावनाओं से इनकार नहीं किया जा सकता। इस दृष्टिकोण से पर्यटन उद्योग की ओर निवेशकों का ध्यान आकर्षित करना।
- पर्यटन उद्योग में पूँजी और लाभ का प्रबंधकीय दृष्टि से मूल्यांकन करना।
- पर्यटन विकास की अन्य जितनी भी संभावनाएँ हैं, उनका पता लगाना।
- पर्यटन परिवहन व आवास की स्थिति का अध्ययन कर प्रभावी कार्यान्वयन के सुझाव देना।
- पर्यटन के विभिन्न क्षेत्रों में पड़नेवाले नकारात्मक प्रभावों को न्यूनतम करके पर्यटन को टिकाऊ विकास का आधार बनाना।

पर्यटन उद्योग की विपुल संपत्ति है उसका असीमित कच्चा माल। इस उद्योग के विस्तार की भी कोई सीमा नहीं है तथा आधुनिक पर्यटन में तो विभिन्न प्रकार की चीजें स्वयं अपना स्थान बनाने लगी हैं। आवश्यकता यह है कि पर्यटन उद्योग का लाभ स्थानीय लोगों को मिले और इसके लिए इसे अन्य उद्योगों की भाँति स्थापित करना पर्यटन प्रबंधन का मुख्य उद्देश्य है। पर्यटन प्रबंधन के अंतर्गत पर्यटन के अंगों का अधिकाधिक विकास किए जाने के साथ ही इसे एक लाभकारी और व्यावहारिक उद्योग के रूप में भी स्थापित किया जा सकेगा। प्रबंधकीय दृष्टि से इस उद्योग का विकास करके ही इसके विभिन्न लाभों से लाभान्वित हुआ जा सकेगा।

पर्यटन प्रबंधन की आवश्यकता

पर्यटन उद्योग देश की एक महत्त्वपूर्ण आर्थिक क्रिया है। इस उद्योग को इस बात का भी गर्व है कि आज देश में हीरे-जवाहरात व रेडीमेड गारमेंट्स के बाद तीसरा सबसे बड़ा निर्यात उद्योग पर्यटन ही है। पर्यटन के अंतर्गत वे समस्त व्यवसाय आते हैं, जो पर्यटकों की आवश्यकता-पूर्ति से संबद्ध हैं। पर्यटन ही वह माध्यम है, जिसके तहत न केवल एक क्षेत्र दूसरे क्षेत्र से जुड़ता है बल्कि पर्यटकों द्वारा किया गया कोई भी खर्च इस उद्योग की समृद्धि एवं विकास में सहायक होता है। इस

दृष्टि से यहाँ यह जानना जरूरी है कि कैसे इसमें प्रबंधन का समावेश कर इस पर किए जानेवाले खर्च से विकास के अधिकाधिक अवसर प्राप्त किए जाएँ।

पर्यटन में पर्यटक के द्वारा बहुत से माध्यमों का सहारा लिया जाता है, जिनके जरिए वह अपनी यात्रा को उद्‍देश्यपूर्ण बनाता है। एक पर्यटक जिस समय अपने स्थान को पर्यटन-यात्रा के लिए छोड़ता है, उसकी यात्रा करने के उपक्रम में ही व्यय होने प्रारंभ हो जाते हैं। पर्यटक अपने पर्यटन के दौरान जो गतिविधियाँ करता है, वे हैं—

—रेलवे स्टेशन के लिए टैक्सी,

—सामान के लिए कुली,

—रेलवे टिकट,

—ट्रेवल एजेंसी

—आवास-सुविधा के तहत हौटल में रहने का प्रबंध,

—मनोविनोद सेवा,

—स्थानीय स्थलों की यात्रा के लिए टैक्सी या टूरिस्ट बस,

—स्थान विशेष के परंपरागत शिल्प, हस्तकलाओं की वस्तुओं की खरीद,

—रेस्टोरेंट की सुविधा,

—डाकघर, बैंक, महत्त्वपूर्ण स्थलों पर प्रवेश,

—फोटोग्राफी।

इन सभी क्रियाओं में चूँकि पर्यटन प्रारंभ करते ही खर्च शुरू हो जाता है, अत: यात्रा प्रारंभ पर ही पर्यटन उद्योग का विकास एवं समृद्धि शुरू हो जाती है। पर्यटकों की आवश्यकता की पूर्ति सरकारी स्तर पर पर्यटन विभाग, निजी स्तर पर ट्रेवल संस्थाएँ, वित्तीय संस्थाएँ, गाइड आदि करते हैं। ये सभी लोग पर्यटन उद्योग के अंग हैं और सभी पर्यटन प्रोत्साहन के लिए कार्य करते हैं।

पर्यटन उद्योग में प्रबंधन को अपनाने से न केवल बनाई जानेवाली नीतियों का नियोजन प्रभावी तथा भविष्य के लिए लाभदायक हो सकता है बल्कि पर्यटन में संलग्न सरकारी व निजी संस्थाओं के संगठनों को भी मजबूत किया जा सकता है।

पर्यटन प्रबंधन का महत्त्व

आज सभी इस तथ्य से परिचित हैं कि विश्व की अर्थव्यवस्था में पर्यटन का जितना योगदान है उतना अन्य किसी उद्योग का नहीं। कुल उपभोक्ता खर्च का

10.9 प्रतिशत, विश्व पूँजी-निवेश का 10.7 प्रतिशत तथा सरकारी खर्चों का 6.9 प्रतिशत पर्यटन पर खर्च किया जाता है। इस दृष्टि से यह कहा जा सकता है कि आज पर्यटन उद्योग राष्ट्रीय अर्थव्यवस्था का प्रमुख आधार बन सकता है, यदि पर्यटन प्रबंधन के महत्त्व को समझकर इस दिशा में कार्य किया जाए। देश में पर्यटन को विकसित करने के लिए जिन बातों पर ध्यान दिया जाना जरूरी है, वे हैं—

- रोजगार निर्माण,
- क्षेत्रीय असंतुलन में कमी,
- विदेशी मुद्रा भंडार में वृद्धि,
- स्थानीय हस्तशिल्पियों तथा सांस्कृतिक गतिविधियों को सहायता,
- केंद्रीय व राज्य सरकारों को कर-राजस्व की प्राप्ति,
- पर्यटन का तेजी से विकास,
- सार्वजनिक व निजी क्षेत्र की भूमिका को परिभाषित करना,
- पर्यटन-विकास के लिए पर्यटन से जुड़े नए बाजारों की खोज,
- निजी क्षेत्र के साथ मिलकर मुख्य बाजारों में नेशनल इमेज बिल्डिंग तथा मार्केटिंग योजना की शुरुआत,
- पर्यटन विकास के लिए मानव संसाधन विकास को अत्यधिक महत्त्व देना,
- सूचना तक पहुँच तथा सूचना तकनीक का सही उपयोग,
- पिछड़े क्षेत्रों में पर्यटन विकास कार्यक्रम बनाकर उन्हें क्षेत्रीय विकास से जोड़ना,
- बुनियादी ढाँचे के विकास के लिए राज्य स्तर पर मास्टर प्लान बनाया जाना।

हालाँकि ऊपर जो बातें बताई गई हैं, उन्हें समय-समय पर देश में व राज्यों में बनाई गई पर्यटन योजनाओं में समाविष्ट भी किया गया है; परंतु प्रबंधकीय कसौटी पर इन सभी तत्त्वों की जाँच की जाए तो यह बात आज विशेष रूप से उभरकर सामने आती है कि पर्यटन-विकास के बहुत से महत्त्वपूर्ण पहलुओं का कार्यान्वयन देश में आज तक नहीं हो पाया है।

पर्यटन वस्तुत: विकास को बढ़ावा देनेवाली गतिविधि है। यह मानव संसाधन विकास का भी एक पहलू है। संभावना है कि आगामी शताब्दी में भारतीय पर्यटन महत्त्वपूर्ण बदलावों से होकर गुजरेगा। इस दिशा में नई सुविधाओं का विकास,

वर्तमान सुविधाओं में सुधार और संबद्ध क्षेत्रों में समन्वय स्थापित करके सार्थक परिणाम-प्राप्ति में पर्यटन प्रबंधन के महत्त्व को नकारा नहीं जा सकता।

पर्यटन प्रबंधन के बहुआयामी महत्त्व को निम्नलिखित वर्गों में विभाजित समझा जा सकता है—

- पर्यटन उद्योग के लिए महत्त्व,
- समाज के लिए महत्त्व,
- राष्ट्र के लिए महत्त्व।

जैसा कि ऊपर बताया गया है, पर्यटन एक आर्थिक क्रिया है और इसके तहत विदेशी पर्यटकों से अर्जित विदेशी मुद्रा को स्वदेशी नागरिकों द्वारा विदेशों में व्यय के लिए प्रयोग किया जा सकता है। इससे क्षेत्रीय विकास को गति दी जा सकती है, साथ ही बेरोजगारी को भी दूर किया जा सकता है। इसके अलावा समाज के लिए महत्त्व की दृष्टि से यह कहा जा सकता है कि इसके द्वारा शैक्षणिक, सामाजिक, सांस्कृतिक व राजनीतिक लाभ प्राप्त होते हैं। यह अंतरराष्ट्रीय सद्भावना को जाग्रत् करता है। इसी प्रकार राष्ट्रीय महत्त्व के अंतर्गत राष्ट्र की भौतिक एवं संरक्षित—दोनों प्रकार की अधिसंरचना का विकास पर्यटन से किया जा सकता है।

राष्ट्रीय अर्थव्यवस्था में तो वैसे भी पर्यटन प्रबंधन का महत्त्व सर्वविदित है। इससे एक ओर जहाँ उपलब्ध भौतिक संसाधनों का बेहतर सदुपयोग किया जा सकता है वहीं दूसरी ओर मानव संसाधनों का भी समुचित उपयोग किया जा सकता है। पर्यटन प्रबंधन जहाँ पूँजी-निर्माण को प्रोत्साहन देता है वहीं संतुलित आर्थिक विकास, गरीबी-उन्मूलन, देश की समृद्धि व राष्ट्रीय योजनाओं के बेहतर निर्माण में भी महत्त्वपूर्ण भूमिका निभा सकता है।

वास्तव में भारत जैसे विकासशील राष्ट्र में, जिसके बारे में यह कहा जाता है कि भारत एक धनी राष्ट्र है जहाँ गरीब लोग निवास करते हैं, पर्यटन प्रबंधन का विशेष महत्त्व है। यहाँ पर्याप्त मात्रा में भौतिक संसाधन हैं, बावजूद इसके पर्यटन उद्योग के विकास की गति धीमी है। इस दिशा में पर्यटन प्रबंधन को सभी स्तरों पर अपनाकर विकास को बढ़ाया जा सकता है।

कहा जा सकता है कि आज जबकि पर्यटन-विकास देश की अर्थव्यवस्था के लिए महत्त्वपूर्ण होता जा रहा है, यह जरूरी है कि पर्यटन प्रबंधन के महत्त्व को समझा जाए। विश्व पर्यटन संस्थान के अनुसार, पर्यटन के नई शताब्दी में प्रवेश, इसके निरंतर विस्तार तथा विश्व अर्थव्यवस्था में इसके बढ़ते महत्त्व को देखते हुए यह कई चुनौतियों से घिरा है। नीति-निर्धारकों को इस उद्योग की दिशा, विकास

तथा प्रभावों से संबद्ध मूल मुद्दों पर अधिकाधिक ध्यान देना होगा। इस परिप्रेक्ष्य में पर्यटन प्रबंधन के महत्त्व को समझना जरूरी है, क्योंकि पर्यटन के बेहतर प्रबंधन द्वारा ही इसके भावी विकास तथा प्रभावों से संबद्ध मूल मुद्दों पर अधिकाधिक ध्यान दिया जा सकता है।

1. आर्थिक विकास की कुंजी—जॉन मी के अनुसार, 'किसी भी राष्ट्र के आर्थिक विकास की शक्तियों के द्वार खोलने के लिए प्रबंधन अकेली सबसे महत्त्वपूर्ण कुंजी है।' इस रूप में यह कहा जा सकता है कि पर्यटन प्रबंधन पर्यटन उद्योग के संचालन को कुशल व प्रभावी बनाकर असंख्य लोगों के रोजगार का साधन बन सकता है, उन्हें आर्थिक शक्ति प्रदान कर सकता है, ताकि वे अपने जीवन-स्तर को ऊँचा कर सकें। पर्यटन प्रबंधन देश के आर्थिक साधनों को नए-नए उद्योगों में, चाहे वे पर्यटन के सहायक उद्योग हों, विनियोजित कराता है और उनका सही उपयोग संभव बनाकर राष्ट्रीय उत्पादन व आय में वृद्धि तथा नागरिकों के जीवन-सुधार का माध्यम बनता है। इस प्रकार पर्यटन प्रबंधन को आर्थिक विकास की कुंजी कहा जाए तो कोई अतिशयोक्ति नहीं होगी

2. व्यवसाय का जीवन-प्रदायक अवयव—पर्यटन प्रबंधन का महत्त्व इस रूप में भी है कि यह पर्यटन व्यवसाय का जीवन-प्रदायक अवयव है। पर्यटन व्यवसाय की सफलता इसके कुशल प्रबंधन पर ही निर्भर है। आज जबकि पर्यटन विकास की दृष्टि से कई सकारात्मक तत्त्व जैसे—विश्व स्तर पर आए आर्थिक सुधार, विशेष तौर से स्रोत बाजार में आए सुधार, लोगों के बीच नीतिगत संबंध, क्षेत्रीय देशों के बीच व्यापार में तेजी या कुछ देशों में विदेशी मुद्रा विनियमों का उदारीकरण आदि मौजूद हैं, हमें पर्यटन व्यवसाय के विकास के नए पहलुओं पर अधिक ध्यान देने की जरूरत है। प्रबंधन किसी भी व्यवसाय का जीवन-प्रदायक अवयव है, जैसा कि पीटर एफ. ड्रकर ने कहा है, 'प्रबंधन व्यावसायिक संस्थाओं का जीवन-प्रदायक अवयव है और यह साधनों को क्रियाशील व उत्पादक इकाइयों में बदल देता है।' इसे पर्यटन में अपनाने से निश्चित रूप से पर्यटन व्यवसाय को गति मिलेगी।

पर्यटन प्रबंधन से पर्यटन व्यवसाय के कारोबार का व्यवस्थित नियोजन, संगठन, निर्देशन तथा नियंत्रण करके आकस्मिकता व अनिवार्यता को समाप्त किया जा सकता है। पर्यटन प्रबंधन न केवल पर्यटन के उपलब्ध संसाधनों को योजना व संगठन के ताने-बाने में बाँधकर ज्यादा उत्पादक बनाता है, बल्कि इसमें लगे लोगों का सही मार्गदर्शन, नेतृत्व, अभिप्रेरण व नियंत्रण करके उन्हें कहीं ज्यादा काम

करने और बड़ी-बड़ी जिम्मेदारियाँ उठाने के योग्य बना देता है। इस रूप में आज के संदर्भों में पर्यटन प्रबंधन के महत्त्व से इनकार नहीं किया जा सकता।

3. स्थिरता, विकास तथा विस्तार का अवयव—पर्यटन उद्योग की स्थिरता, विकास तथा भविष्य में इसके विस्तार का अवयव पर्यटन प्रबंधन ही है। दरअसल पर्यटन को सरकार द्वारा उद्योग तो पहले ही घोषित कर दिया गया, परंतु उद्योग घोषित होने के बाद अन्य उद्योगों में लागू होनेवाली प्रबंधकीय प्रक्रियाओं को इसमें अपनाया नहीं गया; जबकि पर्यटन प्रबंधन से ही इसकी स्थिरता, विकास व विस्तार का सही लंक्ष्य प्राप्त किया जा सकता है।

देश में बढ़ती पर्यटकों की संख्या हालाँकि पर्यटन विकास को दरशाती है, परंतु पर्यटन उद्योग की स्थिरता को प्रबंधन से ही सुनिश्चित किया जा सकता है। यही नहीं, पर्यटन के विकास व विस्तार को भी प्रबंधन द्वारा ही संभव बनाया जा सकता है। आज पूरा विश्व पर्यटन उद्योग के विकास को गति देने में लगा है, ऐसे में इस उद्योग में कड़ी प्रतिस्पर्धा भी है। ऐसी स्थिति में राष्ट्र को इस दिशा में भविष्य में सतर्कता बरतना नितांत आवश्यक है।

पर्यटन प्रबंधन के तहत न केवल वैश्विक व्यावसायिक प्रतिस्पर्धा का सामना करने के लिए वातावरण निर्माण किया जा सकता है बल्कि देश व राज्यों के पर्यटन आकर्षणों की मार्केटिंग विश्व बाजार में करके इसे लाभकारी बनाया जा सकता है। इसके अंतर्गत पर्यटन को सुसंगठित, नियोजित, नियंत्रित करके विश्व-अर्थव्यवस्था के तहत महत्त्वपूर्ण फैसले किए जा सकते हैं, जिनके दूरगामी परिणामों के रूप में भारतीय पर्यटन उद्योग को विकसित कर भविष्य के लिए विस्तार का मार्ग प्रशस्त किया जा सकता है। यह सब पर्यटन प्रबंधन को अपनाकर ही किया जा सकता है। इस रूप में पर्यटन प्रबंधन के महत्त्व और इसके बहुआयामी लाभों से इनकार नहीं किया जा सकता।

4. मानवीय संसाधनों के अधिकतम उपयोग का माध्यम—पर्यटन प्रबंधन मानवीय संसाधनों के अधिकतम उपयोग का विशिष्ट माध्यम है। जैसा कि पहले भी कहा गया है कि पर्यटन एक उद्योग न होकर उद्योगों का एक बड़ा समूह है। इस समूह के अंतर्गत होटल, रेस्टोरेंट, परिवहन, यात्रा-संचालक, सरकारी संगठन आदि सम्मिलित होते हैं। दूसरे शब्दों में, पर्यटन उद्योग में आज सर्वाधिक मानव संसाधन उपलब्ध है। पर्यटन प्रबंधन इस मानव संसाधन का समुचित उपयोग करने का सर्वोत्कृष्ट माध्यम है।

पर्यटन प्रबंधन द्वारा पर्यटन में लोगों का सही चुनाव, प्रशिक्षण व उपयोग

करके उन्हें ज्यादा-से-ज्यादा काम करने के योग्य बनाया जा सकता है। पर्यटन प्रबंधन पर्यटन में लगे लोगों का सही मार्गदर्शन, अभिप्रेरण तथा नेतृत्व करके उन्हें अपना काम पूर्ण निष्ठा, तन्मयता तथा प्रेरणा के साथ करने के लिए उत्साहित करता है। कार्य का वैज्ञानिक संगठन और व्यक्तियों का इन संगठनों में एकीकरण लोगों की कार्यक्षमता को व्यक्तियों की कुल क्षमता के योग से कई गुना ज्यादा बना देता है। इसके फलस्वरूप ही लोगों की उत्पादकता, सृजनशीलता तथा कार्यक्षमता कई गुना ज्यादा बढ़ जाती है। इस दृष्टि से यह कहा जा सकता है कि पर्यटन प्रबंधन इस परिवर्तन तथा विकास का मुख्य माध्यम बन जाता है।

5. बाह्य वातावरण के साथ समन्वय का माध्यम—पर्यटन उद्योग के निरंतर विकास के स्रोत खोजे जा रहे हैं। ऐसे में पर्यटन प्रबंधन ही वह सशक्त माध्यम है, जिसके तहत विदेशी पर्यटन के हिसाब से बाहरी देशों तथा देशी पर्यटन के हिसाब से एक राज्य से दूसरे राज्य के वातावरण के मध्य समन्वय स्थापित किया जाता है।

एक ओर जहाँ पर्यटन के मूल्य बदल रहे हैं वहीं दूसरी ओर नए पर्यटन स्थलों के विकसित होने के साथ ही पर्यटन व्यवसाय की प्रगतिशील व्यावसायिक संस्थाएँ भी हावी हो रही हैं। ऐसे में विश्व पर्यटकों को देश में आकर्षित करने अथवा देशी पर्यटन के अंतर्गत एक राज्य के पर्यटकों को दूसरे राज्य के पर्यटन-स्थलों तक आकर्षित करने की दिशा में नवीन तथ्यों की जानकारी इकट्ठा करने की महती आवश्यकता हो रही है। इस आवश्यकता की पूर्ति आज के दौर में पर्यटन के सुव्यवस्थित प्रबंधन द्वारा ही संभव है। पर्यटन प्रबंधन के तहत न केवल बाह्य वातावरण के साथ बेहतर समन्वय रखा जा सकता है बल्कि पर्यटन उद्योग को प्रतिस्पर्धा के इस दौर में और अधिक सुसंगठित कर लाभकारी बनाया जा सकता है।

6. नकारात्मक प्रभावों को न्यूनतम करने में सहायक—प्रबंधन ही वह सशक्त माध्यम है जिसके द्वारा पर्यटन के विभिन्न स्तरों पर पड़नेवाले नकारात्मक प्रभावों को न्यूनतम किया जा सकता है। यह सही है कि पर्यटन विकास का प्रमुख आधार है; परंतु इतना ही सच यह भी है कि पर्यटन से पर्यावरण और ऐतिहासिक धरोहरों के अंधाधुंध दोहन का खतरा भी मँडराने लगा है। पर्यटक गंतव्यों पर पर्यटकों के भारी दबाव, उनकी वहाँ पर की जानेवाली विभिन्न क्रियाओं से पारिस्थितिक तंत्र भी गड़बड़ा जाता है। पर्यटन के समाज, अर्थव्यवस्था, पर्यावरण आदि पर पड़नेवाले प्रभावों का प्रबंधन के जरिए मूल्यांकन कर नकारात्मक प्रभावों को कम

करने के उपाय किए जा सकते हैं। इस समग्र परिप्रेक्ष्य में पर्यटन प्रबंधन पर्यटन के नकारात्मक प्रभावों को न्यूनतम करने का सशक्त माध्यम है।

कुल मिलाकर यह कहा जा सकता है कि आज जबकि पर्यटन विकसित हो रहा उद्योग है, इसके प्रबंधन के महत्त्व से इनकार नहीं किया जा सकता है। पर्यटन के तहत अगर आर्थिक विकास को गति देनी है, रोजगार के अवसरों को बढ़ाना है, प्रति व्यक्ति आय बढ़ानी है, कलात्मक धरोहरों को सुरक्षित व संरक्षित करके अतीत के गौरव में वृद्धि करनी है, साथ ही क्षेत्रीय विकास को समग्र रूप में कार्यान्वित करना है तो पर्यटन प्रबंधन के महत्त्व को समझना ही होगा। पर्यटन प्रबंधन के तहत ही न केवल आर्थिक विकास के द्वार पूर्ण रूप से खोले जा सकते हैं, बल्कि देश की वर्तमान आर्थिक चुनौतियों का मुकाबला भी किया जा सकता है।

विकासशील देशों में तो पर्यटन प्रबंधन का महत्त्व और भी अधिक है। पर्यटन प्रबंधन के उत्कर्ष का भार विकसित देशों की अपेक्षा विकासशील देशों पर अधिक हुआ है। वहाँ पर आर्थिक, सामाजिक विकास का आधार अब पर्यटन ही है। पर्यटन प्रबंधन को छोड़कर केवल प्रबंधन की ही बात करें तो हम पाएँगे कि द्वितीय विश्व युद्ध के पश्चात् यह सिद्ध हो गया था कि आर्थिक व सामाजिक विकास में प्रबंधन ही निर्णायक तत्त्व है। परंपरागत अर्थशास्त्रियों का यह तर्क कि विकास बचत तथा पूँजी निवेश पर निर्भर करता है, अपर्याप्त है। वास्तव में बचत एवं पूँजी विनियोग प्रबंधन तथा विकास का निर्माण नहीं करते हैं। दरअसल प्रबंधन ही आर्थिक और सामाजिक विकास का निर्माण करता है। इस प्रकार 'विकासशील देश अविकसित नहीं हैं, परंतु अप्रबंधित हैं।' वैसे भी 'प्रबंधन' संस्कृतिमूलक शब्द है। आज जबकि निरंतर पर्यटन-विकास हो रहा है, एक बात साथ में और भी बार-बार दोहराई जा रही है कि पर्यटन से हमारी पारंपरिक सभ्यता व संस्कृति को नुकसान होगा। इस संबंध में भी पर्यटन प्रबंधन की सोच को विकसित करना जरूरी है। चूँकि 'पर्यटन प्रबंधन' संस्कृतिमूलक शब्द है, इससे किसी भी संस्कृति का क्षरण तो हो ही नहीं सकता। अगर पर्यटन को प्रबंधन के तहत नियोजित व संगठित करके अपनाया जाए तो न केवल संस्कृति का विकास होता है बल्कि अंतरराष्ट्रीय सद्भाव भी बढ़ाया जा सकता है।

प्रभावी प्रबंधन को किसी भी देश की परंपराओं, मूल्यों तथा आस्थाओं का सम्मान करना होगा। इस दृष्टि से प्रबंधन विचारक पीटर एफ. ड्रकर जापान का उदाहरण देते हैं। जापान ने पाश्चात्य प्रबंधन के विचारों व तकनीकों को स्वीकार

करते हुए भी जापानी शैली की प्रबंधन व्यवस्था का निर्माण किया। अतः प्रबंधन एक अनुशासन है, न कि मूल्यों को बदलने का उपकरण।

पर्यटन और विकास

पर्यटन और विकास आपस में जुड़े मुद्दे हैं। पर्यटन विकास का अर्थ है—पर्यटकों की आवश्यकताओं को पूरा करने के लिए पर्यटन संबंधी सभी बुनियादी सुविधाओं में वृद्धि तथा उनकी व्यवस्थाओं में सुधार। पर्यटन सुविधाओं की उपलब्धता तथा उनके संचालन के लिए यह आवश्यक है कि इस उद्योग के विभिन्न पहलुओं के मध्य पूरी तरह से तालमेल बना रहे। पर्यटन-विकास के लिए होटल, रेस्तराँ, मनोरंजन, परिवहन, बाजारों का विकास, नए पर्यटन स्थलों की खोज के साथ ही पर्यटन स्थलों पर उपलब्ध पेयजल, सूचना, परामर्श, बिजली, आवास आदि सुविधाओं का भी विस्तार किया जाए। इसके अलावा, इन सब सुविधाओं के लिए जिम्मेदार संस्थाओं, चाहे वे सरकारी हों अथवा निजी, को परस्पर तालमेल रखने के लिए पाबंद किया जाए, ताकि स्थान विशेष पर आनेवाले पर्यटकों को असुविधा न हो और पर्यटन विकास तेजी से हो सके।

□

पर्यटन : नई दिशाएँ

पर्यटन का परिदृश्य निरंतर बदल रहा है। इसमें नित नए आयाम जुड़ते चले जा रहे हैं। अब पर्यटक सैर-सपाटे तक सीमित रहना नहीं चाहते हैं। वे स्वास्थ्य लाभ, रोमांच, खेलकूद के अपने शौक की पूर्ति के लिए भी पर्यटन को अपनाने लगे हैं। ऐसे में पर्यटन में नवीन प्रवृत्तियों का शुमार तेजी से हुआ है। कहा जा सकता है कि पर्यटक अब केवल प्राकृतिक दृश्यों के अवलोकन तक ही सीमित नहीं हैं बल्कि वे यात्रा के दौरान अपनी रुचि के वे सब कार्य करना चाहते हैं, जिन्हें मुद्रा खर्च करके किया जा सके। इस रूप में पर्यटन उद्योग में अब उन क्षेत्रों पर भी विशेष ध्यान दिए जाने की आवश्यकता है, जिनसे पर्यटकों को अपनी यात्रा की अपेक्षित अनुभूति हो सके। अद्‍भुत अनुभवों के सृजन में इस अभिकल्प की महत्त्वपूर्ण भूमिका हो सकती है।

विविध रुचियों के पर्यटकों के लिए भारत अत्यधिक पर्यटन-समृद्ध देश है। इसके बावजूद पूरी दुनिया में एक वर्ष में यात्रा और पर्यटन पर निकलनेवाले तकरीबन 80-90 करोड़ पर्यटकों में से 25-30 लाख पर्यटक ही भारत आते हैं। पर्यटन में भारत के इस कम हिस्से को देखते हुए यह उचित है कि पर्यटन क्षेत्र के उन हिस्सों पर ज्यादा ध्यान दिया जाए जिससे पर्यटकों को अधिकाधिक रूप में आगमन के लिए आकर्षित किया जा सके। परंपरागत पर्यटन के साथ विश्व पर्यटन की नई उभरती प्रवृत्तियों की पहचान कर इस दिशा में पहल किए जाने की आवश्यकता है।

पर्यटन की नई उभरती प्रवृत्तियाँ

भारत विद्याविद् (इंडोलॉजिस्ट) मैक्समूलर ने कहा था कि 'यदि मुझे विश्व में प्रकृति-प्रदत्त सुंदरता, शक्ति और सभी प्रकार की संपत्ति से पूरी तरह समृद्ध

राष्ट्र ढूँढ़ने के लिए कहा जाए तो मैं भारत की ओर ही इशारा करूँगा।'

मैक्समूलर के इस कथन को पर्यटन के परिप्रेक्ष्य में देखा जाए तो इसका अर्थ स्पष्ट है कि भारत में पर्यटन विकास की अत्यधिक संभावनाएँ हैं। इसमें यह अर्थ भी निहित है कि नई उभरती प्रवृत्तियों के अंतर्गत अगर पर्यटन को गति दी जाए तो विश्व पर्यटन में भारत का हिस्सा सर्वोच्च हो सकता है। दूर समुद्र से नहरें निकालकर दुबई और शारजाह को चित्ताकर्षक पर्यटन स्थल के रूप में विकसित किया जा सकता है तो भारत में इसी प्रकार के प्रयास रेगिस्तानी क्षेत्रों में क्यों नहीं किए जा सकते? विदेशी पर्यटक भारत में पारंपरिक पर्यटन के साथ स्कीइंग, राफ्टिंग, पर्वतारोहण जैसे शरत् खेलों के साथ आयुर्वेद और प्राकृतिक उपचार में अधिक रुचि दिखाने लगे हैं। पर्यटन के अंतर्गत भारत ही वह देश है, जहाँ योग और आयुर्वेद जैसी समृद्ध विरासत हमारे गौरवमय अतीत ने हमें दी है। जब बाहर से आनेवाले पर्यटक इनमें अधिक रुचि लेने लगे हैं तो क्यों नहीं इन क्षेत्रों को पर्यटन की दृष्टि से विकसित करने के प्रयास देश में हों।

पर्यटकों की रुचियों के अनुकूल नई प्रवृत्तियों के विकास पर ध्यान देकर देश के पर्यटन का व्यापक स्तर पर प्रचार किया जाए तो भारत विश्व के अद्वितीय पर्यटन स्थल के रूप में अपनी पहचान साबित कर सकता है। भारत में योग एवं अध्यात्म पर्यटन, रोमांचक जनजातीय जीवन, हैरिटेज पर्यटन, आयुर्वैदिक और प्राकृतिक उपचार, ग्रामीण पर्यटन, शिविर-सभा पर्यटन, सांस्कृतिक पर्यटन, पर्यावरण पर्यटन आदि की अपार संभावनाएँ हैं।

दरअसल भारत में पर्यटन को अधिक आकर्षित बनाने के लिए यहाँ की विशेषताओं को नई पहचान देने की आवश्यकता है। भारतीय पर्यटन की नई प्रवृत्तियाँ हैं—

(1) साहसिक पर्यटन—अगर भारत के भूगोल पर नजर डालें तो स्पष्ट हो जाता है कि यहाँ साहसिक पर्यटन की अपार संभावनाएँ हैं। इधर देश के बहुत से क्षेत्रों में साहसिक पर्यटन से संबद्ध खेलों का प्रचलन भी बढ़ रहा है। साहसिक पर्यटन के अंतर्गत ट्रेकिंग, स्कीइंग, रिवर राफ्टिंग, पर्वतारोहण, पैराग्लाइडिंग, स्कूबा-डाइविंग जैसी गतिविधियों को निरंतर बढ़ावा दिए जाने की आवश्यकता है।

साहसिक पर्यटन की दृष्टि से भारत विश्व के अन्य देशों से कहीं अधिक समृद्ध और संपन्न है। साहसिक पर्यटन की कुछ खास विशेषताएँ हैं—

व्हाइट रिवर राफ्टिंग—भारतीय उपमहाद्वीप की उत्तरी सीमा पर हिमालय की 2 हजार 700 कि.मी. लंबी अविच्छिन्न पर्वत-शृंखला है। यहाँ की हिमाच्छादित

पहाड़ियाँ और उनसे बहकर आनेवाली नदियाँ जब अनेक धाराओं का जल ग्रहण कर तथा खड़ी चट्टानों को काटकर ऊबड़-खाबड़ रास्तों से आगे बढ़ती रजतवर्णी रेपिड्स का रूप ले लेती हैं तो ये रेपिड्स (नदी का तेज प्रवाह) वाटर स्पोर्ट्स-प्रेमियों के लिए भारत को इन खेलों का स्वर्ग बना देते हैं।

उत्तर में लद्दाख से पूर्व में सिक्किम तक नदियों की ऐसी जल-धाराएँ साहसिक खेलों के लिए सर्वथा उपयुक्त हैं। विश्व के सर्वश्रेष्ठ व्हाइट रिवर राफ्टिंग स्थलों के रूप में इनका कोई मुकाबला नहीं है। सिक्किम में तीस्ता, असम में ब्रह्मपुत्र, अरुणाचल प्रदेश में भराली, ऋषिकेश के निकट गंगा, मनाली के पास व्यास, लद्दाख में सिंधु आदि नदियों में रिवर राफ्टिंग खेल के सर्वथा अनुकूल स्थितियाँ हैं।

भारत में व्हाइट राफ्टिंग से संबंधित अभियानों का संचालन भारत सरकार का पर्यटन कार्यालय, इंडियन रिवर्स एसोसिएशन (आई.आर.आर.ए.) और इंडियन एसोसिएशन ऑफ प्रोफेशनल राफ्टिंग आउटप्रिंटर्स (आई.ए.पी.आर.ओ.) संस्थान करते हैं। राफ्टिंग अभियानों में सुरक्षा के मापदंड, बचाव प्रक्रियाएँ और नदी व शिखरों की संहिताएँ अंतरराष्ट्रीय स्तरों के अनुरूप हैं।

भारत में व्हाइट रिवर राफ्टिंग

नदी	*ग्रेड*	*आधार शिविर*	*निकटतम हवाई अड्डा*	*सर्वोत्तम मौसम*
गंगा	III-IV	विद्यासी/शिवपुरी	देहरादून	अक्तूबर-अप्रैल
सिंधु	II-IV	काठ	लेह	जुलाई-सितंबर
जास्कर	IV	पद्म	श्रीनगर, लेह	अगस्त-सितंबर
सतलुज	IV-V	रायपुर बुशैर	शिमला	अक्तूबर-अप्रैल
व्यास	III-V	कुल्लू	भुन्तर	अप्रैल-जून
यमुना	II-V	तालसी	देहरादून	अक्तूबर-मई
शारदा	II-V	रनकपुर	पंत नगर	अक्तूबर-अप्रैल
तीस्ता	IV	रिकयू	बागडोगरा	अक्तूबर-अप्रैल

रिवर राफ्टिंग के उपकरणों जैसे—हेलमेट, लाइफ जैकेट का स्तर हमारे देश में अमेरिका व कनाडा के जीवन-रक्षक मानकों के समान है। पंप, प्राथमिक उपचार और रिपेयर के किट भी साथ रहते हैं। इन केंद्रों पर किसी हादसे की स्थिति में मदद के लिए चिकित्सा दल भी तैयार रहता है। कुल मिलाकर देश में

रिवर राफ्टिंग की अनुकूलताओं को देखते हुए साहसिक पर्यटन को और अधिक बढ़ावा देने के साथ ही इसका विश्व पर्यटन में अधिकाधिक प्रचार किया जाना ही आज की सबसे बड़ी आवश्यकता है।

पानी के अन्य खेल—सदानीरा नदियाँ, झीलों और मीलों लंबे समुद्र-तटों को देखते हुए पानी के बहुत से रोमांचक खेलों की भी अपार संभावनाएँ हैं। विश्व भर से आनेवाले पर्यटकों की रुचि सैर-सपाटे के साथ ऐसे खेलों में भी रहती है। ऐसे में पानी के खेलों की दृष्टि से भारत को उम्दा पर्यटन स्थल के रूप में प्रचारित किया जा सकता है। लक्षद्वीप के शांत मूँगे से लेकर गोवा की उत्ताल तरंगों तक विंड सर्फिंग, स्कूबा डाइविंग, स्नारकेलिंग, वाटर स्कीइंग और नौकायन तक बहुत से खेलों का आनंद लिया जा सकता है। हालाँकि वर्तमान में देश में विंड सर्फिंग की सुविधा केवल गोवा में ही उपलब्ध है, परंतु इसकी संभावना के दूसरे क्षेत्र भी कम नहीं हैं।

शीतकालीन खेल—शीतकालीन खेल के रूप में स्कीइंग आज सबसे अधिक प्रचलित है। रोमांच के इस खेल में भारत विश्व में अग्रणी है। कश्मीर में गुलमर्ग का स्की-रिसोर्ट अंतरराष्ट्रीय ख्याति का है। यहाँ इस खेल के आधुनिकतम उपकरण मौजूद हैं। गुलमर्ग में आइस स्केटिंग भी होती है। साहस के इस खेल के अंतर्गत भारत में उत्तराखंड के गढ़वाल क्षेत्र में औली स्की-रिसोर्ट की भी अपनी पहचान है। औली में अत्याधुनिक टेक्नोलॉजी का स्कीइंग-रिसोर्ट है तो चेयर-लिफ्ट, स्की-लिफ्ट, लकड़ी के आरामदेह केबिन और बड़े रेस्तराँ भी आकर्षण के केंद्र हैं। औली में हर स्तर के स्की-ढलान हैं। औली जैसे ही हिमाचल प्रदेश में सोंग नाला और पूर्वी अरुणाचल प्रदेश में भी स्कीइंग की असीमित संभावनाएँ हैं।

शिमला के पास नरकंडा की ढलानों पर जनवरी से अप्रैल तक स्कीइंग का शानदार मौसम रहता है तो कुफरी और रोहतांग दर्रे की ढलानें भी भारत के प्रमुख स्कीइंग क्षेत्रों के रूप में अपनी पहचान बना चुकी हैं। शिमला में आइस स्केटिंग, आइस हॉकी, फिशर स्केटिंग और स्पीड स्केटिंग आदि भी अब खासे लोकप्रिय खेल हो चुके हैं।

हेली स्कीइंग—भारत एशिया का पहला ऐसा देश है, जहाँ पर हेली स्कीइंग की सुविधाएँ उपलब्ध हैं। कश्मीर में हिमालय की खूबसूरत पहाड़ियाँ हेली स्कीइंग के लिए अत्यधिक उपयुक्त स्थल हैं। हेली स्कीइंग के तहत खिलाड़ी को हेलीकॉप्टर से पहाड़ के ऊपर या ढलानों पर उतारा जाता है, ताकि वह ऊपर चढ़ने में लगनेवाली ऊर्जा बचा सके।

पैराग्लाइडिंग और हैंग-ग्लाइडिंग—साहसिक खेलों के शौकीन लोगों के बीच पैराग्लाइडिंग अत्यधिक लोकप्रिय होती जा रही है। पैराग्लाइडिंग हैंग ग्लाइडिंग का ही परिष्कृत रूप है। पैराग्लाइडिंग के लिए इस्तेमाल किए जानेवाले एयरो-फ्राय डैने हैंग-ग्लाइडिंग के डैनों से दस गुना हलके होते हैं। भारत में हिमाचल प्रदेश में बिलासपुर और मनाली में पैरा ग्लाइडिंग एवं हैंग ग्लाइडिंग को विशेष रूप से बढ़ावा दिया जा रहा है। हिमाचल प्रदेश में बीर के बिलिंग नामक स्थान पर तो वार्षिक हैंग-ग्लाइडिंग प्रतियोगिता भी आयोजित की जाती है। ऊटी में भी हैंग-ग्लाइडिंग खासा प्रचलन में आ रहा है। देश में हैंग-ग्लाइडिंग के कुछ प्रमुख केंद्र इस प्रकार हैं—

- जम्मू व कश्मीर में श्रीनगर घाटी,
- मुंबई-पुणे राजमार्ग पर पुणे और कामसेन,
- महाराष्ट्र में तलेगाँव, सतारा, सिंहगढ़, जजीरा,
- तमिलनाडु में नीलगिरि पहाड़ियाँ,
- मध्य प्रदेश में महू-इंदौर,
- कर्नाटक में मैसूर,
- मेघालय में शिलांग,
- बंगलौर के आस-पास का क्षेत्र,
- हिमाचल प्रदेश में बिलिंग, काँगड़ा, धर्मशाला, शिमला, कसौली।

हैंग-ग्लाइडिंग के लिए भारत में हैंग-ग्लाइडिंग क्लब पुणे, नई दिल्ली, मुंबई, चंडीगढ़, शिमला, देवलाली, बंगूर और कालाहटी में सक्रिय हैं। अधिकतर क्लबों के पास अपने निजी हैंग-ग्लाइड्स हैं। भारत में हैंग-ग्लाइड्स मैसूर के राजहंस द स्पोर्ट्स लिमिटेड द्वारा देश में ही बनाए जाते हैं। विदेशी पर्यटकों की भारतीय स्थानों पर हैंग-ग्लाइडिंग के प्रति रुचि को देखते हुए इस क्षेत्र में पर्यटन की दृष्टि से विकास के लिए विशिष्ट प्रयास किए जाने चाहिए।

ट्रैकिंग—देश में ट्रैकिंग के प्रति पिछले कुछ वर्षों से अत्यधिक आकर्षण पैदा हुआ है। पहाड़ों पर सैर करने के तहत पैदल यात्रा ऐसी गतिविधि है, जिसमें भारी-भरकम और महँगे उपकरणों की आवश्यकता नहीं होती। प्रकृति के नजारों को नजदीक से निहारने, पेड़-पौधों, पशु-पक्षियों को निकट से देखने के लिए ट्रैकिंग के प्रति विदेशी पर्यटकों की रुचि विशेष रूप से रहती है।

ट्रैकिंग के लिए भारत में हिमालय की पहाड़ियाँ और वनस्पति जगत् विलक्षण हैं। यहाँ सभी तरह के वन हैं। यहाँ के वनों में उष्ण कटिबंध के दलदली वन, ऊँचे

पेड़ों के वन और यहाँ तक कि ठंडे व गरम रेगिस्तानी विस्तार के वन भी ट्रैकिंग के लिए आकर्षित करते हैं। दक्षिण में नीलगिरि, पश्चिम में सह्याद्रि और मध्य भारत में सतपुड़ा की पहाड़ियों में ट्रैकिंग के बहुत से वैकल्पिक मार्ग हैं। पश्चिम बंगाल में सरकफू, सिक्किम में दजोगरी और उत्तर प्रदेश में हर की दून जैसे ट्रैक मार्ग पर्यटकों को मानो मौन निमंत्रण देते हैं।

पर्वतारोहण—पहाड़ों की दुर्गम चोटियों पर चढ़ाई के प्रति भी आकर्षण कम नहीं है। हिमालय में क्रीड़ा के रूप में पर्वतारोहण की शुरुआत वर्ष 1883 में उस समय हुई जब यूरोप से डब्ल्यू.डब्ल्यू. ग्राहम हिमालय पर आरोहण के उद्देश्य से भारत आए। भारत की उत्तर सीमा पर पश्चिम से पूर्वी सिरे तक फैले हिमालय की सैकड़ों ऐसी चोटियाँ हैं, जो पर्वतारोहण के असीम अवसर प्रदान करती हैं। अब तो भारत की सैर को आनेवाले पर्यटकों में अच्छी-खासी तादाद उनकी होती है, जो पर्वतारोहण के लिए भारत को चुनते हैं।

देश में वर्ष 1957 में इंडियन माउंटरेनरिंग फाउंडेशन का गठन हुआ। बगैर मुनाफा कमाए स्कीइंग, रॉक क्लाइंबिंग, ऊँचाइयों पर ट्रैकिंग जैसे पर्वतारोहण अभियानों के लिए सहायता जुटाने और आधार प्रदान करने के साथ ही साहसिक अभियानों को प्रोत्साहित कर उन्हें कार्यान्वित करने का महत्त्वपूर्ण कार्य आज इंडियन माउंटरेनरिंग फाउंडेशन द्वारा ही किया जा रहा है।

रॉक क्लाइंबिंग—भारतीय उपमहाद्वीप में फैली पहाड़ियों और चट्टानों की बहुतायत, खड़ी चढ़ाइयाँ, पर्वतीय पार्श्व रॉक क्लाइंबिंग के लिए वर्ष-पर्यंत असीम अवसर प्रदान करते हैं। देश के बहुत से स्थानों पर कृत्रिम रॉक के जरिए भी अब क्लाइंबिंग की जाने लगी है। भारत में रॉक क्लाइंबिंग के लिए कुछ प्रमुख केंद्र इस प्रकार हैं—

- राजस्थान में माउंट आबू और सरिस्का,
- गढ़वाल में हिमालय की निचली पहाड़ियाँ,
- पुणे के आस-पास पश्चिमी घाट की पहाड़ियाँ,
- बंगलौर-मैसूर राजमार्ग के किनारे चामुंडी हिल्स,
- कश्मीर और हिमाचल प्रदेश में हिमालय की निचली पहाड़ियाँ।

बैलूनिंग—बैलूनिंग के प्रति आकर्षण भी भारत में निरंतर बढ़ रहा है। हालाँकि बैलून की व्यापारिक उड़ानों के लिए देश में फिलहाल अनुमति नहीं है, फिर भी आकर्षण से भरे इस दिलचस्प खेल की लोकप्रियता निरंतर बढ़ती जा रही है। बैलून (गुब्बारा) 1,000 वर्ग गज रिपस्टाप नायलोन से बनता है। औसत

गुब्बारे की चौड़ाई 50 फीट और ऊँचाई 70 फीट होती है। उसके भीतर का आयतन 57,000 घन फीट होता है। बैलून को इस्पाती रस्सियों के जरिए बॉस्केट से जोड़ा जाता है। लचीली खपच्चियों से बनी बॉस्केट को धातु की रस्सियों की बुनावट से मजबूत किया जाता है। बैलून के मुँह पर सिलेंडरों से भरी प्रोपेन या बूटेन गैसों को जलाया जाता है। पंखा चलाकर जब बैलून के मुँह से ठंडी हवा भरी जाती है और बर्नर जला दिया जाता है तब धारदार पट से गरम हवा उठती है, जिससे बैलून हवा में ऊपर जाने लगता है। ठंडी और गरम हवा के सहारे बैलून का चालक उसे किसी भी निश्चित रास्ते पर मोड़ सकता है।

भारत में प्रतिवर्ष नवंबर माह में अंतरराष्ट्रीय बैलून समारोह आयोजित किया जाता है, जिसमें दुनिया भर के लोग बैलून उड़ाने के लिए सम्मिलित होते हैं। बैलून की व्यापारिक उड़ानों के लिए भारत में अभी अनुमति नहीं है। बैलून उड़ानों के लिए पहले बैलून क्लब ऑफ इंडिया से इजाजत लेनी जरूरी है। दिल्ली के सफदरजंग हवाई अड्डे में स्थित बैलून क्लब ऑफ इंडिया इस हवाई खेल का मुख्यालय और बैलूनों की उड़ान का प्रस्थान बिंदु है।

(2) पारिस्थितिकी पर्यटन—पर्यटन से आर्थिक विकास की सोच के साथ ही इधर के वर्षों में पारिस्थितिकी पर्यटन की अवधारणा भी तेजी से उभरकर सामने आई है। पारिस्थितिकी पर्यटन के जरिए ही अब पर्यटन उद्योग के महती आधार के रूप में प्राकृतिक विरासत को न केवल बचाए रखा जा सकता है बल्कि दीर्घावधि जैव-विविधता संरक्षण उपायों और स्थानीय सामाजिक व आर्थिक विकास के बीच संबंध भी इसी से कायम रखा जा सकता है।

पारिस्थितिकी पर्यटन कहें या फिर पर्यावरण पर्यटन, इसके तहत पर्यटन का प्रबंधन तथा प्रकृति का संरक्षण इस तरीके से करना होता है कि एक तरफ पर्यटन व पारिस्थितिकी की आवश्यकताओं के बीच संतुलन बना रहे तो दूसरी तरफ स्थानीय समुदायों के रोजगार की जरूरतों की भी पूर्ति होती रहे। केंद्र सरकार ने पर्यटन उद्योग एवं गैर-सरकारी संगठनों आदि के परामर्श से देश में वर्ष 1998 में ही पारिस्थितिकी पर्यटन पर नीति और दिशा-निर्देश तैयार कर दिए थे। इस नीति का उद्देश्य हमारे प्राकृतिक संसाधनों का संरक्षण, सुरक्षा और इन्हें समृद्ध बनाना तथा पर्यावरणीय संरक्षण एवं समुदाय विकास के सकारात्मक प्रभावों के साथ पारिस्थितिकी पर्यटन की विनियमित वृद्धि सुनिश्चित करना रहा है। इसके साथ ही, देश के प्रत्येक राज्य में राज्य वन विभाग या राज्य पर्यटन विकास निगमों अथवा फिर होटल श्रृंखलाओं की भागीदारी से पर्यटक सुविधाओं के साथ कैंप

स्थल विकास, ईको कैंप तथा अन्य संबंधित कार्यकलापों के साथ पारिस्थितिकी पर्यटन केंद्रों, लॉजों, रिसॉर्टों को स्थापित करने की योजना के कार्यान्वयन की बात कही गई थी।

भारत विश्व में जैव विविधता-संपन्न उन सात देशों में से एक है, जिनकी सांस्कृतिक विरासत अत्यधिक समृद्ध है। इस रूप में यहाँ प्रकृति और संस्कृति के संरक्षण को ध्यान में रखनेवाले प्रकृति पर्यटन को सभी स्तरों पर अपनाना जरूरी है। वैसे भी, देश की अर्थव्यवस्था में विदेशी मुद्रा प्राप्ति के बड़े स्रोत के रूप में जब पर्यटन को माना जाता है तो यह जरूरी हो जाता है कि पर्यटन उद्योग के विकास के उन पहलुओं पर ध्यान दिया जाए जो सीधे तौर पर इसके समुचित विकास से जुड़े हों। इस समुचित विकास में पर्यटन स्थलों के प्राकृतिक सौंदर्य को बचाए रखना भी अत्यधिक जरूरी है और प्राकृतिक सौंदर्य तभी बचा रह सकता है, जब वहाँ पर्यावरण को ध्यान में रखकर विकास को गति दी जाए। पर्यावरण अथवा पारिस्थितिकी पर्यटन के प्रोत्साहन से ही इस दिशा में कारगर कदम उठाए जा सकते हैं।

पारिस्थितिकी पर्यटन दरअसल पर्यटन उद्योग के पूर्ण एकीकरण को मान्यता प्रदान करता है, ताकि यात्रा व पर्यटन लोगों की आय के स्रोत बनें और स्थानीय लोग भी पृथ्वी की पारिस्थितिकी प्रणाली के संरक्षण, सुरक्षा एवं बहाली में योगदान दें। ऐसे पर्यटन के विकास से पर्यावरण संरक्षण पर्यटन का एक महत्त्वपूर्ण अंग बन जाता है। पारिस्थितिकी पर्यटन को पर्यावरण अनुकूल गतिविधि कहा जा सकता है, चूँकि इसमें प्रकृति के प्रति उपभोक्तावादी दृष्टिकोण नहीं अपनाया जाता है। स्वाभाविक है कि इससे पर्यावरण विषयक नैतिकता को बल मिलता है। इसे इस रूप में समझें कि पारिस्थितिकी पर्यटन की अवधारणा का विकास करने से पर्यटकों को प्रेरणात्मक और भावात्मक संतुष्टि प्राप्त होती है, क्योंकि इसका लक्ष्य वन्य जीवों और पर्यावरण को लाभ पहुँचाना है। इस रूप में ऐसा पर्यटन प्रकृति व संस्कृति के संरक्षण के प्रति पर्यटकों को जागरूक करता है, जिसकी आज के संदर्भों में महती जरूरत है।

पारिस्थितिकी पर्यटन की सोच नई नहीं है। इस पर समय-समय पर ध्यान दिया जाता रहा है; परंतु संयुक्त राष्ट्र पर्यावरण कार्यक्रम व विश्व पर्यटन संगठन के तत्त्वावधान में कनाडा के क्यूबेक शहर में आयोजित विश्व पर्यावरण पर्यटन सम्मेलन से पूरे विश्व का ध्यान इस ओर विशेष रूप से गया। इस सम्मेलन में दुनिया के 133 देशों के 1,000 से अधिक प्रतिनिधियों ने हिस्सा लिया था। इसका एक सुखद

परिणाम यह रहा कि अधिकांश राष्ट्रों ने अपने-अपने देश में पारिस्थितिकी पर्यटन विकास की नीतियों को कार्यान्वित करना प्रारंभ कर दिया। संयुक्त राष्ट्र संघ द्वारा वर्ष 2002 को अंतरराष्ट्रीय पर्यावरण वर्ष घोषित किया गया था। साथ ही अपने घोषणा-पत्र में यह भी कहा कि पारिस्थितिकी पर्यटन ऐसा क्षेत्र है जिसमें आर्थिक विकास की प्रचुर संभावनाएँ तो हैं ही, साथ ही यदि इसे उचित तरीके से नियोजित, विकसित व प्रबंधित किया जाए तो यह प्राकृतिक पर्यावरण के संरक्षण का शक्तिशाली उपकरण साबित हो सकता है।

जैव विविधता से संपन्न हमारे देश में पर्यटन के चलते प्रकृति के निरंतर होते दोहन को रोकने के लिए यह आवश्यक है कि पारिस्थितिकी पर्यटन को सभी स्तरों पर प्रोत्साहन दिया जाए। हालाँकि इस दिशा में संयुक्त राष्ट्र संघ की घोषणा की भावना के अनुरूप ही देश की नई पर्यटन नीति तैयार की गई है और जिसका लक्ष्य भी 'लोगों के बीच बेहतर समझ को बढ़ावा देना, रोजगार के अवसर पैदा करना और समुदाय, खासकर भीतरी व दूर-दराज के क्षेत्रों को सामाजिक-आर्थिक लाभ पहुँचाना, संतुलित एवं सतत विकास की दिशा में प्रयास करना और भारत की सांस्कृतिक विरासत को संरक्षित, समृद्ध एवं प्रोत्साहित करना है'। परंतु इस दिशा में बावजूद घोषणा के कोई ठोस पहल अभी तक नहीं की जा सकी है।

केंद्र सरकार के साथ-साथ राज्य सरकारों द्वारा पारिस्थितिकी पर्यटन का आनंद उठाने के इच्छुक पर्यटकों को छोटे समूहों में वहाँ ले जाए जाने के पैकेज विकसित करने के साथ ही उनमें पर्यावरण के प्रति अनुराग पैदा करने की आवश्यकता है, ताकि उन्हें प्रकृति से जुड़ने के लिए प्रेरित किया जा सके। पर्यटन के तहत इस बात का भी विशेष ध्यान रखा जाए कि पर्यटकों द्वारा की जानेवाली पर्यटन गतिविधियाँ पर्यावरण के अनुकूल हों। ऐसी गतिविधियाँ स्थानीय संस्कृति एवं परंपराओं के भी अनुकूल हों, ताकि पर्यटन स्थल के स्थानीय लोगों को उनकी संस्कृति, परंपराओं और रीति-रिवाजों के साथ पर्यटन उद्योग में प्रमुख कार्यकर्ताओं के रूप में शामिल किया जा सके और वे स्वयं भी बाहर से आनेवाले पर्यटकों की जिज्ञासाओं को संतुष्ट करने में सक्षम हों।

देश के पर्वतीय व प्राकृतिक सौंदर्य से परिपूर्ण पर्यटन स्थलों के आस-पास इधर के वर्षों में तेजी से होनेवाली वनों की कटाई पारिस्थितिकी पर्यटन के विकास की सबसे बड़ी बाधा है। इस दिशा में सैरगाहों से सटे इलाकों में पेड़ों की कटाई को दृढ़ इच्छा-शक्ति से रोके जाने के नियम बनाए जाने भी अधिक जरूरी हैं। पर्वतीय पर्यटन स्थलों पर भवन-निर्माण गतिविधियों पर भी कड़ी रोक लगाई

जानी जरूरी है। चूँकि इससे हरियाली की सघन शृंखलाएँ समाप्त-सी होती जा रही हैं। पर्यटन संवर्धन की सभी गतिविधियों में पर्यावरण और परिवेश के रख-रखाव के बुनियादी ढाँचे और सुविधाओं की स्थापना का पूरा ध्यान रखकर ही पारिस्थितिकी पर्यटन को सही मायने में विकसित करने की दिशा में कदम उठाए जा सकते हैं। प्रकृति के संरक्षण के साथ पर्यटन को स्थानीय लोककला एवं संस्कृति को जिंदा रखने तथा बढ़ावा देने का माध्यम बनाए जाने की भी अधिक जरूरत है। तभी न केवल संस्कृति का संरक्षण होगा बल्कि पर्यटन में स्थानीय लोगों की भागीदारी भी समुचित रूप में होगी।

पर्यटन के निरंतर दोहन के तहत जब हम आर्थिक रूप में लाभ कमा रहे हैं तो क्या यह जरूरी नहीं है कि प्रकृति व संस्कृति के संरक्षण की दिशा में भी हम पहल करें? पारिस्थितिकी पर्यटन के तहत पर्यटन का ऐसा प्रबंधन जिसमें मानव प्रकृति के आंतरिक संतुलन को क्षति पहुँचाए बिना उससे अधिकतम लाभ प्राप्त कर सकें, इस दिशा में महत्त्वपूर्ण पहल हो सकती है।

(3) क्रूज पर्यटन—पर्यटन की नई संभावनाओं के तहत क्रूज से समुद्र विचरण की शुरुआत भी भारत में हो गई है। समुद्री यात्रा की लोकप्रियता को ध्यान में रखते हुए 25 सितंबर, 2005 को नामी कंपनी 'स्टार क्रूजेज' ने मुंबई में 'क्रूज पर्यटन' की ऐतिहासिक पहल की। इस कंपनी ने मुंबई में 'सुपर स्टार लिब्रा' नाम का जहाज समंदर में उतारकर देश के पर्यटन में नए अध्याय की शुरुआत की। दरअसल यह पहला अवसर है, जब भारत में किसी अंतरराष्ट्रीय क्रूज शिप ने सेवाएँ देनी प्रारंभ की हैं। दक्षिण-पश्चिम एशिया में इसे पर्यटन की दृष्टि से सर्वथा नई पहल माना जा रहा है। अब समंदर में घूमने का आनंद लेने के इच्छुक भारतीयों को मलेशिया या सिंगापुर जाने की आवश्यकता नहीं है। वे अपने घर यानी भारत में ही 'क्रूज पर्यटन' का आनंद ले सकते हैं।

उल्लेखनीय है कि पिछले बारह वर्षों से हांगकांग और सिंगापुर में सफलतापूर्वक क्रूज के संचालन के बाद भारत में पर्यटन की नई संभावनाओं को ध्यान में रखते हुए कंपनी ने 'क्रूज पर्यटन' में अपना कदम रखा है। कंपनी को भारत सरकार द्वारा इसमें विशेष सहायता प्रदान की गई है। भारत में पर्यटन उद्योग पर 'क्रूज पर्यटन' से पड़नेवाले सकारात्मक प्रभावों के दृष्टिगत विदेशी कंपनी 'स्टार क्रूजेज' को सरकार द्वारा प्रोत्साहन दिया गया है।

अंतरराष्ट्रीय पर्यटन प्रवृत्तियों की दृष्टि से देखा जाए तो इस बात से इनकार नहीं किया जा सकता कि इधर के वर्षों में समुद्री यात्रा की लोकप्रियता निरंतर

बढ़ती जा रही है। भारत में इसकी वृद्धि और विस्तार होने की अत्यधिक संभावनाएँ हैं। पर्यटन के नए आयामों के तहत 'क्रूज पर्यटन' के लिए देश के चार प्रमुख बंदरगाहों—मार्मगाँव, कोच्चि, मुंबई और तूतीकोरिन को अभिनिर्धारित किया गया है। पर्यटन मंत्रालय ने मार्च 2004 में मयामी में और दिसंबर 2004 में दुबई में हुए सी ट्रेड शिपिंग क्रूज कन्वेंशन में 'क्रूज पर्यटन' की भावी संभावनाओं को ध्यान में रखते हुए एक बूथ किराए पर लिया था।

क्रूज शिपिंग के संवर्धन और विकास को उत्प्रेरित करने के उद्देश्य से देश में जहाजरानी, सड़क, परिवहन और राजमार्ग के केंद्रीय मंत्रियों की सदस्यता और पर्यटन मंत्री की अध्यक्षता में सन् 2004 में एक 'हाई पावर स्टेयरिंग ग्रुप' गठित किया गया था। इसके तहत भारत सरकार के सभी मंत्रालयों, विभागों समेत राज्य सरकारों के साथ समन्वय स्थापित करने और देश के लिए क्रूज शिपिंग नीति तैयार करने के लिए मार्गदर्शन देने और विचार-विमर्श की बात कही गई थी।

(4) चिकित्सा पर्यटन—प्रति वर्ष 500 करोड़ रुपए की विदेशी मुद्रा के अर्जन और बड़ी मात्रा में रोजगार-सृजन की संभावनाओं को देखते हुए भारत में चिकित्सा पर्यटन के विस्तार की ओर विशेष ध्यान दिए जाने की आवश्यकता है। पर्यटन की नई उभरती प्रवृत्तियों के तहत अब भारत में विदेशी पर्यटकों को यहाँ के चित्ताकर्षक और मनोरम स्थल ही आकर्षित नहीं करते बल्कि देश के अस्पताल, उनमें उपलब्ध अंतरराष्ट्रीय स्तर की स्वास्थ्य सुविधाएँ तथा सिद्धहस्त चिकित्सक भी आकर्षित करने लगे हैं। आज भारत में पड़ोसी देशों सहित अमेरिका और ब्रिटेन तक से लोग इलाज कराने आने लगे हैं। इसकी खास वजह है—भारत में इलाज सस्ता ही नहीं है बल्कि उम्दा किस्म का भी है।

भारतीय उद्योग परिसंघ (सी.आई.आई.) की हाल ही में प्रकाशित एक रिपोर्ट के अनुसार भारत में स्वास्थ्य पर्यटन वार्षिक 5 अरब डॉलर का राजस्व पैदा कर सकता है। पश्चिमी देशों की तुलना में भारत में चिकित्सा पर महज पाँचवें हिस्से के बराबर लागत आती है। इलाज के साथ-साथ घूमने-फिरने के आनंद का आकर्षण ही चिकित्सा पर्यटन का प्रमुख आधार है। एलोपैथी के साथ-साथ आयुर्वेद, योग, ध्यान, यूनानी चिकित्सा आदि के तहत अंतरराष्ट्रीय स्तर की सेवाएँ आज देश में उपलब्ध हैं। भारत में अब हृदय, आँख के ऑपरेशन, लेप्रोस्कोपिक सर्जरी, घुटना बदलवाने आदि की गुणवत्तापूर्ण सेवाएँ विश्व भर के लोगों को अपनी ओर आकर्षित कर रही हैं। गंभीर रोग ही नहीं बल्कि तनाव घटाने, शरीर को फिट रखने, ऊर्जावान् बनाने की पद्धतियों से अपने आपको चुस्त-दुरुस्त रखने के लिए

भी लोग विदेशों से भारत आना पसंद करते हैं। चिकित्सा क्षेत्र में दुनिया भर में विकसित होनेवाली टेक्नोलॉजी तीन-चार माह में ही भारत में पहुँच जाती है। यही नही, भारत स्वास्थ्य रक्षा संबंधी पेशेवर विशेषज्ञ पैदा करनेवाला दुनिया का सबसे बड़ा देश है। अमेरिका में भी 15 प्रतिशत हिस्सा भारतीय मूल के चिकित्सकों का है। ऐसे में गुणवत्तापूर्वक चिकित्सा के साथ सैर-सपाटे की विविधता के कारण अब भारत विश्व का पसंदीदा देश बनता जा रहा है। भारत में हार्ट सर्जरी का खर्च मात्र 4 हजार डॉलर है; जबकि अमेरिका में यह 45 हजार डॉलर है। यह भारत से 11 गुना ज्यादा है। इसमें अगर भारत यात्रा का पूरा खर्चा जोड़ दिया जाए तो भी अमेरिका के मरीज के लिए यह सस्ता होगा। यही कारण है कि भारत में अब चिकित्सा पर्यटन का नया सिलसिला प्रारंभ हो गया है।

भारत के अपोलो, एस्कॉर्ट्स, फोर्टीज, रॉकलैंड, मैक्स केयर सरीखे बड़े अस्पतालों ने चिकित्सा पर्यटन की संभावनाओं को देखते हुए विदेशों में अपने मार्केटिंग कार्यालय खोले हैं। ये कार्यालय भारत में चिकित्सा और सैर करने के पैकेज दे रहे हैं। भारत-पाक संबंधों में सुधार के साथ इधर पाकिस्तान से भी काफी मरीज इलाज के लिए भारत आने लगे हैं। देश के बड़े निजी अस्पतालों में 25 से 30 प्रतिशत की संख्या आज विदेशी मरीजों की होने लगी है। विदेशों से इलाज कराने और सैर का आनंद लेने के लिए आनेवाले पर्यटकों की संख्या में सालाना 20 प्रतिशत की वृद्धि हो रही है।

कर्नाटक आज चिकित्सा पर्यटन का सबसे बड़ा केंद्र बनकर उभर रहा है। बंगलौर में हृदय की सर्जरी में सफलता की 99.3 प्रतिशत की दर दुनिया भर में एक मिसाल बनकर सामने आई है। हृदय रोग विशेषज्ञों की सबसे बड़ी टीम भी बंगलौर में है। टेलीमेडिसिन को प्रोत्साहित करनेवाले देश के पहले राज्य के रूप में कर्नाटक ने चिकित्सा पर्यटन में अब अपनी विशिष्ट साख भी बना ली है। कर्नाटक के बाद राजस्थान में भी टेलीमेडिसिन की शुरुआत हो चुकी है। राज्य के सभी चिकित्सा महाविद्यालयों को टेलीमेडिसिन योजना से जोड़ा गया है।

स्वास्थ्य पर्यटन के बढ़ते महत्त्व को देखते हुए कर्नाटक में अलग से विभाग का गठन किया गया है। स्वास्थ्य पर्यटन विभाग के तहत तैयार विशेष पैकेज में सर्जरी, चार से पाँच सितारा होटल में ठहरने का इंतजाम और आने-जाने का किराया सम्मिलित है।

कर्नाटक की तर्ज पर ही अब राजस्थान की राजधानी जयपुर, महाराष्ट्र में मुंबई आदि पर भी स्वास्थ्य पर्यटन के लिए राज्य सरकारों ने विशेष पहल करनी

प्रारंभ कर दी है। भारत में विदेशी मरीजों के आने के पीछे जो खास कारण हैं, वे इस प्रकार हैं—

- इलाज की कम लागत,
- अस्पतालों में मिलनेवाली विश्व स्तर की सेवाओं की उपलब्धता,
- अंतरराष्ट्रीय ख्याति-प्राप्त एवं अनुभवी विशेषज्ञ चिकित्सकों की मौजूदगी,
- इलाज के बाद विदेशी मरीज व उनके संबंधियों के लिए भारतीय पर्यटन स्थलों की विविधता का आकर्षण,
- एलोपैथी के साथ-साथ आयुर्वेद, पंचकर्म, योग, ध्यान आदि की चिकित्सा सुविधा।

एलोपैथी चिकित्सा के लिए जहाँ भारत का कर्नाटक राज्य अग्रणी है वहीं आयुर्वेद चिकित्सा-पद्धति के मामले में केरल ने अपनी विशेष साख बना ली है। केरल में पंचकर्म उपचार ने तो विश्व भर में अपनी पहचान बना ली है। पंचकर्म के तहत पाँच तरह के उपचारों से निर्मित पद्धति से शरीर के अंगों, मस्तिष्क, श्वास क्रिया और स्नायुओं को चुस्त किया जाता है तथा रक्त-शुद्धि की जाती है। केरल पर्यटन अनुपम स्वास्थ्य अवकाश कार्यक्रम प्रस्तुत करता है, जो प्राचीन भारत की चिकित्सा पद्धति आयुर्वेद पर आधारित है। इसके तहत व्यक्ति को पुनः युवा बनाने के पुनर्यौवन कार्यक्रम के साथ ही रोग चिकित्सा कार्यक्रम को कार्यान्वित किया जाता है।

वैसे भी, भारत अपनी परंपरागत चिकित्सा के लिए प्रसिद्ध है। अब तो भारतीय चिकित्सा-पद्धति और प्राकृतिक चिकित्सा को पूरे विश्व में अपनाया जाने लगा है। परंपरागत भारतीय स्वास्थ्य पद्धतियों के अंतर्गत आयुर्वेद, पंचकर्म, योग, पुनर्यौवन ने स्वास्थ्य पर्यटन को नई उपलब्धियाँ दी हैं। स्वास्थ्य और परिवार कल्याण मंत्रालय ने विश्व के लोगों के लिए भारत को एक स्वास्थ्य गंतव्य के रूप में संवर्धित करने की दृष्टि से टास्क फोर्स का गठन भी किया है।

(5) ग्रामीण पर्यटन—देश में आनेवाले विदेशी पर्यटकों की रुचियों पर गौर किया जाए तो इस बात से इनकार नहीं किया जा सकता कि यहाँ का ग्रामीण जन-जीवन उनको विशेष रूप से आकर्षित करता है। कतार से बने झोंपड़े और उनमें रहनेवाले लोगों के पहनावे के साथ ही लोक-परंपराओं का आकर्षण सुदूर देश के यायावरों को स्वतः ही अपनी ओर खींच लाता है। वैसे भी अब अधिक प्रचलित स्थानों पर रहनेवाली भीड़ और वहाँ फैलनेवाले प्रदूषण से पर्यटकों का मोह भंग होता जा रहा है। पर्यटन करनेवाला अब शांति की तलाश में घर से

निकलता है और यह शांति उसे मिल सकती है तो यहाँ के गाँवों में ही। वैसे भी भारत को गाँवों का देश कहा गया है। भारत के ग्राम्य जीवन की वास्तविक तसवीर को अगर पर्यटन मानचित्र पर उभारा जाए तो निश्चित ही इसके दूरगामी परिणाम सामने आ सकते हैं।

ग्रामीण पर्यटन पर विशेष ध्यान देने से ग्रामीण इलाकों में रोजगार के अवसरों में भी विशेष रूप से बढ़ोतरी की जा सकेगी। ग्रामीण क्षेत्रों में होनेवाले पारंपरिक मेलों, वहाँ के तीज-त्योहारों, पारंपरिक हस्तकलाओं आदि के प्रति पर्यटकों का रुझान विशेष रूप से रहता है। इन मेलों के आयोजन स्थलोंवाले गाँवों में पर्यटन सुविधाओं का विस्तार करने के साथ ही ऐसे गाँवों को पर्यटन की आधारभूत सुविधाओं से अगर जोड़ दिया जाए तो राज्य में पर्यटकों की संख्या में तीव्र गति से वृद्धि हो सकती है।

ग्रामीण पर्यटन को बढ़ावा दिए जाने से न केवल देश की समृद्ध पारंपरिक लोक-कलाओं के कलाकारों को संरक्षण दिया जा सकेगा, बल्कि गाँवों के प्राचीन मंदिरों, बावड़ियों आदि का भी संरक्षण किया जा सकेगा। निरंतर अकाल की मार से प्रभावित ग्रामीण क्षेत्रों के पारंपरिक कुटीर उद्योगों को भी इससे खासा संरक्षण मिलेगा, चूँकि बाहर से आनेवाले पर्यटकों की रुचि हाथ से बननेवाली पारंपरिक वस्तुओं के क्रय में विशेष रूप से रहती है। इससे ग्रामीण दस्तकारों को अपने स्थान पर ही अपनी वस्तुओं का बाजार और उपभोक्ता मिल सकेंगे।

सुप्रसिद्ध लेखक ह्यूज एवं कौलिन गैंतज़र ने तुर्की व तस्मानिया के अपने पर्यटन अनुभवों में बताया है कि वहाँ का पर्यटन उद्योग इतना सुसंगठित है कि पर्यटकों द्वारा खर्च किया जानेवाला पैसा सीधे निचले स्तर तक पहुँच जाता है। वहाँ के दूर-दराज के ग्रामीण इलाकों में भी स्थिति यही है। भारत में पैदा हुए एक अंग्रेज एकाउंटेंट ने हाल ही में तस्मानिया के छोटे से गाँव में लकड़ी से जलनेवाला तंदूर लगा लिया। यह इतना लोकप्रिय हुआ कि इस गाँव का नाम पर्यटन मानचित्र में आ गया।

(6) अंतरिक्ष पर्यटन—अंतरिक्ष के बारे में जानने की जिज्ञासा मानव में आरंभ से ही रही है। चाँद-तारों से भरे आसमान को छू लेने की इच्छा अब कविताओं या शायरी तक ही सीमित नहीं रही है। इस इच्छा को साकार भी किया जा सकता है। जी हाँ, विविध पर्यटन स्थलों की ही तरह अब अंतरिक्ष भी नया पर्यटन स्थल बन गया है। अंतरिक्ष यान में बैठकर अब वहाँ जाया ही नहीं जा सकता बल्कि वहाँ की सैर भी की जा सकती है। सन् 2001 तक सामान्य नागरिकों

के लिए अंतरिक्ष की सैर करना एक सपने जैसा ही था; परंतु 2001 के अप्रैल माह में अमेरिकी उद्योगपति डेनिस टीटो ने पहले अंतरिक्ष पर्यटक के रूप में अंतरिक्ष की सैर का गौरव प्राप्त कर अंतरिक्ष पर्यटन के दरवाजे पर दस्तक दे दी।

अंतरिक्ष अभियानों की कंपनी स्पेस एडवेंचर के संस्थापक और मुख्य कार्यकारी अधिकारी एरिक एंडरसन के प्रयासों से अंतरिक्ष पर्यटन की शुरुआत हो सकी। एरिक की कंपनी ने ही बाद में सन् 2002 में ही एक और अंतरिक्ष पर्यटक के रूप में दक्षिण अफ्रिका के मार्क शटवर्थ को अंतरिक्ष में भेजा। ये दोनों ही अंतरिक्ष पर्यटक अंतरराष्ट्रीय अंतरिक्ष स्टेशन तक गए। एंडरसन के अनुसार, आकाश की सैर का सपना सँजोए उत्साही लोगों और रोमांच के शौकीनों के लिए अंतरिक्ष जल्द ही पसंदीदा गंतव्य बनेगा।

अंतरिक्ष पर्यटन की नई डगर खुलने के साथ ही अंतरिक्ष की यात्रा भविष्य में स्पेस सेंटर तक ही नहीं होगी, बल्कि उससे भी आगे तक की होगी। विभिन्न साहसिक खेलों के पर्यटन की तरह ही अंतरिक्ष पर्यटन के अंतर्गत एक विशेष प्रकार के प्रशिक्षण की प्रक्रिया से गुजरने के बाद पर्यटक न केवल वहाँ रह सकेंगे बल्कि वहाँ की मधुर स्मृतियों को सँजोने के लिए छायाचित्र भी ले सकेंगे।

'60 के दशक की विज्ञान कथाओं में बार-बार इन बातों का उल्लेख मिलता है कि भविष्य में हमारे पास उड़नेवाली कारें होंगी, जिनसे हम चाँद पर छुट्टियाँ मनाने जाया करेंगे। इस प्रकार की कारों की कल्पना को साकार कर लिया गया है। अंतरिक्ष पर्यटन की दिशा में स्पेसशिप-वन के साथ ही उड़नेवाली कार की यात्रा की अनुभूति की शुरुआत हो गई। सरकारी स्तर पर अंतरिक्ष और चाँद पर जानेवाले वैज्ञानिकों के स्थान पर अब निजी स्तर पर यात्रियों को अंतरिक्ष की सैर कराने की दिशा में जो प्रयास प्रारंभ हुए हैं, उनके परिणाम निश्चित ही अंतरिक्ष पर्यटन के विकास को नई दिशा देंगे।

अंतरिक्ष पर्यटन की राह खुलने की कहानी भी कम रोचक नहीं है। हुआ यों कि आम नागरिकों के लिए अंतरिक्ष यान के निर्माण को बढ़ावा देने हेतु कुछ वर्ष पूर्व 1 करोड़ डॉलर का अंसारी एक्स पुरस्कार घोषित किया गया था। पुरस्कार की शर्त यह थी कि कोई भी निजी कंपनी ऐसा यान बनाए, जो कम-से-कम तीन यात्रियों को 15 दिन के भीतर दो बार अंतरिक्ष तक ले जाए और सकुशल पृथ्वी तक वापस लौटा लाए। स्पेसशिप-वन यान के जरिए ब्रियान बिन्नी ने यह कारनामा कर दिखाया। हालाँकि स्पेसशिप-वन सिर्फ एक पायलट को अंतरिक्ष में ले जाकर शर्त का पूरा निर्वाह नहीं कर सका, परंतु अंसारी पुरस्कार समिति ने स्केल्ड कंपोजिस्ट

कंपनी के जज्बे की कद्र करते हुए यह पुरस्कार स्पेसशिप-वन के नाम कर दिया। यह पुरस्कार अंतरिक्ष पर्यटन के मानव इतिहास की शुरुआत का प्रतीक है। इसी उपलब्धि के आधार पर अब स्पेसशिप-वन के डिजाइनर बर्ट रूटान भी सितारों से आगे होड़ लगाने की सोच को साकार करने की ओर प्रवृत्त हो गए हैं।

पॉ एलेजन और रूटान की कंपनी 'स्केल्ड कंपोजिस्ट' की उप कंपनी 'मोजावे एयरोस्पेस वेंचर्स' को रिचर्ड ब्रेनसन की कंपनी वर्जिन ग्रुप ने स्पेसशिप-वन की तर्ज पर पाँच और ऐसे यान तैयार करने का ऑर्डर दे दिया है, जो पृथ्वी के वायुमंडल के परे अंतरिक्ष के ताबड़तोड़ फेरे लगा सकें। वर्जिन ग्रुप को यह उम्मीद है कि वह सन् 2009 से पर्यटकों को अंतरिक्ष भेजना प्रारंभ कर देगा। वर्जिन ग्रुप कंपनी के साथ ही विश्व की लगभग एक दर्जन कंपनियाँ अब अंतरिक्ष पर्यटन की दिशा में कदम बढ़ाने की ओर प्रवृत हो गई हैं। इसकी खास वजह भी है। अंतरिक्ष पर्यटन के तहत सालाना अरबों डॉलर के कारोबार को देखते हुए ही इस दिशा में संभावनाओं की तलाश की जा रही है।

फ्यूट्रॉन कंपनी ने यह दावा किया है कि सन् 2021 तक हर वर्ष करीब 15 हजार से अधिक पर्यटक अंतरिक्ष की सैर कर रहे होंगे। स्पष्ट है कि अंतरिक्ष पर्यटन के माध्यम से 70 करोड़ सालाना का कारोबार भविष्य में होने की उम्मीद है। यही नहीं, अंतरिक्ष पर्यटन का खर्चा भी तब काफी कम हो जाएगा। उधर कैलिफोर्नियाई कंपनी स्केल्ड कंपोजिट के रूटन के अनुसार, पहले वर्ष 500 यात्री अंतरिक्ष में भेजे जाएँगे। पाँचवें वर्ष तक यह संख्या बढ़कर हर साल 3,000 हो जाएगी। वर्जिन गैलेक्टिक कंपनी के अनुसार कंपनी व्यक्तिगत अंतरिक्ष उड़ान के बाजार में पहुँचने के बारे में गंभीरता से विचार कर रही है।

अंतरिक्ष पर्यटन के प्रति लोगों की रुचि निरंतर बढ़ती रही तो निश्चित ही आनेवाले वर्षों में धरती से अंतरिक्ष तक जाने का खर्च 2 लाख रुपए प्रति व्यक्ति तक आ सकता है। वैसे इसमें संदेह नहीं रहना चाहिए, क्योंकि वर्जिन गैलेक्टिक के अध्यक्ष वी व्हाइटहॉर्न के अनुसार अंतरिक्ष उड़ान के लिए वर्ष 2007 के अंत तक 100 पर्यटकों की तो बाकायदा बुकिंग हो चुकी है और करीब 35 हजार इच्छुक यात्रियों ने इस हेतु अपना रजिस्ट्रेशन भी करवा लिया है। अंतरिक्ष पर्यटन के तहत कंपनियों का ध्यान अब इसी बात पर है कि कैसे अंतरिक्ष पर्यटन के खर्चे को कम-से-कम किया जा सके। यह सही है कि बहुत अधिक खर्च की स्थिति में दुनिया का एक खास वर्ग ही अंतरिक्ष पर्यटक के रूप में इस पर्यटन का आनंद ले सकता है। वैसे अंतरिक्ष पर्यटन की शुरुआत हो चुकी है। जैसे-जैसे पर्यटन की इस

डगर पर राही बढ़ते जाएँगे, पर्यटन का खर्च भी कम होता चला जाएगा। तब अंतरिक्ष पर्यटन किसी खास वर्ग के लिए नहीं बल्कि आम वर्ग के लिए भी सुगम होगा। फिलहाल पर्यटन के नित नए उभरते स्वरूपों में अंतरिक्ष पर्यटन ने भी दस्तक दे दी है।

(7) विवाह पर्यटन—इधर जो पर्यटन के नित नए रूप उभरकर सामने आ रहे हैं, उनमें विवाह पर्यटन इस समय सर्वाधिक लोकप्रिय हो रहा है। भारतीय परंपरा में विवाह को वैसे भी पवित्र बंधन माना गया है। षोडश संस्कारों में भी विवाह को दो आत्माओं के पावन मिलन की संज्ञा दी गई है। दो आत्माओं के मिलन के साथ जुड़े रीति-रिवाज और विवाह-गीत बाहर बसे भारतीय प्रवासियों और पर्यटकों को विशेष रूप से लुभाते हैं।

राजस्थान में उदयपुर, जैसलमेर, जोधपुर, बीकानेर, जयपुर आदि ऐसे पर्यटन गंतव्य हैं जहाँ पर्यटकों की आवाजाही सर्वाधिक रहती है। इधर पर्यटकों ने यहाँ विवाह-शादी की परंपराओं में विशेष रुचि लेनी प्रारंभ की है।

वैसे तो पूरा भारत ही विवाह पर्यटन का विश्व का एक महत्त्वपूर्ण गंतव्य बन रहा है, परंतु राजस्थान में यह आकर्षण अन्य स्थानों से कहीं अधिक है। प्रवासी भारतीय हों या फिर पर्यटक, सबके बीच हैरिटेज होटलों में शादी करने की तो मानो अब होड़-सी लग गई है। टूर ऑपरेटर भी पर्यटन के प्रति बढ़ते इस रुझान को पहचानते हुए वेबसाइट्स के जरिए राजस्थान में शादी के पैकेज बनाकर प्रस्तुत करने लगे हैं। विवाह पर्यटन के आकर्षण की बड़ी वजह कम खर्च में अधिक आनंद और मेहमानों को खुश कर सकने की मानसिकता है। एक अनुमान के अनुसार विदेश से विवाह में आनेवाले एक मेहमान को होटल में ठहराने, खान-पान, आमोद-प्रमोद आदि पर 5 से 10 हजार से अधिक का खर्च नहीं आता, वहीं अमेरिका और ब्रिटेन जैसे देशों में शादी करने के लिए प्रति व्यक्ति 30 से 35 हजार से अधिक का खर्च आता है। स्कॉटलैंड जैसे स्थानों पर तो विवाह का खर्च प्रति व्यक्ति 1 लाख से 1 लाख 75 हजार के करीब आता है। फिर क्यों कोई प्रवासी, कोई विदेशी ऐसे देश (भारत) में आकर शादी नहीं करना चाहेगा? भारतीय विवाह परंपराओं में विश्वास और यहाँ के पर्यटन स्थलों का भ्रमण भी शादी के खर्चे में सम्मिलित होता है।

विदेशियों में यह विश्वास तेजी से पनपा है कि सच्ची शादी भारतीय परंपराओं के तहत ही हो सकती है। उनमें यह धारणा भी बलवती होती जा रही है कि भारत में जाकर यदि विवाह किया जाता है तो वह विवाह सार्थक और जीवन-पर्यंत

निभनेवाला होता है। परंपरा और आधुनिकता के मिश्रण में विवाह के सात फेरे लेने सात समंदर पार से आनेवाले सैलानियों के जरिए विवाह पर्यटन यहाँ के पर्यटन व्यवसाय के लिए निश्चित ही भविष्य की नई आशाएँ जगा रहा है। पर्यटन के नित नए उभरते स्वरूपों में विवाह पर्यटन को बढ़ावा देने का एक अर्थ यह भी है कि हम अपनी परंपराओं और संस्कृति को सँजोकर रखें, उनमें विश्वास रखें। ऐसा करेंगे, तभी सुदूर देशों के निवासी हमारी ओर आकर्षित होंगे।

(8) भू-पर्यटन—भारतीय भूगर्भ सर्वेक्षण (जी.एस.आई.) ने हाल ही में उत्तराखंड में 63 ऐसे स्थानों की खोज की है, जहाँ गरम पानी के झरने हैं। ज्योग्राफिक टूरिज्म को बढ़ावा देने की पहल के तहत भारतीय भूगर्भ सर्वेक्षण विभाग अब देश के बहुत से स्थानों पर गुफाओं, गरम झरनों और ऐसी ही जन-रुचि की अन्य भू-आकृतियों का पता लगाकर उन्हें पर्यटन मानचित्र पर लाने की योजना पर काम कर रहा है। इस योजना के तहत राजस्थान में भी कुछ समय पहले प्रदेश के नौ स्थलों की पहचान जी.एस.आई. ने राष्ट्रीय भू-वैज्ञानिक स्मारकों के रूप में की थी।

अमेरिका और यूरोप में जिस तेजी से भौगोलिक पर्यटन लोकप्रिय हो रहा है, उसे देखते हुए भारत और विशेषकर राजस्थान में ज्योग्राफिक टूरिज्म की संभावनाओं को तलाश कर प्रयास किए जाएँ तो इसके बेहतर परिणाम पर्यटन विकास के रूप में सामने आ सकते हैं। महत्त्वपूर्ण यह भी है कि राजस्थान देश का एकमात्र ऐसा राज्य है, जहाँ भारतीय भूगर्भ सर्वेक्षण ने नौ स्थलों को राष्ट्रीय भू-स्मारक के रूप में चिह्नित किया है। जी.एस.आई. का कहना है कि स्मारक के रूप में चिह्नित स्थानों की सैर की समुचित व्यवस्था अगर पर्यटन विभाग द्वारा की जाती है तो निश्चित ही राज्य में ज्योग्राफिक पर्यटन विदेशी मुद्रा-प्राप्ति का बड़ा स्रोत साबित हो सकता है।

संयुक्त राज्य अमेरिका में स्थित येलोस्टोन नेशनल पार्क एवं गुजरात सरकार द्वारा खेड़ा में स्थापित डायनासोर उद्यान दरअसल भू-पर्यटन के ऐसे ही संरक्षित स्थल हैं, जो आज पर्यटकों के आकर्षण के प्रमुख केंद्र हैं। राजस्थान में खोजे गए नौ स्मारकों में से एक काष्ठ जीवाश्म उद्यान को जैसलमेर आनेवाले अधिकाधिक सैलानी देखने जाते हैं। इसके अलावा अजमेर, पाली, जोधपुर, बूँदी आदि स्थानों पर चिह्नित किए गए भू-स्मारकों का अभी अधिक प्रचार-प्रसार पर्यटन की दृष्टि से हो नहीं पाया है; जबकि वहाँ भी भू-पर्यटन की असीम संभावनाएँ हैं। भू-वैज्ञानिक सर्वेक्षण विभाग द्वारा प्रदेश के जिन स्थानों की चट्टानों और अन्य स्थानों का चिह्नीकरण किया गया

है, उनके बारे में वैज्ञानिक जानकारी के अलावा पर्यटन की दृष्टि से उनके महत्त्व को उजागर किए जाने के प्रयास भी किए जाने आवश्यक हैं।

भारतीय भू-वैज्ञानिक सर्वेक्षण विभाग द्वारा चिह्नित राष्ट्रीय भू-स्मारकों के अंतर्गत अजमेर जिले के किसनगढ़ में नेफलीन साइनाइट (1,590 मिलियन वर्ष से 1,910 मिलियन वर्ष) की चट्टानों की आकृति गुंबद या हुक के आकार की है। अजमेर से गुजरात के अंबाजी तक लगभग 130 किलोमीटर क्षेत्र में फैली सेंदड़ा ग्रेनाइट भी देखनेवालों को बरबस ही आकर्षित करती है। भूगर्भ वैज्ञानिकों के अनुसार ये चट्टानें 900 मिलियन वर्ष पुरानी हैं, जो प्रो-टेरोजोइक तापीय घटना से पूर्व की हैं। इन चट्टानों में क्वाट्र्ज, मायोक्रोलिन, परथाइड, प्लेजियोकार्ज, बायोटाइड तथा एंफीवो खनिज मुख्य रूप से पाए जाते हैं।

राजस्थान में ज्योग्राफिक पर्यटन के अंतर्गत विभिन्न प्रकार की चट्टानों के साथ ही अन्य भू-दृश्य भी पर्यटकों के आकर्षण के केंद्र बन सकते हैं। मूलतः राजस्थान के भू-पृष्ठीय सौंदर्य की कुछ प्रमुख विशेषताएँ थार का मरुस्थल (वनस्पति-रहित), रामसर साइट (सांभर एवं भरतपुर), अरावी के वन क्षेत्र, छापर का ताल, जोधपुर की भीम भड़क की गुफाएँ, चंबल का नदी क्षेत्र, जयसमंद व राजसमंद की झीलें आदि हैं।

पर्यटन विकास के दो प्रमुख तत्त्व हैं। पहले तत्त्व पुश फैक्टर के अंतर्गत ज्योग्राफिक पर्यटन के लिए राजस्थान में पर्यटकों को आने के लिए प्रेरित करने के प्रयास किए जाने की आवश्यकता है, तो पुल फैक्टर के अंतर्गत भू-पर्यटन स्थलों पर सामान्य पर्यटक सुविधाओं का विकास इस रूप में किया जाए कि एक बार पर्यटक यदि इन स्थलों को देखने आता है तो वह बार-बार यहाँ आने के लिए आतुर रहे।

ज्योग्राफिक टूरिज्म चूँकि पर्यटन का सर्वथा नया आयाम है, इसलिए यह जरूरी है कि इससे संबद्ध विभिन्न प्रकार की सुविधाओं का विकास भी किया जाए। पर्यटन के लिए जो राष्ट्रीय भू-स्मारक चिह्नित किए गए हैं, उनको पर्यटन विभाग द्वारा अपने नियंत्रण में लेकर वहाँ अन्य पर्यटक सुविधाओं का विकास किए जाने के साथ ही चिह्नित भू-पर्यटन स्थलों का व्यापक प्रचार-प्रसार भी यदि समुचित रूप से किया जाता है तो निश्चित ही पर्यटन के इस नए आयाम के दूरगामी लाभ प्राप्त हो सकते हैं। मुख्य बात यही है कि भू-पर्यटन विकास से संबंधित समग्र पहुओं पर विचार करते हुए इस संबंध में प्रभावी नीति के तहत कार्य किया जाए।

□□□